フェミニストたちの政治史

参政権，リブ，平等法

大嶽秀夫――[著]

東京大学出版会

Feminists in the Modern Political History
Hideo Otake
University of Tokyo Press, 2017
ISBN 978-4-13-033106-7

はじめに

日本で一九七〇年代に登場したフェミニズム運動が、もはや停滞したと言われて久しい。確かにフェミニズム運動自体は、「定着による拡散[1]」によって、そのダイナミズムを失ったかに見える。しかし、その遺産は大きい。第一に女性学がアカデミズムで確固とした地位を占めるに至った。第二にフェミニストが要求してきた政策課題が法律と行政の中にしっかりと埋め込まれた。男女雇用機会均等法、男女共同参画社会基本法、その他多くの法律が行政フェミニスト（フェモクラート）の努力で誕生した。家庭内暴力（DV）には第三セクターなどによるシェルターが設置され、加えて各地方自治体による「女性センター」が数多く建設された。第三に政治、経済、社会の各分野で女性が指導的地位に就く割合が徐々にではあるが着実に増えてきた。政党政治の分野についていえば、二〇一五年の統一地方選挙で、女性の地方議員、地方首長（市町村長、知事）が増えたことが一例として挙げられよう。女性議員は、二一五九人が当選を果たした。割合としては、一五％前後に過ぎないが、着実に増え続けていることは否定できない。国際的にも、また日本の女性政治家にとっても目標となっている女性の比率が三〇％を超える日も遠くはないことをうかがわせる。これらは一九七〇年代以降のいわゆる「第二波フェミニズム」の成果といってよい。

他方、元来はフェミニズムに反対ないし消極的で、その標的でもあった自由民主党は、しばしば、それまでとは反対の政策を提示し、実現するようになった。具体的にいえば、橋本龍太郎、小泉純一郎、福田康夫の三人の総裁に続いて、反フェミニストの保守派、それも極右の代表と見られていた安倍晋三が一転して女性政策に積極的な姿勢を示した。例えば、二〇一二年の総選挙で安倍内閣は、「二〇二〇年までにあらゆる分野で三〇％の女性を［指導的地位につけて］活用する」（「20／30（にいまるさんまる）プロジェクト」）ことを公約に掲げた。小池百合子が「女性が暮らしやすい国はみんなにとっていい国だ」特命委員会を立ち上げ、作ったプロジェクトである。[2] そして安倍は選挙後、総務会長と政務調査会長の要職に女性を二人抜擢した。第二次安倍内閣はまた、「女性の活躍・活用推進」政策に前向きの姿勢をとってきた。[3]

本書は、以上の多くのパラドックスをどう理解すべきかを、そして、そもそもフェミニズムとは日本を含む先進諸国の政治においていったいなんだったのかを、検討することを課題とする。そのために、一八世紀末に誕生したいわゆる（女性参政権運動を軸とする）「第一波フェミニズム」の起源にまで遡って、その後の展開を俯瞰する。この運動については、典型例として、イギリスとフランスそして（大正、昭和前期の）日本を取り上げる。イギリスは産業革命とともに、女性参政権運動の先端を切っていた国であった。次いで、第二波フェミニズムについては、その発信源とも呼ばれ、事実最も先鋭な形で問題を提案したアメリカの運動と、日本の「ウーマン・リブ」（ラディカルな女性解放運動）を検討対象とする。その上で、日本の男女雇用機会均等法、男女共同参画社会基本法の制定過程とその背後の力学を分析し、ついで家庭内暴力（ＤＶ）防止法をアメリカの例を参照しながら、日本の政策過程を分析する。そして最近の女性政策やそれに対する反動としての「バックラッシュ」を日米について考察する。その際、ほぼ同時期に登場したネオリベラリズムとポピュリズムがフェミニズムとどういう絡み合いを（当事者には必ずしも意識されていたともいえないが）見せたかをも、検討する。

以上のように、全体として本書は、先に述べたいくつかの（政治のなかのフェミニズムをめぐる）疑問・パラドックス、例えば、「なぜ日本において他ならぬ保守政権によって積極的女性政策が推進されているのか」「フェミニズムが衰退したといわれるのに、彼女（彼）らの要求が徐々にではあれ実現していっているのか」「なぜ右翼勢力の激しい「バックラッシュ」が登場したのか」といった問いを理解するために構成されており、米英仏日についてフェミニズムの通史的な叙述を行うものではない。

水田珠枝は、その著書『ミル「女性の解放」を読む』の中で、女性運動解放史を書くことは「いかに難事業であるかが分かった」と記している。[(4)] 専門家ですらそうであるから、ジェンダー論に新規参入者である筆者においては何をか言わんやである。無謀な実験であることを承知しつつ、読んで頂ければ幸いである。

（1）江原（二〇〇〇）のサブタイトル
（2）小池編（二〇一三）四頁
（3）辻（二〇一五）
（4）水田（一九八四）まえがき、ii頁

目次

序章　フェミニズムとは何なのか

はじめに、筆者がフェミニズムという思想・運動をどう理解しているかを述べておきたい。唐突のようであるが結論を先取りしていえば、フェミニズムは一九世紀から二〇世紀半ばまでは社会民主主義的色彩をもち社民勢力と共同歩調をとってきたが、その出発点（古典的フェミニズム）においては、物質的幸せ以上に自律・自由をめざすという意味で、今でいうネオリベラリズムと通底しており、一九七〇年代半ばからは、より明示的に（「機会の平等」というタームで）ネオリベラリズム的傾向を示しているというのが筆者の判断である。

ヨーロッパ近代に誕生したフェミニズム思想は、フランス革命に影響を受けて、女性の解放、女性の権利を（荒削りではあるが）初めて体系的に述べた、*イギリスの女性メアリ・ウルストンクラフトの画期的著作『女性の権利の擁護』（一七九二年）に始まるとされる。[1]** 彼女が滞在中のフランスは、大革命の真っ最中であった。彼女は、何よりも国家の専制に対して自由を求めて立ち上がった英雄的市民とのアナロジーで、家庭における「専制君主」としての男性に対して女性の自由と権利を求める要求を主張していた。その際彼女は、出世のために権力者にへつらい「小心翼々と」生きてきた、あるいは「頭を上げる」こと

メアリ・ウルストンクラーフト

なく抑圧に甘んじてきた過去の男性たちの奴隷根性を厳しく批判すると同時に[2]、女性が家庭という場に残存する「専制」の中で、同様に卑屈な人間に堕落していることを最も憂慮したのである。そこには、家庭内で男性に服従したかのように見せかけて、実は男性を操作・支配するという陰険な方法を行使する女性たちも含まれていた。それは奴隷の狡知であるというわけである。

*彼女はフランス滞在中に女性の権利を要求、擁護するロラン夫人やコンドルセを初めとするジロンド派と親交があった[3]。そして、フランスの急進主義者の結社にも出席した。もっとも実際にフランス革命の暴力と流血を見て、革命賛歌を考えなおした[4]。

**ウルストンクラーフトの議論は「当時ではほとんど反響がなかった。……彼女の著作は長い間、忘却の彼方に追いやられることになった。彼女の再評価がおこるのは、英米で女性参政権が実現された二〇世紀前半のことである」[5]。

彼女にとっては、女性が誇り高く、独立心をもって生きることが何よりも重要なことであり、そうした「自由というさわやかで心を弾ませる外気」を吸ったものにとっては（男女の別なく）、自由は物質的安楽には代え難い価値であると考えた[6]。ミルトンの言葉を借りて、楽園を断念し、「悪魔の誇りを持って、地獄に向かう」態度だと主張さえする[7]*（後年ボーヴォワールが、女性が求めるべきは幸福ではなく、「自己を超越していく」自由の実現だといったのは、実存主義の言葉で語られてはいるが、本質的に同じ意味である)[8]。現代風に言えば、ウルストンクラーフトが自ら実行し、同胞としての女性たちに求めたのは、「人間の尊厳」、「人間としての品格」をもって生きることであった。**

*彼女の著作[9]は読者として、自らの属する中産階級の女性を想定していた。

**先にも述べたように、一九世紀後半から、各国でフェミニズムは社会主義(アメリカではニューディール・リベラリズム)と結びつき、社会民主主義化するが、一八七〇年代の第二波フェミニズムの登場で先祖返りした。この点については、以下で詳説する。

彼女の求める政治参加の要求や共和主義に秘められているのは、*(男性の政治参加要求の場合と同じく)人間としての誇り、矜持、尊厳なのである。それは女性の物質的幸福(今でいう福祉)よりも、抑圧を跳ね返し高らかにラディカルな自由を求める精神(いってよければ自己権力への欲求)である。その意味で(福祉を重視する)社会民主主義とは(元来は)異質なものである。フェミニズムの歴史は、思想史的に見れば、(フランスやアメリカにおける)ラディカルな共和主義に連なるものである。一九七〇年代に始まる第二波フェミニズムは、(無自覚にではあろうが)この精神の再現であると考える。

*ギリシャ、ローマの理念を復活してアメリカ革命で典型的に登場した共和主義(republicanism)の本質は、アダム・スミスによれば、(従属に対比した)自由と(依存と対比した)独立への愛である[10]。共和主義者は(公的

活動への参与、政治への参加に加え）高貴さと勇気、そして自己犠牲の精神を持たねばならないという意味で、精神の貴族主義を要請される。さらにいえば、アメリカの共和主義のスローガンは、「自由、平等、自律・独立」であり、フランス革命の「自由、平等、友愛」とは、若干ニュアンスを異にする。[11] なお、フランスの共和主義においては、市民の政治参加の前提として、「理性」の発達のための教育が重視される。

ともあれ、（古典的）共和主義フェミニズムと第二波フェミニズムとは、以上の「女性としての誇り」の主張であり、さらには、男性に正当に評価されていない自らの能力に対する「自負、自信」がある。それが、能力主義たるネオリベラルと結合する契機となる。この点は後述する（さらにいえば、ネオリベラリズムも第二波フェミニズムも、新左翼に対して親近性と反発を同時にもつというアンビヴァレンツが特徴である）。

以上が、筆者のフェミニズム理解である。この観点からフェミニズムの歴史と現状とを探っていきたい。

（1）ウルストンクラーフトの主要著作は邦訳されているし（ウルストンクラーフト、一九八〇、同・一九九七）、邦文の優れた解説書もある（安達、二〇〇二）。また、水田（一九七八）第四章も参照。
（2）ウルストンクラーフト（一九八四）九四、一〇四頁
（3）ペロー（二〇〇〇）一一一～一一二頁
（4）水田（一九八四）一三〇頁
（5）辻村（二〇〇八）六三頁
（6）ペロー前掲、七三頁
（7）同右、五五頁
（8）ボーヴォワール（二〇〇一）I、三七頁
（9）ドノヴァン（一九八七）八六頁
（10）Wood（1993）pp. 97–101
（11）アメリカの共和主義については、Wood（1993）Part II、フランスについてはHazaresingh（1994）chap. 3を参照。

I　第一波フェミニズムと女性参政権運動

第1章　イギリスの参政権運動

一　近代フェミニズムの誕生

序章で述べたように、近代フェミニズム思想は、フランス革命の思想に影響を受けたイギリスのメアリ・ウルストンクラーフトの画期的著作『女性の権利の擁護』（一七九二年）に始まる。（フランスでは、後述するオランプ・ド・グージュの『女性の権利宣言』（一七九一年）、ドイツではカントの議論に基づくテオドール・ゴットリープ・フォン・ヒッペルの『結婚について』（一七九二年）が相次いで出版されている。）家庭で奴隷根性をもって夫にへつらう妻たちを厳しく断罪し、同胞たちに誇り高く、独立心をもって生きることを説いた、まさに革命期の雰囲気の中で書かれた著書である。同書はこの共和主義的精神と同時に、「古典的・市民革命的リベラリズム」のもつ限界、すなわち「ブルジョア的自由」を財産と教養をもつ「市民」、「ブルジョア男性」に限定する点を厳しく批判する側面をもつ。この立場からやがて、ブルジョア的権利の中核たる参政権の獲得がフェミニスト運動の中心的課題となった。しかも女性参政権は当初は、女性が受ける深刻な民法上の不公正の是正のための法改正という具体的な目標をもつものであった。

当時の妻たちが、民法上財産権も親権ももたず、離婚の自由ももたない（未成年者と同様の）全くの無権利状態で、夫が家庭内専制君主やアルコール依存症であっても、夫の恣意に委ねられていて、「イギリス法・近代法」はその窮状を救済できなかったし、そうした私事に介入すべきでもないとされていた。妻は夫から監禁されたり虐待されても夫の下に帰らなければならなかったし、遺棄された妻や子どもが夫に生活費を要求することもできなかった。それを象徴的に示したのは、一八三〇年代のカロライン・ノートン事件である。彼女の夫は収入がなく妻が相続していた財産で生活していたが、夫婦仲が悪く、夫による暴行が繰り返されていた。ある日、カロラインが小旅行から帰ってみると、家から締め出され、子どもとも会えない状態に置かれていた。彼女は子どもたちが遺棄されたり虐待を受けているのではないかと心配して離婚訴訟に訴えたが、法的救済は得られなかった。そこで文才のあった彼女は、法改正を訴えるパンフレットを発行して世論に訴え、新聞などで大々的な論争を巻き起こした。このドラマチックな展開は彼女の救済には繋がらなかったが、世論に大きな影響を与え、後の婚姻法改正の実現に貢献した(1)。

オランプ・ド・グージュ

このように、フランス革命直後の一九世紀前半期には、女性を夫や父親から保護する法律の制定の必要が広く認識されるに至った。それはまた、オーナー経営者が労働者や児童労働者に対し、専制的・家父長的に振る舞う、労使関係の権威主義的構造を、労働者の権利を保障することによって、近代化、合理化することとパラレルであった。(ギデンズ流にいえば) ブルジョア社会の「前近代的遺制」の撤廃、後のラディカル・フェミニストのいう「男性支配」「家父長制」の撤廃の手段としての意義が、女性参政権には与えられていた。(2)

ただ、この家庭内「男性支配」を前近代的遺制と呼ぶことについては、留保が必要である。それは、ブルジョア家族が、共同体的・国家的統制が及ばない私的領域として強い閉鎖性、外からの干渉を遮蔽する自律性をもつこと自体、「近代家族」の誕生を背景としていると考えられるからである。ブルジョア家族の妻(あるいは子どもたち)は、私有財産と同様に見なされていたが、私的所有権に(地域共同体や国家など)他からの統制、干渉を排除する独占性、排他性を認めるのは、近代資本主義の原理の表現である。家庭内暴君としての夫、父親の「権利」は、こうしてみると、前近代的というより、近代的なものである。一六、一七世紀イギリスにおいては、妻の不貞や過剰な不平に対してばかりでなく、妻をないがしろにしたり、横暴な行為をする夫には、村落共同体や教会からの規制、介入が働いていた。(3) 近代以前の社会では、家庭内暴力は私的なものではなく、公的なものと見なされていたのである。

しかしながら、ブルジョア革命後に成立した家族における閉鎖性、公的領域からの切断は、落合恵美子の列挙した近代家族の特徴の一つ、かつその最重要項目であるところの「家庭内(私的)領域と公共領域の分離」そのものである。(4) そして、「近代家族」における家長の家族への支配は、家族に対する責任、なによりも経済的保障の裏返しでもある。そこには、ブルジョアにおける、家族への責任を神聖な義務とする(プロテスタント的)倫理観が存在する。「暴君」はその権利、義務関係に裏打ちされるべき権力関係の乱用者に過ぎないが、「暴君」を許す社会からの遮蔽性が前提となっていた。そして家族関係は、親密とは言えないかもしれないが緊密なものであり、夫の支配が耐え難いまでになりうるのは、そうした緊密な関係を前提としていた。

こう考えると、この時代の女性解放の要求は、近代化によって強化された家族が内に対してもつ権威主義的、前近代的要素と、家族が外に対して持つ近代的要素との間の矛盾を、前者を一層近代化することによって解消することを目指すものであったと見ることができる。それは、先にも述べた労使関係の近代化によって企業を真に近代化することとパラレルな動きであったといえよう。オーナー経営者の前近代的権威主義、パターナリズム（家父長主義）もまた、購入した労働力に対する（資本主義的な）排他的支配権を前提としており、企業活動の社会や国家からの自律の中に生まれたものであった。資本家が労働者を自由に搾取する権利を制限することこそ、「社会民主主義革命」の課題であった。古典的リベラル、フェミニズムは、社会主義以前にこの構造を摘発した思想であった。

ただ、労使関係と家族関係のパラレリズムは、ここまでである。労働者が、個々の労働者の契約の自由を制限することを含む団結権・争議権を求め、かつ獲得することによって、社会民主主義的権利を獲得しえたのに対し、妻と夫の場合は、あくまで個人的権利の保障を、相互監視を通じての共同体規制に代わる（前述のノートン事件のような）マスメディアを通じての世論の喚起と、それに加えて、国家による司法的、行政的、立法的救済に委ねるという、「人権擁護のための国家介入」の方向で解決せざるを得ないからである。

女性参政権の獲得は、労働者が労働党に結集したようには、女性党の結成、政権参加、獲得には向かわなかった。男性支配を相手に、女性の解放のために、男性がそれを受け入れるまで夫とベッドを共にしないといった（ときに女性運動によって提唱された）戦術は、工場でのストライキと較べて、遥かに実現性が薄かった。

女性「運動」の始動

さて、女性解放の思想がイギリスでもナポレオン敗北後の反動期に衰退し、その後一八二〇年代から（ユートピア社会主義の系譜に属する）男性フェミニストによる女性の参政権論者の登場があり、同時期に、少なからぬ中産階級女性が慈善活動や奴隷解放運動への参加を通じて社会運動、政治運動の経験を積んだ。そしてそれを背景として、イギリスにおける最初の女性「運動」が一八五〇年代に登場する。

本格的、組織的フェミニズム運動が開始されるのは、一九世紀中葉からといわれるが、この時期、女権運動の中心的勢力は、「ガヴァネス」とよばれる、住み込み女家庭教師たちが担った。彼女たちは出自が上層中流階級（「ジェントル・ウーマン」）でありながら、経済的困窮に陥り、その救済を求めたのである。(5)

一八五〇年代というのは、史上最初の労働者による大々的政治運動、チャーチスト運動が一八四八年に挫折し、急速に終息していった直後である。チャーチスト運動が女性参政権を要求項目に入れなかったことに象徴されるように、この運動に参加した少なからぬ女性や女性団体は、男性（労働者）の主導性、あるいは階級闘争の（性差別反対運動に対する）優越性を承認していた。ところが、その後の運動では、女性解放を前面に掲げることとなった。かくてミドルクラスの女性運動として（しかし女性全体の利益を代表することを自認しつつ）、フェミニスト内部の意見の対立を抱えながら、他方で種々の社会改革運動と連携しながら、女性運動が誕生したのである。その目標は、①（離婚の権利、財産の相続権や子どもの養育権などを含めた）女性の民法的権利保障のための法改正、②（とくに労働者階級に著しい）今でいうD

V（ドメスティック・バイオレンス）の抑制、③独身女性の就労の機会の拡大、④高等教育の女性への開放、⑤参政権獲得などであった。社会的弱者としての女性（の人権）の保護のためには、国家の介入が必要であるという論理は、レセ・フェール・リベラリズムから（後述する）「進歩的リベラリズム」（あるいはより広義に社会民主主義）へのイデオロギー的転換の最初の一歩であった。フェミニズムはその転換を先導したといってよい。

そうした活動の成果として、①一八五七年に離婚法が改正、②一八七〇年と一八八二年には既婚婦人財産法によって妻が財産を独自に所有することを認める法律が議会で成立した。また③七三年には妻に子どもを引き取る権利を与える法律が制定、④八六年には（ダブル・スタンダードの象徴たる）「性病法、売春婦規制法」が執行停止となった。いずれも国政における女性参政権の獲得前である（地方政府の選挙については、一八六九年に女性選挙権が実現した）。以上のようなフェミニストによる成果によって、皮肉にも参政権運動は、実質的政治的影響力の獲得のためというより、シンボリックな「地位」、第一級国民としての地位を求める運動としての性格を濃厚にしていった。

そもそも政治には、非日常的で、祭りとしての「楽しみ」がある。政治参加要求には、祭りへの参加の権利を求める気持ちが反映されている。ところが男性労働者は、いかなる政治的会合にも妻たちが出席することに反対であった。[6]「晴れがましく」政治集会、抗議運動に出かけていく「男たち」の背に羨望を感じた女性たちは少なからずいたと想像される。そもそも一八六七年には、「男らしさに欠かせないものとしての選挙権」が、戸主労働者に与えられた。[7]労働者への選挙権の付与は、自由党が推進した政策である。それは、公共性＝男性性という当時の自由党内の急進主義者の図式を表現するものでもあった。それがかえって、シンボリックな地位を求める、女性独自の運動としての女性参政権運動を促進させることになった。

女性の福祉、雇用といった経済問題に女性の参政権を活用しようという発想が生まれ、そのために労働運動、労働者政党と提携しようとするようになるにはしばし時間がかかった。

ところで、前述のように一八六七年の選挙法改正によって地方税を納める戸主労働者に選挙権が与えられ、有権者が倍増した。この労働者たちを最初に自党支持者にしようとしたのは、保守党の方であった。第二次ディズレーリ内閣（一八七四〜八〇年）による「トーリー・デモクラシー」の登場である。そのための施策が公衆衛生法、職工住宅法、戸主制、労働者法など、一連の社会立法・労働立法であった。一歩遅れた自由党も急進派のリーダー、チェンバレンのイニシャチブで、同様の政策を掲げた。また一八八〇年代には、知識人の間で社会主義が復活し、国家の経済への介入政策と福祉政策との理論を模索すべく、フェビアン協会が設立された。労働党誕生の一つの基礎が作られたのである、時代精神は、レセ・フェールから社会民主主義へ大きく転換していった。

二　進歩的自由主義フェミニズムから社会民主主義フェミニズムへ

イギリスの女性参政権運動は、（男性）議員の支持を得ながら一八六七年に本格化する。その前年、ジョン・スチュアート・ミルがフェミニスト団体の支持で、「婦人参政権」を公約に議員に立候補、当選し、下院で女性参政権のための最初の請願をおこなった。ミルの登場はそれまでいささか変わり者の集まりと思われていたフェミニストたちに、「市民権」を与えることになった。[8] ミルが国際的な知名人であったからである。しかしこの請願にもかかわらず、一八六七年の選挙法改正では、労働者の選挙権は認められたのに、女性に拡張されることはなく、これに憤慨して女性団体が各地に誕生して活動を開始した。実は、この時期までフェミニストが掲げていた目標は、高等教育へのアクセス、避妊の容認、性病法の撤廃など多様であったが、この年以後、参政権が最大の課題として登場してくる。[9]

この時期のフェミニズムが思想的にその根拠としたのは、イギリスで開花した「大文字のリベラリズム(Liberalism)」、イギリス思想史の文脈では哲学的ラディカリズム、あるいはラディカル・リベラリズムとも呼ばれる政治思想である。代表的思想家としては、(ベンサムなど「功利主義者」を先駆者としてもつ)ジョン・スチュアート・ミルからトーマス・グリーンにつながる系譜で、「修正自由主義」とも呼ばれる。[10] 政治的には自由党がその主張を代表した。

政党レベルでは、やや遅れて二〇世紀初頭のアスキス自由党内閣が炭坑夫八時間労働法、老齢年金法を実現する。この思想は当時「新自由主義(ニュー・リベラリズム)」と呼ばれた。後のネオリベラリズム(やはり新自由主義と訳される)との混乱を避けるため、ここでは進歩的自由主義と呼ぶことにする。

女性問題については、一八六九年、ミルが、(ミルの伴侶となったが執筆時には死去していた)ハリエット・テイラーとの事実上の共著『女性の隷属』(邦訳は『女性の解放』岩波文庫)で体系的に論じた。一言でいえば、男性に与えられた(ブルジョア的)自由を女性に与えない理由がないという主張である。同書では妻の夫に対する隷属状態を、専制君主や奴隷と同様であると厳しく批判し、女性の無権利状態を摘発している。そして今でいう「女性の活力活用論」を主張している。

ミルのパートナー、テイラーは、それ以前「女性参政権」（一八五一年）という論文で、より具体的に、公職をふくめすべての職業の女性への開放、婚姻法の改正、離婚の自由、そしてその実現のための女性参政権の獲得を掲げた。そこにあるのは、性別分業を否定し、経済的自立を女性にも認める改革の提唱である。両性に労働による自立を求めるという観点が入ることで、自由主義が一歩前進したといえるであろう。

単純化していえば、彼らの主張は、古典的自由主義とは違って、個人の自立、自由のためには、いわゆる消極的自由だけでなく、個人の自立を支える経済社会的条件が不可欠で、そのためには、国家の積極的介入が必要であり、かつそれを実現するために民主主義の発展（参政権の拡大）が欠かせないという議論である。トーマス・グリーンが一八八〇年に定式化した「積極的自由（ポジティブ・フリーダム）」の概念がそれを端的に表現している。「自由」は、国家が経済活動に介入せず、契約の自由に委ねるような消極的なものをこえて、各人に積極的に社会の富を享受させることを前提として初めて実現するとされるのである。資本家や地主の権力を制限するために経済活動における契約の自由（労働契約や小作契約）に制約を加え、経済活動に国家が介入することを内容とする、自由の保障（今でいう）エンパワーメントを意味している。その前提には一八四〇年代の政府の報告書によって明らかにされた、初期の産業革命がもたらした労働者の恐るべき窮状に対する宗教的ともいえるヒューマニズムの精神、道徳的義憤がある。社会主義の影響が濃厚であることは否定できない。古典的自由主義の競争原理礼賛とはほとんど対極的なものとなっている。

ハリエット・テイラー

この議論は、労働者にも女性にも同様に適用できる。ベンサム流に数に還元された「最大多数（の最大幸福）」を占めるのは労働者であり、女性であるからである。その徹底した平等観において、哲学的ラディカリズムと呼ばれるにふさわしい。その設計主義的発想も含めて、アメリカ史の文脈でいえば、ニューディール・リベラリズム、さらには一九六〇年代リベラリズムと同質の主張であり、アメリカでも大文字のリベラルはこの思想を意味する。最終的には個人の自由の実現に最大の価値を置くところから、リベラリズムの正統な継承者であるとみられるし、「一九世紀リベラリズム」と呼ぶことも可能である。

さて、一九〇六年後の自由党政権は、地方政治で実現しつつあった学校給食、老齢年金、最低賃金などの政策を中央政府の責任として引き受けることとした。世紀転換期には、自由党内では、貧困の克服とそのための国家の役割を強調する進歩的自由主義は、ますます広い支持を得ることとなった。女性参政権もその改革目標の一つとみなされた。

他方、参政権運動自体は、一八八〇年代半ば以降、それまでの活気を失ったが、一九〇七年には突然再び参政権を要求する大衆的デモや非合法的活動がおこなわれるようになった。この時全国各地に結成された参政権団体（「婦人参政権協会全国同盟ＮＵＷＳＳ」（一九〇三年結成）のリーダーとなったのは、パンクハースト一家を先頭にした、医師や弁護士などの女性専門職業人であり、戦闘的戦術も辞さない過激な運動が中心となった。政権についた自由党が、ついで自由党から独立して結党した労働党が、女性参政権に熱意を示さないことにいらだちを募らせての過激化であった。彼らは、デモ、政治家の演説の妨害、さらには首相官邸の窓ガラスの破壊、投票所への薬物の投げ入れ、そして進んで逮捕、拘留され、ハンガー・ストライキをするという戦術に訴えた。そうした過激な、しかし散発的な烈しい抗議行動によってメディアの注目を集め、大々的な世論の喚起に成功したのである。

しかし、このショック療法が政府の態度を何ら変えることができないことが明らかになると、運動は一層エスカレートした。一九一二年から始まる一層の過激化、それまでの政治家に対する嫌がらせから、一般市民を巻き込む暴力的行為、具体的には商店街のショーウインドウに投石したり、満員の劇場に放火したり、あるいは自らを危険にさらすといった行動に発展した。こうした行動のエスカレーションとともに、一般の群衆からは卵や果物を投げつけられるに至り、運動参加者も減少して（とくに労働階級の女性たちが離反して）孤立に追い込まれた。労働運動との溝も当然ながら深まった。警察の弾圧もあって、第一次世界大戦が始まった一九一四年には、こうした過激な行動は影を潜めた。フェミニストらの愛国心からの「転向」故でもあった（彼女らの戦争協力は戦後、参政権付与という「ご褒美」となったとの説もある）[11]。

以上の過激な参政権運動と並行して、参政権運動内の穏健派は前述の「婦人参政権協会全国同盟NUWSS」を中心にして、女性参政権運動の再興の一翼を担った。当初はNUWSS指導部は、内部の反発を考慮して、労働党との協力（選挙での労働党候補者支持）は便宜的で一時的なものであり、まして社会主義を受け入れることを意味するものではない、とその決定を正当化していた。しかし長期的には、この決定は、社会主義に理解を示し、労働運動との結束を強化する参政権運動へと発展した。しかもその効果として、NUWSSは労働者階級の女性たちの間でのフェミニズムの拡大にも成功した。

以上の背景の一つには、一九一二年の党大会で、労働党が「女性を含まない参政権拡大は受け入れられない」と女性参政権支持を疑問の余地なく明確にしたことがある。女性活動家を獲得するために、（マクドナルドなど労働党指導部や炭鉱労働者などが）それまでミドルクラスの運動と見なして敬遠していた女性参政権運動への支持を明確にする必要があった。そのことはまた、労働党が、議会で自由党を支持する立場から、自ら政権を担う立場へと変貌することをも意味していた。この戦略が功を奏して、一九二〇年代には女性労働党党員が大幅に増えた。

社会主義フェミニズムの思想

この展開を理論的に支えたのが、社会主義フェミニズムともいうべき思想であった。労働党のブレーン集団となったフェビアン協会がそれを代弁した。ウェッブ夫妻やバーナード・ショウがその代表であろう。

ここではウェッブ夫妻の思想をみてみよう。[12] シドニー・ウェッブは、ジョン・スチュアート・ミルの知的遺産相続人、その思想の継承・発展者を自認していた。しかし、ミルと比較して設計主義的傾向が強い。彼の発想は、フェビアン協会に集まった知的職業人を国家を運営する「行政エキスパート」とすることにあり、そこから新官僚を養成するLSE（London School of Economics and Political Science）設立の構想が生まれる。注目すべきは、ウェッブらフェビアン協会のメンバーたちは、自らを（イギリスではロバート・オーウェン以来の伝統をもつ）「社会主義者」と呼んでいたことである。貧民救済や最低賃金制、八時間労働制、やがては「貧困に対する聖戦」、「ナショナル・ミニマム」を主張していたから当然ともいえる。彼らの主張は単なる福祉制度の構築を超えて、より広い社会改造の理念をもつものであった。

原理的に個人主義的自由主義を否定し、公共福祉のための国家による生産手段と利潤の集合的統制と管理を説く「集団主義」を指向した彼らが拠り所にしえたのは、非マルクス的でかつ国家主義的な、テクノクラート官僚的社会主義以外にはなかった。労働者、労働運動は調査の対象であって運動上の接点はなく、「応接間の社会主義者」と揶揄的に呼ばれたのも無理はない。その彼らが、政治的同盟者として、というよりむしろアイディアの「浸透」の対象として選んだのは、労働者大衆ではなく、自由党急進派、そして後には（政権政党への道を歩み始めた）労働党執行部であった。ストライキの指導に乗り出した社会主義者たちと対抗する形で、である。「自分の賃金しか頭にない」労働者は、救済の対象であってその主体ではない、というのがフェビアン主義者たちの態度であった。ヒューマニズムや友愛の感情から経済的分配上の平等の理念を掲げても、権力の平等を主張するものでは全くなかったのである。社会主義、社会民主主義には多かれ少なかれこうした傾向は存在するが、ここまで露骨にテクノクラートの支配、パターナリズムを正当化することは珍しい。国家権力に対するこの無警戒さが後に晩年のウェッブ夫妻を（一九三〇年代の）ソ連の崇拝者に導くことになる。

ウェッブの妻となったビアトリスは、ブルジョア家庭に生まれたが、ロンドンのスラムでの慈善活動や、労働者の家庭での住み込み生活を通じて、労働者の生活を直接に知り、ついで社会調査に従事するようになった。女性労働者の実態調査のため、自らを偽って繊維産業の女工として働いた経験ももつ。強い倫理主義から社会主義に接近し、シドニーの影響でフェビアン協会に入会した。

ウェッブ夫妻

興味深いことに、ビアトリスは長い間、女性参政権には賛成せず、それどころか反対運動の側に与していたことである。それは労働者階級の女性たちを身近に知るものとしての経験とパターナリスティックな姿勢の反映でもあった。男性労働者への参政権付与にも消極的であった。しかし男性普通選挙権が実現し、かつ自らの経験を振り返って、女性は公の仕事に向かないという意見を支持することの矛盾に気づいて、女性参政権に賛成する立場に転向した。一九〇六年のことである。

この夫婦いずれにとっても、労働者階級の解放こそが女性の解放の大前提であり、前者によって直ちに女性の解放は実現するという論陣を張っていた。各国の社会党、共産党も同様の路線であった。彼らの主張を露骨にいえば、女性運動は社会主義運動の成功に資する限りにおいて意味があるというものであった。そこには、フェミニズムは基本的にブルジョア、中産階級の運動であるとの抜きがたい不信感が存在した。

家庭内権力から経済問題へ

フェミニズムの側から社会主義との同盟の意義をみると、次のようにいえよう。労働運動の再活性化によって社会主義フェミニズムが一つの形をなすまで、女性＝性奴隷という認識から、黒人奴隷の状況との同一性が強調されてきた。この家庭内での男性への隷属は、理論的にいえば、国家権力による圧政と同型であり、自由権を中核とする「古典的自由主義」の枠組みで理解され、克服の課題として定立されるものであった。ところが、剝き出しの権力行使は、前述のようにこれまでには徐々に法的改正によって解決され、今や平等を阻む社会的条件こそが、女性解放、参政権運動の目標となった。言い換えると、フェミニズムが家庭内の権力の問題から社会の権力、特権の問題へと、すなわち家庭から経済へと視座を転換したのである。参政権運動も女性の経済的自立、福祉のために必要だとの論理が優越するようになっていた。このことが当時十分意識されていたかどうかは疑わしいが、それによって資本主義市場における「自由な」労働者とのより直接的な共闘の条件が浮上した。政治や経済（雇用）など公的領域での活動および自立の機会の獲得、つまり公的場での差別を中心的争点とする「社会民主主義的フェミニズム」の誕生である。

しかしながら、それは同時に、労働運動へのフェミニズムへの従属のリスクをも意味していた。とりわけ、前述の問題と関連して、家族内権力構造の問題、（マルクス主義フェミニズムの提起した）夫による妻の経済的搾取を含めた私的領域における支配＝服従関係の脱争点化であり、その再争点化は、一九六〇年代末の第二波フェミニズムの登場を待たなければならなかった。

一八八〇年代、九〇年代には、女性労働者の労働組合が次々と結成され、（男性主体の）「労働組合評議会（Trade Union Congress）」など労働組合頂上組織に参加していった。それはまた、これらの女性労働組合運動が男性労働組合の下部組織に編入され、女性労働者の問題がフェミニスト・グループから労働運動の課題へと移行していったことをも意味していた。女性リーダーは当然のこととして男性に従うものとされたのである。それはさらに、男性労働者の雇用を脅かす女性たちの労働市場からの排除を（しばしば女性保護の名目のもとに）結果することにもなった。

ともあれイギリスでは、国政レベルでの女性参政権は一九一七年までに既成の方針として超党派的に議会で受け入れられ、実現は時間の問題となった。そして、一九一八年に制限的、変則的な形で導入され、次いで、一九二八年に女性参政権はようやく完全な形で成立した。

それと同時に、労働党は（女性票を得るべく）女性に門戸を開き、何千という女性労働者が入党し、地方支部で活躍を開始した。ところが、労働党やそれに繋がる消費者団体の幹部は、女性に主要な地位を与えず、彼女たちはマージナルな存在に、つまり周辺化されたままにとどまった。(13) ちなみに、彼女たちの社会主義は、男性労働者と同様、マルクスよりは、ロバート・オーウェンやキリスト教社会主義に負うところが多かった。(14)

大戦間期において中間層のフェミニズム運動は参政権という目標を失って、一種のアイデンティティ・

クライシスを経験した。しかも多くの女性は選挙に無関心であった。フェミニストには参政権が革命的変化をもたらすと信じていただけに、問題は深刻であった。こうして、少なからぬフェミニストは、女性の自律のためには、政治的、法的平等では不十分で、経済的平等すなわち福祉政策こそが必要だとの主張を展開し始めた。しかし、経済的な男女の平等をどう達成するかについては、意見が対立し収拾がつく見込みがなかった。ただ法的、政治的不平等から経済的不平等への論点の移行は明確で、発想の一層の社会民主主義化は明らかである。

女性参政権が実現した翌年一九二九年には世界恐慌が始まり、大陸ヨーロッパにはファシズムと戦争の危機が迫ってきた。フェミニズムどころではなくなった、というのが、男性たち、そして（フェミニストを含めた）女性たちの判断となったのである。

一九三〇年代においては、一九二八年における参政権の実現後で、かつ大恐慌と戦争の危機を前に、フェミニズムが運動としてのダイナミズムを失ったことは否定できない。しかし、当時のフェミニスト作家、思想家たちは、女性の問題についての議論を深めていった。前述のように当時は女性の経済的自立が主たる課題として認識されていたが、それは経済的な関心が他の論点を圧倒したということを必ずしも意味しなかった。むしろ、心理分析の流行を反映して、経済的従属のもつ心理的含意、男性支配の論理などについて興味ある議論が展開されたのである。それが、後の（第二波）フェミニズムの議論を準備することになった。その中心的論点は、男女の間の関係、とりわけ家庭内における男女の「権力関係」をめぐるものとなった。

三　専業主婦化とフェミニズム——第二波フェミニズムの胎動

「近代家族」における男性支配という論点を、これまで指摘した社会変化を基に再考してみるために、ここで一九世紀イギリス以来の展開に話を戻そう。一九世紀が、女性の隷属が徐々に改善されていった、家族関係の脱家父長制化、脱権威主義化、近代化の時期であることは既に述べた。女性の地位にとっては、それと並行して、もう一つの注目すべき変化があった。それは、市民社会の市場原理化、競争社会化の一層の進行、次いで（あるいはそれと並行して）フォード的生産様式（分業流れ作業の大量生産）がもたらす大規模化した企業内部での人間関係の官僚化、職場の非人格化である。それによってまず、社会が世俗化、非道徳化し、ミドルクラスにおいて家庭こそが社会の道徳的解体に対する最後の防波堤とみなされるようになった。言い換えれば、妻こそが家庭の主として、宗教、道徳の維持、再生の役割を期待されたということである。一八三〇年代以降の（熟練労働者の利害を反映した）急進主義者のジェンダー的争点に関する「反動化」、婚姻と家庭の神聖視と性的役割分業の提唱、そしてその前提となる労働組合指導者による「一家を養える賃金を」（裏を返せば「妻子を働かせなくてよい賃金を」）[15]というスローガンは、その変化を表現していた。

加えて男たちは、熾烈な競争社会（あるいは一時的な歓楽の巷）とは異なる「愛情の世界」（今でいう「親密圏」）、「暖かい家庭」という理想を支える役割を女性に期待した。女性を家庭に閉じこめ続けつつ、である。この「反動」的家庭像には、単なる前近代的、（古典的）家父長制度の維持とは異なる機能が込められていた。言い換えると、それはミドルクラスにおける（後期）「近代家族」、「情緒的家族」[16]の誕生を意味していたのである。そして多くの女性たちは、暴君たる夫には抵抗しえても、「愛する夫」には無防備であった。資本主義的市場において、労働契約が形式的には自由であるように、夫への奉仕は、専制君主的夫への隷属とは違って、自由な意思に基づくという神話が流布した。さらにその前提には、結婚は自由な契約であるという「恋愛結婚」の事実があった。

この変化は、一九世紀半ばに、英国ではミドルクラス女性の賃労働市場からの撤退、家庭への回帰の完成と同時進行していた。そしてその延長として、社会が豊かになるにつれ、家事の負担はむしろ増していった。それは労働者階級への「近代家族」の普及のプロセス、「二〇世紀（型）近代家族」の制度化と同時進行した。一九世紀前半期には、この「ブルジョア的家族像」が熟練工労働者に浸透し、やがて、未熟練工にも広がった。節酒・禁酒と倹約という、より一般的なキリスト教道徳、モラリズムと肩を並べてである。それによって「虐待される妻、給料を酒に使いはたす父親のもとで今にも飢え死にしそうな子どもたち」という現実は大幅に「改良」されたのである[17]。そして一九三〇年代には、大衆的レベルで、子どもの教育、ケア、料理その他の家庭へのサービスの質的向上に努めるべきだとのプレッシャーは、主婦に大きくのしかかることとなった[18]。子どもの数が著しく減っていったにもかかわらず、というよりそれゆえにである。

この愛情溢れる夫への「抵抗」の拠点は、ミルの社会的自由の思想によって供給される。そもそも古典的リベラリズムには、プロテスタント的倫理・道徳と性的役割分業が内包されており、（役割の転換を含め）自らの選択によって「実験的人生」を生きることには否定的であった。道徳倫理については、禁欲と抑制とを提唱する「保守」の論理に貫かれているといってもよい。今日のサッチャー、レーガン、ブッシュ・ジュニアなどの強いモラリズムにまで、この保守的倫理主義は継承されている。その立場がミルによって初めて全面的に否定され、実験的人生が正当化されたのであり、（後述する）「社会民主主義革命」の一つの柱を構成したのである。

こういう意味から、ミルは一九世紀中葉において、社会主義の主張たる労働者の窮状と拡大する富の不平等の国家による救済、解消と、自由主義の主張たる道徳次元の個人の自由の最大限の確保との間の緊張をどう解決するかを最大の課題とした思想家である。彼はそれを経済は他者と関わらざるを得ない社会領域であり、道徳・宗教は主として自らにのみかかわる領域であって、別個の原理が適用されるべきだという論理を展開して、この緊張を解消しようとした。この区別は今日もなお有効なものとされている。

「新しい女」と男性性の転換

さて、プロテスタント的倫理への挑戦という意味で、（落合恵美子らの用語をもじって言えば[19]）近代化された「伝統」的秩序への最もラディカルな実験的生活は、結婚という制度そのものを否定する、女性における性の解放、「自由恋愛（フリー・ラブ）」（後の言葉でいう「女性の身体・性に対する自己コントロール」）であった。そこからまた、性の生殖からの解放、つまり避妊の肯定も導かれる。こうした思想は、前期近代（ブルジョア的）家族、ブルジョア的価値・道徳の否定の極である。「共産主義」や「無政府主義」はしばしば反対派から、性の放縦を意味するものとして非難、嫌悪されたし、フェミニストも同様の非難を受けた。その側面での両者の混同には根拠がなかったわけではない。

イギリスのフェミニズムについていえば、ミルの議論から一八九〇年代に登場する「新しい女（ニュー・ウイミン）」の主張への系譜こそが、労働運動の系譜とは異質の、知識人的生活スタイルを継承したフェミニズムのもう一つの流れを形成していた。それは第二波フェミニズムに受け継がれていくことになる。

しかし、労働者階級、とくに非熟練工の登場によるラディカルな組合運動においては、以上の変化とは全く異なる、それどころか対立的な傾向が生まれていた。それはこの時期における「男性性(マスキュリニティ)」「男らしさ」の重大な転換である。ブルジョアの時代には、男らしさは基本的には「知性」（と教養）として捉えられ、女性はそれを欠いた存在とみなされていた。女性（あるいは黒人）たちは知性において劣るがゆえに、公的活動にはふさわしくないとされたのである。ところが労働者の時代、社会民主主義の時代（それはまた帝国主義と国民皆兵の時代でもあったが）においては、男性のプライド、アイデンティティは、「力の強いこと」のもつ次の二つの面に置かれることとなった。力・暴力が男らしさの中核を占めるようになったわけである。

その第一は、肉体労働の担い手、激しい労働に耐える男らしさというイメージである。プロテスタント的労働観が一般の労働者に広がり、仕事・労働に高い価値が置かれることによって、仕事の技能に深く結びつく資質が高く評価されるという背景がそこにはあった。むろん古来から男性は戦闘や狩りの際の暴力にアイデンティティを求める傾向はあった。問題は比重であるが、近代初期には、知性こそがミドルクラスの男性の、より重要な資質と見なされるようになっていた。かつては、メイドも力仕事をしていたし、家事労働がそれなりの物理的力を要するものであった。そして他方で、ブルジョア・経営者の役割は、知的なものとみなされ、力仕事は一段と低いものとされていた。ところが一九世紀末からは、その傾向が逆転した。激しい労働・戦闘こそが男らしさの象徴となったのである。

第二の側面は、国家のために闘うという形での大衆的ナショナリズムが、男性性と結びついて登場したことである。ドイツ近代史の文脈で、カーレン・ハーゲマンは、それを、民族的アイデンティティが、愛国的男らしさに基礎づけられることになったと表現している。[20] それはまた、それまで貴族の専有物であった国家への献身における名誉感覚が、大衆化したということでもある（貴族的教養がブルジョア的知性に席を譲ったように）。一九世紀の志願兵は前時代までの傭兵とは違うのである。ドイツでは「男らしさのイメージの軍事化」ともいうべきこの現象はナポレオンに対する祖国防衛戦争の時代に登場したという。イギリスでもほぼ同時期にこの転換が登場する。

しかも祖国の防衛は、家族の防衛の延長上にイメージされた。祖国を守る気概をもつものだけが家族、とくに一家の女性たちを守れるというのである。[21] 敵は、妻や娘たちを犯す存在であり、それを守ることは自らの最高度のプライドに関わる重大事であった。それは実は妻や娘が自分の所有物であり、それへの侵犯は自らに対する侵犯であるとの発想から生まれる。こうして、セクシュアリティと戦争とが分かちがたく結ばれた。

ここで重要なのは、力強さ（知性によって自己統制された暴力性）は、とくにそれが国家への献身として現れる場合には、かつては、貴族やジェントルマンの資質とされていたのが、いまや、男性一般の特性とみなされるに至ったことであろう。「男性性」の大衆化がみられるといってもよい。

こうして激しい労働による一家の稼ぎ手という経済的地位と、武器をとって戦う一家の（外敵からの）守り手という政治的地位との二つが結びついて、一九世紀末から二〇世紀初めの「男らしさ」が確立されたのである。後述する社会民主主義システムにおける男性のセクシュアリティが、雇用と兵役、社会民主主義とナショナリズムの接点で成立したということである。

かくて女性は、筋肉労働の上でも戦闘の上でも劣ってはいるか、そのセクシュアリティが守られるべき聖なる「もの」として、もっぱら男性に保護される存在となった。

四　社会変動のマクロ理論からみた第一波フェミニズム

これまで述べてきたフランス革命以来のイギリスの様々なフェミニズムは、社会主義フェミニズムを別として、一般に女性学においては「リベラル・フェミニズム」と総称される。それは主として一九六〇年代に始まる第二波フェミニズムに対比して使われる名称である。これまでもみたように、それにはそれなりの根拠がある。ブルジョア革命において定式化された自由、平等、人権といった古典的リベラリズム思想の中核的な価値の実現を女性においても求めようとする運動であり、思想であったからである。他方、社会主義や労働運動においては、フェミニズムが主としてミドルクラスを担い手としていたため、これをブルジョア思想（すなわちリベラリズム）の一種であると、たとえ進歩的なものであれ、蔑視、不信を表明することが少なくなかった。社会主義勢力の側では、社会主義の伸張に貢献する限りにおいて彼らとの共闘を支持したにすぎない。それに対してフェミニストの側は、社会主義運動、労働運動が形を変えた男性ショービニズムに他ならないと敵視する傾向も広くみられた。「リベラル」という命名は、そうした含意をもったのである。

こうした歴史的経緯にもかかわらず、筆者は、一九四〇年代までの第一期フェミニズム（古典的リベラル・フェミニズムと第一波フェミニズム）は、当事者の主観の観点からでなく、機能的観点からみれば、社会民主主義革命の一翼を担うものであったとの解釈を提示したい。

まず、社会民主主義に関わる主な用語を次のように定義する。社会民主主義思想、イデオロギーとは、先進資本主義国において、一九世紀末（イギリスでは一八八〇年代）から二〇世紀前半にわたる「社会民主主義革命」を主導し、次いで第二次世界大戦後の高度成長期には、ケインズ型福祉国家、フォード的生産様式、大量消費社会を三つの柱とする「社会民主主義体制」を全面開花させた原理であり、低成長に転換する一九七五年までの（一八八〇年を起点とすれば）約一世紀にわたってイデオロギー的ヘゲモニーを占め続けた思想である。

以上の定義をもう少し補足しよう。まず、社会民主主義革命とは、一九世紀末から二〇世紀前半の長期にわたる社会変化を反映した。（産業「革命」に匹敵する）比較的緩慢な「革命」である。その内容は、（1）政治のレベルでは、①それまでブルジョアジーに限定されていた自由権、参政権を国民全体（労働者や女性）に拡大する。②福祉政策の拡充によって社会保障制度を国民に保障する。③ケインズ型需要管理政策を通じて恐慌の回避と完全雇用実現のための経済の政治的管理を実現し、さらには供給政策（生産力拡大政策）たる成長促進的政策運営を積極的におこなう。④その結果、ラディカルな社会主義、共産主義運動への「免疫」を獲得する。すなわちプロレタリアート独裁、生産手段の国有化、保育の共同化などからなる共産主義システムへの試みを挫折させる。他方で、⑤以上の大衆国家の成立によって、ナショナル・アイデンティティを確立し、国家への大衆の包摂、国家への忠誠による政治的安定を完成する。（2）経済、すなわち市場、企業のレベルでは、⑥労使関係における前近代的、権威主義的要素を払拭し、資本主義制度を合理化する。⑦生産性の向上にみあった賃上げを保障することによって労使和解を成立させる。⑧大量生産によって商品（とりわけ耐久消費財）の価格を連続的に下げ、大量消費社会を生み出す。それによって経済成長を加速させる。

以上の長期にわたる「革命」的変化によって、先進各国でほぼ一九五〇年代までに「ケインズ型福祉国家」、「フォード型労使和解システム」という安定した政治経済システムが完成した。そしてその上で、

（3）社会のレベルでは、①一九世紀においてミドルクラスの家族で始まった妻の専業主婦化が、プロレタリアにまで広がった。その前提には夫一人の収入で妻子を養えるだけの安定した賃金の獲得があった。②子どもの保育、教育が長期化し、かつ愛の名によるケアとパターナリズムが進行し、③ロマンチック・ラブの神話に支えられた恋愛結婚の一般化と、公私の区分の徹底によるプライバシーの原理によって保障された閉鎖的親密圏の成立という、以上三つの特徴をもつ「後期近代家族」が一般国民の間に成立した。そしてそれは同時に④（経済活動をも含む）「公的」活動からの女性の排除を、事実上はともかく理念上は、完成した。本来の意味での「家父長的な」権威主義は、親愛に席を譲り、より平等な家族内関係を成立させるが、同時に妻を家庭に閉じこめ、妻の夫への新たな従属（第二波フェミニストのいう意味での「家父長制」）に帰結したことは、やがてフェミニズムの批判の的となるのである[22]。そして「近代家族」の普及にやや遅れて、⑤大量消費文化、とりわけ性の商品化によって、世俗化を促進するとともに、禁欲的ブルジョア文化を否定する享楽主義、寛容的(パーミッシブな)社会を（とくに独身男女の間に）生み出す（それは同時にポストモダン的サブカルチャーを準備した）。

以上の社会民主主義革命の推進力主体は、（テクノクラートは別とすれば）なんと言っても労働組合運動、とりわけ未熟練工・半熟練工の非特権的労働者の運動である。ただ、日本では、ニューディーラーに

よって導入されたとされる戦後の占領改革こそが、この社会民主主義革命の実態であり、その実現に当たっては、国内勢力の力は必ずしも十分なものではなかったことが後々まで尾を引いた。

ともあれ、以上のような観点からいって、ブルジョア的権利をブルジョア以外の「弱者」に拡大し、ブルジョア的社会経済秩序を「近代化」するという観点から、フェミニズムの果たした役割を評価すべきであると考える。それはまた、社会民主主義システムの誕生に（主役ではなかったにしても）大きな役割を演じたということである。一九六〇年代に始まる第二波フェミニズムは、まさにこの社会民主主義システムを標的とする新左翼およびネオリベラリズムを母胎として、さらにこの二つの反社会民主主義勢力のもつ限界と反動性とを突き破ろうとする動きとして、登場してきたものということができる。

（1）Caine（1987）pp. 66–70
（2）Giddens（1973）
（3）ギリス（二〇〇六）一二一一八頁
（4）落合（一九八九）
（5）河村（二〇〇一）一五頁
（6）Pugh（2000a）p. 28
（7）マックウィリアム（二〇〇四）一三五頁
（8）Pugh（2000a）p. 15
（9）ibid., p. 7
（10）Sabine（1961）p. 674
（11）河村（二〇〇一）一二六頁
（12）名古（二〇〇五）第一～二章
（13）Graves（1994）p. 6
（14）ibid., p. 77
（15）水田（一九八四）一九〇頁
（16）落合（一九八九）二三頁
（17）マックウィリアム（二〇〇四）一一一～一一五頁
（18）Pugh（2000b）pp. 209–213
（19）Ochiai & Joshita（2014）
（20）キューネ（一九九八）第二章
（21）同、六二頁
（22）Caine（1997）pp. 14–15

第2章　フランスの参政権運動

はじめに

本章では、イギリスとの比較を念頭に置きながら、フランスにおけるフェミニズムの起源と発展、ないしは挫折の経験を考察する。イギリスにおける展開がどの程度一般化できるか、逆にフランス独自の特徴がどこにあるか、という二つの観点からである（また、フランスの特徴、とくに革命主義がフェミニズムに与えた影響について、女性学的観点から検討する）。

フランスのフェミニズム運動の特徴は、ミシェル・ペローが次のように簡潔に指摘している。「一八六八年ころまでは、フェミニズムは間欠的に噴出する形をとった。つまり革命という、権力システムの裂け目のなかで、突発的に表明されるのである。[1]」以下では、まずこの間欠的歴史を素描しよう。

一　共和主義フェミニズムの誕生

フランス革命において女性たちは主役の一翼を担った。いくつかの争乱においては女性も男性とともに国王軍と闘った。あるいは敵国との前線での戦闘において女性兵士として活躍し、またその指導者となった例もある。内乱において、多くの女性が、貴族の女も農民の女も、老いも若きも、あるものは共和派として、あるものは王党派として、勇敢に、また熱狂的に武器をとって戦闘に参加した。負傷兵の看護に当たった女性も少なくなかった。そしてその多くが、戦闘で殺されたり、処刑されたりした[2]。にもかかわらず、憲法制定のための国民議会は、女性を「市民」とは見なさなかった。そんな中で、一七八八年、コンドルセ*は『政治・社会的改革案』なる著書を刊行し、（開明的な）女性に投票権を与えるべきだと論陣を張った。同様の主張は女性自身によってもなされたし、誓願も行われた[3]。実は一七、一八世紀において女性たちは各地（とくにパリ）で、パンの要求や物価高への抗議などで立ち上がった数多くの経験があった。フランス革命の最中、国王をヴェルサイユから民衆監視の下にパリに連行したときには、女性が主力であった。また、女性の入会を認める政治クラブばかりか、女性だけのクラブも全国に少なからず誕生し、共和国防衛のための女性軍設立を呼びかけた「革命共和婦人協会（Citoyennes républicaines révolutionnaires）」というクラブも創設された（こうした伝統は、のちのナチス占領下のレジスタンス運動にまで引き継がれる）。

*コンドルセは、「女性の権利を示唆していないという誰ひとりも思いも及ばなかった理由で人権宣言を批判した唯一の男性知識人である。また。一七八九年以前に男女の平等権を主張したフランス革命唯一の理想家だ。」[4]

こうした風潮の中で、女流作家・劇作家、マリー・オランプ・ド・グージュは、人権宣言（一七八九年）にならって「女性と女性市民の権利の宣言」（一七九一年）と題するパンフレットを発行し、完全な男女平等を宣言し、女性参政権を要求した。[5] これは「人権宣言」を最初に正面から批判したものである。その後の数多くの彼女の評論は、「男性を批判するよりむしろ」女性の意識や態度の不甲斐なさを批判したものが多い。他方で、彼女は革命期間中の請願として、女性の財産所有、（女性の側からの）離婚の権利、国民議会、行政院、裁判所への女性の参加を求めるなど、様々な要求を提出している。グージュの人生は波乱に富み、かつ恋多きものだった。彼女はまた黒人奴隷の悲惨な状況を聞き知って、奴隷制反対を戯曲の形で、また著述を通じて表明した。これは大胆極まる行為であった。奴隷制から巨万の富を得ている富豪たちへの挑戦であり、実際、グージュは殺人をあからさまに予告した脅迫状を受け取った。そして、彼女の奴隷制批判の芝居「ザモールとミモザ――あるいは幸運な難破」（通称「黒人奴隷制」）の上演では、賛成派と反対派とが劇場の中で大騒ぎを演じた。劇団側は植民地所有者からの圧力に屈して、上演中止としてしまった。これを不満とするグージュの抗議行動は実を結ばなかった。[6] 彼女は終始言論の自由を掲げていたことは特筆されてよい。

ルソーを愛読していた彼女は、フランス革命の直前に、「一般市民の痛みと悲惨さ」を新聞やパンフレット（『愛国的考察』、『有用でためになる計画』など）を通じて訴えた。失業者の救済や未亡人を保護す

テロワーヌ・ド・メリクール

る施設の設置をも提唱し、さらには特権階級への重課税を提案した。革命が勃発するとその熱烈な味方となったことは言うまでもない。それどころか革命の胎動が聞こえるや、それを煽動すらした。ただ、正確に言えば流血を伴う革命よりは改革を指向していたのである。

したがって、彼女は革命が進行するにつれ、党派が厳しく対立する状況を憂え、和解を呼びかけた。そしてジャコバン派が優位となると、劣勢に立たされたジロンド派に公然と味方し、ペンによってジャコバン派を攻撃した。これは「稀にみる勇敢さ」「信じられない勇敢さ」であったと評価されている。当然ではあるが、彼女は逮捕され、裁判にかけられた。彼女は裁判の間も獄中でも「しっかりと威厳を保って」自らを擁護した。裁判の結果、ギロチンの刑に処せられた。断頭台に連れて行かれるときも「美しく勇敢に」ふるまった。享年四五歳。

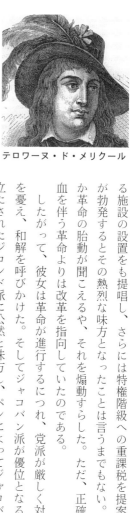

他方、テロワーヌ・ド・メリクールは、祖国防衛のために女性の民兵軍を編成することを提案した。しかし、彼女は公衆の面前で酷い侮辱を受け、発狂して精神病院で死亡した。

グージュやメリクールたちが、女性も男性同様、政治参加の権利があると考えていたことは疑いない。ただ、女性の革命への参加は、都市に限られ、当時人口の大部分を占めた（カトリックへの帰依の強い）農村には波及しなかった。このことが、革命勢力内における女性不信につながり、女性の政治参加を認めようとしない態度に反映していた。(7)*

*事実、スペインで一九三一年に女性参政権が導入されたとき、三三年選挙で保守党が大勝した。

革命と女性

ところで遡れば、一八世紀を通じて、フランスでは女性の隷属からの解放を主張する議論が、教会の攻撃に逆らって、ディドローやヴォルテールなど「自由思想家」によって、幅広く主張されていた。この伝統に沿って、コンドルセは新憲法制定に際し女性参政権を求める主張を展開し反響を呼んだが、男性だけからなる国民議会内での賛成者は少数の知識人に止まり、一七九一年憲法では女性参政権が認められることはなかった。革命の成就のため、また敵国との戦闘のために、夫と並んで、あるいは同志とともに、勇んで闘いに参加した女性たちは、その見返りを得ることができなかったのである。注意すべきは、フランス革命時においても、完全な男女平等を求める声は、革命に参与した女性の間においてすら多数派というわけではなかったことである。地方によっては、教会を守るべく革命に反対する運動も組織された(8)。女性のクラブは慈善団体を兼ねている組織が少なくなかったし、女性たちのデモ行進も多くは（食卓を預かるものとして）窮乏する食糧の要求をスローガンとしていた。その中から急進的かつ大衆的なフェミニズム思想・運動が登場してくるには、革命的状況はあまりに短命に終わった。むろん革命派の男性の賛意を得られなかった（それどころか嘲笑と非難を浴びた）のは、致命的であった。革命の精神的支柱ともなったルソーが、（男性は「公」に女性は「私」にという）女性差別論者であったことの意味も大きい。ロベスピエールなどがルソー信奉者の代表であったからである。*

*この点で、革命家の大部分は、革命思想家であると同時に男女役割分担論者でもあったルソーの思想を体現して

いた。ルソーがギリシャ・ローマにおける戦士市民の「男らしさ」の賛美者であったことの当然の帰結ともいえるが、革命運動におけるこうした男性ショービニズムは、革命的暴力を崇拝する伝統とともに、一九六〇年代末の新左翼にまで継承されることになる。フランスのように暴力革命の伝統が強く維持された国において、特にその傾向が見られる。しかし、イギリスのような議会制が強い正統性をもった国でも、労働運動には暴力的抵抗の伝統が維持され、その分だけ男性ショービニズムは継承された。フランスほどではなかったが。

こうして、一七九三年には、女性は政治活動から追放され、政治団体への加入が禁止された。

もっとも、一九世紀を通じて、教会を介する慈善活動や救貧活動に参加することによって、女性たちは公的活動に従事し、それによって男性による支配から自由を得ていた。さらに上流階級においては、革命後、サロンの伝統が復活し、主催する女性は男性たちも加えて知的、芸術的会話を楽しんだ。ここでは政治的話題も持ち出され、政治的ネットワークも築かれた。

かくて、革命中の先の女性の活躍にもかかわらず、あるいはそれゆえにというべきか、一七九三年には女性の政治クラブは禁止され、九五年には女性の政治集会の禁止と女性が政治集会に参加することが禁止された。女性にとっての革命は早々に終わりを告げた。女性の地位は革命以前の状態より、悪化したと言われるほどである(9)。フランス革命の成果の一つであった離婚法による女性の離婚の権利は、一八〇三年の新たな離婚法によって廃止された*。さらに財産権など女性の権利一般も、一八〇四年にはナポレオン法典・民法典によって剝奪されてしまった。フランス革命を主導した啓蒙思想に反して、女性は夫や父親に従属する地位に置かれたのである（ナポレオンが「女性蔑視・憎悪・ミソジニー」であったことが一因である)。

＊この法典は、ナポレオン個人の女性観をはっきりと表明したものである。彼は、大革命時代に離婚が急増していくのを苦々しい思いで見守っていた。この法典で、離婚には非常に厳しい条件が付けられた上、結婚した女性たちは全くの法的無能力者にされてしまった[10](王政復古の時代、離婚という制度そのものが廃止された)。ちなみに、ナポレオンはフランスの風紀をただすためにこの法典を作ったという[11]。

フェミニストが求めた離婚の権利の復活は、一八八四年までの長い年月を要した。完全な形で離婚の自由が実現されたのは、一九七五年である。もっとも法的無権利状態であったとはいえ、ブルジョア女性の地位が惨めであったわけではない。妻や母として、威厳をもって家事や育児を取り仕切っていたからである[12]。また、前述のように、上流婦人たちは教会などを通じて慈善事業に熱心に参加した。また王政復古の時代には、サロンを通じて上流婦人は少なからぬ政治的影響力をふるった。保守的な立場から、あるいは自由主義的な立場からである。あるいはまた、実業界で活躍する女性もいた[13]。フランスにおける「公私」の分離は、事実上それほど厳密であったわけではない。男性は「公的領域」、女性は「指摘領域」という区別はそれほど厳密ではなかったということである。

ところで、王政復古は、ジャコバン派によって始められた女性運動家に対する反動をさらに推し進めることとなった。近代フェミニズムの輝かしい第一歩は、かくも急速な終焉を迎えたのである。

以上の事態は、近代民法典の出発点とも言える、フランス革命後に作られたナポレオン民法典(一八〇四年）に典型的に表現されている。ナポレオン法典は反動期に作られた法律ではあるが、封建的反動ではなくて、ブルジョア的「自由主義」秩序の表現である。このことは、イギリスについて述べたように、あるいはそれ以上にフランスにあてはまる。財産権の排他的支配という近代法の概念は、英国より「大陸」ヨーロッパにおいて強かったことの反映でもある。[14] この法典はナポレオン追放後も生き続け、フランスのフェミニストの攻撃の主要な標的となった。

二　七月王政から二月革命をへて第二帝政へ

フランスではその後、一八三〇年の七月革命の動乱の中で、労働運動の高揚と並んで、自然発生的に庶民の女性たちが再び奮闘をみせた。デモをし、バリケードを築き、夫や父親に銃をとるように説得をして、である。[15] さらに、家族における女性の隷属を攻撃するフェミニストたちが登場し、離婚の自由などを求めて運動を展開したが、再度短命に終わってしまった。ブルジョア政治家たちの裏切りによって七月革命の成果が掠め取られたからでもある。

実は、一九世紀前半期におけるフェミニズム思想の復活、発展は、ラディカルな平等主義者、シャルル・フーリエ、[16] アンリ・サンシモン（およびこの二人の弟子たち）らの「空想的」社会主義者によるところが大きい。* ちなみに、「フェミニスム」（féminisme）の語をフランスで初めて使ったのは、フーリエの一八三七年の著作であるという。[17] もっとも、流布するようになるのは一九世紀末である。[18] これら「社会主義者」たちは、男女平等を（文字通り空想的な）共同体の中で実現すべく、近代家族に対抗する制度を模索した。近代家族が完全に定着する以前に、そのオルタナティブを模索したということである。

＊なお、サンシモン主義者たちが女性解放に乗り出すのは彼の死後であった。

そもそも一九世紀に登場するフランス社会主義思想それ自体が、産業社会、資本主義社会誕生の時期に、別の選択肢を構想したものであった。社会主義の「社会」は語源的に「相互扶助」を意味している。共同所有を強調する「コミュニズム」と繋がる思想である[19]。

彼ら空想的社会主義者、共同主義者、とくにサンシモン主義派は、神秘主義的な宗教色が強かったが、「女性問題」がドクトリンの中心的位置を占めていた[20]＊。私有財産と並んで、家族こそが、社会秩序の中核的制度であると考えられたからである。弟子たちは、共同生活を開始した。もっとも「教祖」のアンファンタン（美男であったという）は、女性たちに甚だ家父長的にふるまった。当時フランスでは、ちょうど明治期の日本において「近代家族」を正当化する議論が（古い）儒教倫理の助けを借りたように＊＊、教会の権威を借りつつ近代家族の権威を正当化しようとする趨勢が当時存在した。この点はイギリスにおいても基本的に変わりがない。空想的社会主義者はこの近代家族に挑戦するために、教会への批判勢力として登場したのである。それは（近代家族の擁護者に変身しつつ自らの権威を維持し続けようとする）教会への挑戦であるように見えながら、実はそれ以上に、制度化されつつあった近代家族への挑戦であった。サンシモン主義が、しばしば新たな宗教として信奉されていたことも、こうした文脈から理解できる。

＊私有財産も女性の所有も、原始時代から存在した。家父長制は有史以前からのものであるというケイト・ミレット（あるいはそれ以前のボーヴォワール、さらに遡ればエンゲルス）の主張は確かに根拠がある。しかし、繰り返しになるが、ここでの議論は、それにもかかわらず、私有財産性と（女性の所有を前提とした）近代家族が、共同体からの規制から自由となり、少なくとも理念の上で、絶対的なものになるのは、近代社会においてである、ということである。

＊＊牟田和恵のような、明治期の権威主義的な「家」が実は近代的な制度であり、資本主義に親和的なものであったとの解釈は[21]、石田雄による「近代主義的」解釈を真っ向から否定するものであり[22]、天皇制の解釈についての再考察を迫るものである。天皇制を労農派的に解釈する立場をとるかどうかは別として、明治期の家族に関する限り、今日の女性学においては牟田のこの認識は常識として受けいれられている。ただ、フェミニズムの中心概念の一つである「家父長制」というタームが、日本語ではとくに封建的、前近代的響きをもっているので、注意を要する。

七月革命（一八三〇年）において、女たちは「兄弟や夫や父たちに、銃をとるようにといたるところで激励したり歓呼したりした。……夜のあいだに女たちはバリケードを築くのを手伝った[23]」。

それ以後、プロレタリア女性がサンシモン主義派に多数入会し、ブルジョア女性と共に、さらには売春婦も交えて「女性の尊厳」を獲得した。およそ、数百人の規模であった。サンシモン主義運動は、男性主導から（男性の権威主義的指導に反発して）女性主導に変質したのであるが、その後幾多の内部分裂を繰りかえす。にもかかわらず、『自由女性』なる新聞を発刊し、女性労働者の窮状について訴えるとともに、家事労働に反対し、母性の擁護を主張した。さらに、すべての女性が無気力状態から脱し、人生を享楽しはじめるよう駆り立てた。この点でやや女性のエロス的側面を示している。実際、何例か性の解放が実現された。そして、サンシモン主義の女性会員は、女性最初のジャーナリストとなっていく。その後一〇年の間に、各地でいく種類かの女性新聞、パンフレットが発刊され、また、多数の結社を基盤に「男性の権威」への挑戦を続けた。*

*サンシモン主義者の集会では、人々は大いに泣き、抱擁しあい、福音を説き、告白しあい、互いに自己批判を行った。(24)

サンシモン派はまた、女性の解放と労働者の解放を結びつけた。マルクス主義への萌芽が見られる。しかし、このグループは長続きせず、やがてフーリエ派に引き継がれていく。フーリエは、「社会の自由は、女性の自由の程度によって測られる」と述べ、女性解放を訴えた。(25)彼はまた、男女平等を請願し、少年少女の共学を要請した。さらに、いつでも解約可能な契約による任意結婚や共同体が育児の責任を負う家庭生活、風俗の自由を提唱する。(26)また、他方で同性愛の権利を要求した。しかし、フーリエもサンシモン主義者たちも、同時代人からは嘲笑されるに終わった。

三　二月革命

そして彼らの思想や運動に触れた女性たちの中から、一八四〇年代にフランスの戦闘的フェミニストが

ジョルジュ・サンド

登場する。そのいく人かは、一八四八年の二月革命において女性選挙権、被選挙権、そして女性の労働条件の改善、労働組合の組織化などの獲得を目指す闘士となるのである。彼女らは、サンシモンやフーリエの教えを受け、フェミニズムと社会主義とを結びつけようとした女性たちであった。その典型が、フローラ・トリスタン（画家ポール・ゴーギャンの祖母）やポリーヌ・ロラン（意識的な未婚の母）など、個性的で情熱的で自立的な女性たちであった。バリケード上に立ち、デモの先頭を歩き、銃弾を作った。それは、一九六八年の五月革命の先駆であった[27]。

二月から六月にかけて、臨時政府に対し、フェミニストの要求が次々に登場した。「労働者の要求と並んで、女性の隷属をも廃止せよ」というのである。何といっても、選挙権、被選挙権、市民権（夫婦における平等、離婚の自由、教育における平等）の要求であった。むろん女子労働者の保護、権利も要求に含まれた。このうち、教育における平等についてだけは、一定の進歩があった。

これらの活動のうち、一八四八年三月に結成された「女性の権利委員会」に注目したい。彼女らは、市庁舎に乗り込んで、選挙権を要求した[28]。そして雨後の竹の子のように、女性クラブが登場した。彼女らは何よりも離婚制度の復活と、ナポレオン法典の改定を要求した。また、当時「自由な女性」として尊敬を得、人気のあったジョルジュ・サンドを国民議会議員に擁立する運動を始めようとさえした（ちなみに、サンドは女性の従属を批判するフェミニストではあったが、参政権が重要だとは考えていなかった[29]）。

彼女らは「自由、平等、友愛・連帯」というフランス革命の思想を掲げていた。しかし、こうしたブルジョア的権利を普遍的なものとして女性や労働者に拡大しようとした点において、前章で述べたように古典的自由主義の枠を越えていた。そして、もう一つの被抑圧階級たる労働者の側に立って、社会主義共和派に共闘を呼びかけたのである。フランス革命の理念を引き継ぐ思想は、王党派、ボナパルト派に対抗する共和派・共和主義と呼ばれていたし、労働権、生活権・生存権（急増する失業者に「仕事かパンを！」）といった社会主義思想を表現するこの新しい勢力も、社会主義共和派（républicain socialiste）の名で呼ばれた。* 労働者の組織を目指すもう一つの勢力、無政府主義者も含めてである。そして政府は、二月革命における労働者の要求の圧力の下に、生存権、労働権、労働時間の制限を承認した。**

＊専制に対して個人の自由を主張する思想を（古典的）自由主義というならば、フランスでは、バンジャマン・コンスタン（その思想はトクヴィルに継承される）に代表されるように、一九世紀前半期の自由主義はフランス革命における民衆に支持されて登場した独裁の経験から、反民主主義的で保守的な性格を濃厚に示している。この「世論の圧政」という発想は、政治的にはむしろエドモンド・バークに近い。そもそも、ロックの思想とフランス革命の思想には重大な断絶がある。フランス革命が平等、友愛と並んで自由を掲げたために、フェミニズム研究者はしばしば両者を同一視するが、フランス革命における自由は、急進的で「抽象的」な自由の要求であって、イギリスの「伝統」に根ざしたものとして表象されてはいない。ちなみに、フェミニズムの始祖ウルストンクラーフトの思想もフランス革命的な急進性をもっている。フェミニストを含めフランス革命当時の思想は、ロックのようなイギリス流古典的自由主義よりは、イギリスのラディカリズム、「進歩的自由主義」に近く、そのフランス版とでもいうべきものである。リベラル・フェミニズムは、フランス革命の申し子であって、イギリスのブルジョア革命のそれではない。ところでコンスタンからトクヴィルへの系譜は、J・S・ミルに大きな影響を与

えているが、ミルが問題にしたのは、政治的圧政であるよりは、道徳、倫理問題についての「世論の圧政」であり、レベルが異なることに注意が必要である(30)。

＊＊ちなみに、フランスのフェミニストは、ウルストンクラーフトの仏訳が一七九二年に出版されたにもかかわらずほとんど関心を示さなかった。イギリスのものとしてはJ・S・ミルの『女性の解放』が広く読まれた。

ところで、フェミニストたちの主張が労働者に共感を得たわけではない。それどころか、保守勢力だけでなく、ほとんど全ての男性から、女性解放の主張、なかんずく離婚制度の要求は、家族に対する重大な挑戦と見なされ、反対を受けたのである。なかでも労働者の間で尊敬を勝ち得ていた一人、ピエール・ジョセフ・プルードンは、国家の権力に反対しながら、家庭における男性の権力を復活、維持しようとした(第二帝政期に活躍した最も著名な知識人たるオーギュスト・コントやジュール・ミシュレと並ぶ)反フェミニスト的著作で有名である。

そして、二月革命直後の保守派政府、次いで(農民の支持を得た)ナポレオンⅢ世による反動政策によって、彼女らの活動は無惨な弾圧(具体的には投獄、追放)の対象とされてしまう。一八四八年四月の選挙では、女性は選挙権も被選挙権も与えられなかった。男性の労働運動の場合と同様にである。しかも彼女らは、社会主義革命家として資本主義国家に反逆したという罪と、家父長的道徳、そしてそれを代表する教会の権威を否定するフェミニストであったという二重の罪で当局から裁かれた(パリ・コンミューンへの弾圧の際にも同じことが繰り返された)。他方、男性革命家の多くは、前述のプルードンを初めとして、教会に対する厳しい批判者であったにもかかわらず、女性解放には無理解で、彼女たちの闘いに敬意

を払わず、いわば見殺しにした。(31)

労働者運動とフェミニズム　ただ注意を要するのは、労働者運動のレベルではイギリスの場合と較べて、(少なくとも、フェミニストの側における)フェミニズムと社会主義との結合は遙かに早かったということである。その要となっていたのが、フーリエ主義やサンシモン主義の組織に参加した女性労働者たちと(むろん産業革命以前であり、軽工業の工場、なかんずく縫製業の女工たち)であった。ところが、その後の社会主義運動に対する厳しい弾圧によって、第二帝政の時代にはその結合は断ち切られる。その復活は、つかの間ではあったが、二〇余年後、パリ・コンミューンのバリケードにはせ参じた女性たちの登場によって達成された。

帝政末期には、一八六八年以降の一定の自由化の下で、共和主義者や社会主義者の言論、集会活動も再登場した。(32)フェミニストも少数ながらこの動きに合わせて活動を開始した。一九世紀後半期は、産業革命によって女性労働が急速に拡大した時期である。そして、男性労働者よりもさらに劣悪な労働条件を強いられた女性たちを巡って論争が展開された。労働運動、社会主義運動におけるその議論は、家庭の破壊と人種の消滅を懸念して、女性労働を禁止する方向に向かう傾向があった。女性が家の外で働くことは、社会的堕落であるというわけである。それはまた、経済的には男性労働者への競争者が登場することへの反発であり、かつ女性労働が男性労働者の「一家を支える」という権威への挑戦の意味をもつことへの反発を表現するものでもあった。プルードンの「女性は主婦でなければ娼婦である」という発想が、労働者の間に蔓延していたのである。こうした議論に反対するフェミニストが登場する。アンドレ・レオとポール・ミンクという、サンシモン思想の影響を受けた二人の女性知識人が、女性を家に閉じこめようとする動きに反対した代表的論客である。後に新左翼運動の中から第二波フェミニズムが登場したように、彼女たちは社会主義運動の中で、その男性優位を批判して登場した（社会主義者は女性の解放は社会主義の実現のあとに来る、としてフェミニズムを社会主義に従属させる傾向があった。実際、フランス社会党SFIOの選挙綱領には女性の権利についての言及は全くなかった）。レオは、二〇名近い女性の署名を集めて、マニフェストを集会で配布する行為にも訴えた。しかしいかんせん、男性が大多数を占める社会主義運動の中では、彼女たちは全くの少数派であった。政治集会に参加する女性労働者の数は増えてはいたが、彼女らは集会には夫や兄弟とともにやって来ても、発言はむろん許されなかった。発言しようとするものは、からかいの対象となるのがおちであった。

ところで、言論、集会の自由がある程度認められて自由化の時期となった帝政末期には、第三共和制初期のフェミニズム運動で指導的役割を担ったマリア・ドレームと彼女に協力したレオン・リシェール（フリーメーソンでもあった男性ジャーナリスト）の二人が活動を開始している[33]。ドレームは第二帝政時代末期に、女性の権利を求めて文筆活動や演説会を開始した。彼女は女性の劣等性が自然に基礎を置くものではなく、作られた神話であることを指摘し、体系的なフェミニズム理論を提示し、同時に男女の平等こそが全ての民主主義の基礎であると説いた。フランス・フェミニズムの最初の理論家という評価もある。

一方リシェールの方は、帝政末期に共和主義的立場からの言論活動で注目を集め、同時に女性の権利を擁護する主張を展開して、ドレームをはじめ一群のフェミニストとの繋がりを作り上げた。彼女たちのほとんどは、フーリエやサンシモンの影響を受け、あるいはサンシモン派から援助を受けて、（男性のペンネームで）文筆活動や女子教育活動に従事していた。リシェール自身は、後に「フェミニズム（運動）の真の創始者」との評価を得ているが、[34] 先のドレームへの高い評価と合わせて、一八六〇年代末は今日の目からみて、フランスのフェミニズムの歴史上、一つの画期をなしていたことが分かる。リシェールはドレームと手を組んで、一八六九年から『女性の権利』誌を創刊した。彼らは（未だ帝政時代に）共和主義とフェミニズムを和解させ、結びつけようとしたのである。[35]

レオン・リシェール

マリア・ドレーム

　ドレームやリシェールらのグループは、雑誌の発刊にとどまらず、団体形成に動いた。アメリカやイギリスが一歩先を行っているのに刺激を受けて、である。彼女らが重視したのは、女子教育と民法改正であったが、いずれを重視するかで二つの派が生まれた。

　そんな中で、普仏戦争が勃発し、共和国を宣言するパリ・コンミューンに繋がった。この政治的な大混乱にあって、フェミニストはこの革命状況を利用して、目標に向かって前進することはできなかった。フェミニストの間においてすら、女性問題は優先権が低く、要求を声高に叫ぶことすらできなかったのである。しかもパリ・コンミューンに続く弾圧によって、少なからぬフェミニストたちが国外に追放されたり、収監されたりした。誕生した第三共和制も保守的で反フェミニスト的な体制であった。

四　パリ・コンミューンとその直後

パリ・コンミューンでは女性たちは主としてフランス兵を助ける物資補給で活躍した。また、負傷したものの介護にも当たった。夫や恋人とともに銃をもって戦った女性も少なくなかった。

さて、ここでパリ・コンミューン以後のフランスにおける女性運動の展開をみよう。[36] パリ・コンミューン以後の反動期に、（帝政時代から活動を開始していた）リシェールは、当初ドレームとともに、いち早く活動を再開したが、パリ・コンミューン参加のかどで弾圧を受けている同志たちの救済が大きな目標となった。彼の周りのフェミニストたちは、コンミューンで女性は決定権をもっていなかったとの論陣も張った。他方リシェールは、帝政時代と同様、参政権の獲得を当分棚上げした。パリ・コンミューンの記憶が生々しく、内戦が再開されかねない状況では、政治的権利の要求は政治秩序に対する直接の挑戦と受け取られ、強い反発、弾圧を引き起こすと判断されたからである。このブルジョア共和国（第三共和制）は、急進共和派からだけでなく、王党派や教権派の脅威にもさらされていた。彼が革命ではなくて改革を目指すと主張したのはそのためでもある（加えて、女性は教会からの影響を受け易く、女性参政権は右派を利するというそれまで繰り返されてきた議論も、共和主義者の間に依然強かったこともある）。労働者も女性の問題には無関心であった。女性参政権の要求は、イギリスにおける以上に破壊的行為とみなされた。そのため警察からの弾圧を警戒して『女性の権利』誌は、『女性の未来』と改名された。

かくてリシェールら「現実主義派」は、（当面）民法上の権利の男女平等を目指した。財産管理、労働権（女性の職場への進出）、離婚の自由、親権、平等な教育の権利、そしてフランスにおいて最大の争点となった政教分離・反教権主義などがその内容である。この主張を、『女性の未来』誌公刊、（無視されながらも）国民議会への陳情、慈善団体組織「女性の境遇改善のための協会」（一八七八年創設）の活動を通じて粘り強く行っていった。この雑誌はフェミニズムに限らず、軍縮、死刑廃止、パリ・コンミューン参加者の特赦などについてキャンペーンを張っており、「進歩的共和主義」（イギリスの「進歩的自由主義」に対応する思想）と政治的立場を同じくすることを示していた。この当時の共和主義者の代表的一人で、上院議員でもあった著名な作家ヴィクトル・ユーゴも、リシェールらを支持していた。

リシェールらの運動に対して、（帝政時代からリシェールと並ぶもう一人のフェミニスト・リーダーであった）ドレームは、一定の理解を示しながらも、原則を棚上げしてしまうその方針に異を唱えた。やがて彼女は、リシェールのような男性がフェミニスト運動を主導することの是非を問題にした。フランスでは、イギリス（やアメリカ）と違って、男性がフェミニスト運動で主導的役割を果たしてきた伝統があった。それをドレームは問題視したのである。この問題は世紀末に本格的に議論されることになるが、この段階ではリシェールのリーダーシップは揺るがなかった[37]。

こうした対立はあったが、リシェールとドレームは、ともに女性の教育の必要においては同意し、そのために協力した。プロシアとの戦争で敗れたのは、プロシアの優れた教育のためであるという意見が支配的であったことが、彼らの努力を後押しした[38]。これが女子の中等教育にも波及し、若い女性の学歴が著しく高まった。それは、カトリック教会による初等教育支配からの解放をも意味していた。これら当時の彼らの運動は、「リベラル・フェミニスト運動」と呼ばれた。社会主義とは一線を画したわけである。

五　第三共和政下での労働運動、社会主義運動との連携

一八七七年選挙で共和派が勝利を収め、体制が安定すると、翌一八七八年、リシェールは、パリ万国博覧会の機会に（史上初の）「国際女性会議」を開催して注目を集めた。一〇日間にわたったこの会議では、様々な決議がなされたが、教育の男女平等が最重要課題とされ、（激しい議論の末）参政権の要求は撤回された。ただし、当時としては、この会議のいくつかの決議が過激なものであったことは、無視すべきではない(39)。

しかしこの時期には少数の支持しか得られず、政治的な影響力をもったわけではない。フェミニストは共和国と共和主義とを支持していたが、共和主義者の方は男女の平等は社会秩序の基礎にある（家父長的）家族制度を動揺させるとしてフェミニストの要求に恐れをなしていたからである。そして、フェミニストの活動の成果というより、多くの女性たちの潜在的要求に（必ずしもフェミニズムに好意的でない）男性共和主義者が応えるかたちで、一八八〇年に女子のためのリセ（中等教育機関、日本における旧制高校にあたるエリート校）を設立する法が成立した。最初は「共和国市民の母」の教育のためにであった。徐々に教育内容が拡大し、女子師範学校が作られ、フランス全土に女性の小中学校教員を供給することになったし、医学教育も行われるようになって、女性に医療専門職の門も開かれた。また同様にして、一八八四年には、有責離婚を認める離婚法が成立した*。民法上の差別撤廃の重要な二つが、（必ずしもフェミニズムを支持しない）共和主義者の力で実現したこと

を意味していた。もっともこの離婚法は、協議離婚を認めないだけでなく、依然として男性に有利で、すべてのフェミニストを満足させたわけではない。しかし、リシェールやドレームは、現実主義的な立場から、漸進的改革を支持していた。リシェールの議会への働きかけは、議会制がもつ民主的、自由主義的性格についての楽観論に支えられていたが、現実は厳しく、失意のうちに一八八七年に死去することになった。

*この離婚法を成立させたのは、アルフレッド・ナケというユダヤ人政治家で、ヴィシー時代にユダヤ人迫害の一因となった。

他の諸国と違って、それまでフランスではフェミニストによって参政権が高い優先順位を与えられることはなかった。ところが、一八七八年のパリの大博覧会を切っかけとして、この争点が浮上する。若い世代のユベルティーヌ・オークレールが、一八八〇年、リシェールやドレームによる穏健な方針を批判して、正面から参政権の要求を主張し始めたのである。しかし、これに耳を傾けるものは少なかった。しかし二〇世紀初めまでには穏健派フェミニスト団体も参政権運動を支持するようになった(40)。

こうした当時の一般的潮流に逆らって、次の世代の「戦闘的」フェミニストたちが登場する。その一人が、リシェールの下で雑誌のための秘書をしていた女性、先のユベルティーヌ・オークレールである。リシェールと袂を分かち、先の国際女性会議が開かれた年(当時三〇歳)、「女性の政治的権利——国際女性会議の議題とならなかった問題」というパンフレットを公刊して頭角を現した。次いで一八八一年に『女

ユベルティーヌ・オークレール

性市民（*La Citoyenne*）』誌（週刊）を発刊した。とくに議員の意識を変えるためである。女性が主幹となったその雑誌は、リシェールのような男性による保護者的な調子を排して、女性自身の運動として展開されたところに特徴がある。[41] それは同時に、フランスにおける女性参政権の要求の復活でもあった。投票権の獲得なくしては、議会を動かして市民的権利を得ることは不可能ではないか、というわけである。

彼女は投票所にいって登録しようとしたが、行動は当局にきっぱりと拒絶された。しかし世論の参政権への関心を想起させることには成功した。彼女とその仲間たちは、街頭にでて、参政権を求めるパレードをおこなった。[42] 彼女は自らが発刊する週刊誌（前述の）『女性市民』誌上で一〇年間これを要求し続けた。これに対し、リシェールは、今参政権を与えれば、有権者としての女性は反共和主義、教会支持の立場で投票するだろう、と反対した。共和主義者一般の反フェミニストと同じ立場である。オークレールの立場で注目すべきは、ドレームとリシェールが共和主義者との共闘を求めたのに対し、労働運動、社会主義運動との結びつきを求めたことにある。しかし社会主義者は、女性運動が女性労働者を引きつけて、自分たちの運動に不利になることをおそれ、「国際女性会議」はブルジョア的であると非難していた。フェミニストの側は、「社会主義運動が（ブルジョア革命の場合と同様）女性の解放を置き去りにするのではないか」という懸念を表明した。男性優位論者の方は「フェミニズムは階級闘争に専念すべき運動を横道に逸らせる」とか、「女性の労働は現時点ではやむを得ないが本来は望ましくない」とか、「女性の労働市場への参加は男性の賃金を引き下げる」といった議論を展開した。しかし最終的には「男女の平等」を宣言し、「女性の解放」を決議した。こうしてフランスでもイギリスと同様、フェミニズムの社会主義への傾斜が始まりつつあった。フェミニズムの間で、慈善活動と民法的要求に力点を置く「穏健派」と、全ての面での男女平等、なかんずく政治的権利要求を第一とする「急進派」の分裂を孕みながらである。

ちなみにこの頃から、フランス労働運動がフェミニズムに関心を示し、接近するようになった。一八七九年フランス労働党結成大会（マルセイユ大会）では、オークレールが提案して、階級闘争に女性解放を加える決議がなされた。ところが、こうした連携はほとんど続かなかった。翌年の大会で労働党は女性の権利について沈黙してしまう。労働運動の間では、フェミニストを自らの統制下に置こうとする態度を示したが、それに反発するフェミニストが多かった。フェミニストは教会からは家族制度への挑戦者として強い警戒をもたれ、社会主義者からは女性は教会の支配にあって彼女たちの参加は運動に重大な障害をもたらすと見られるという二重のハンディキャップに曝されていた。

オークレール自身、労働党におけるマルクス主義と修正主義の間の論争に嫌気がさして、間もなく脱党し、独自の道を歩むことになる。他方、ドレームは（リシェールとともに）フリーメーソンや「自由思想派」との連携を試みるが最終的には拒否され、やはり独自の道を志す。しかしフェミニスト運動における急進派と穏健派との間の対立は、消滅することなく続いた。穏健派はいく人かの議員の支持を得て、民法上の権利の拡大に尽力した。

にもかかわらず、フェミニズムを社会主義の理念に結びつけ、女性の解放につなげようとする試みが完全に消え去ることはなかった。そして、急進派フェミニズムの社会主義への傾斜は、一八八〇年代に定着する。

六　共和主義フェミニズムから社会主義フェミニズムへ

ここではイギリスでの展開と比較しつつ、一九世紀末以降におけるフランスのフェミニズムの展開を見てみよう。

一八九〇年代を通じて、フェミニスト運動は、分裂と混乱の中にあった。しかし、全体としてみると、勢力を増大していったことは疑いない。そして、一八九〇年には、一八七〇年とは対照的に、フェミニズムは、珍しいものではなくなった。(43)

一八八九年は一つの転機であった。ドレームとリシェールは年老い、オークレールはフランスを去った。この真空を埋めたのが、次の世代のフェミニストたちであった。そこに、急進派と穏健派の二つの流れが生まれた。

急進派は、パーソナリティの上で、エクセントリックでマージナルな存在として、「新しい女（femme nouvelle）」を演出した。ルネ・マルシルは詩人で、雑誌を発刊した。アステ・ド・ヴァルシルは医師免許をとり、自転車に乗り、フェンシングを習い、ズボンをはいて服装の改革を試みた。女性イメージの変革は服装からというわけである。

そして、一八九一年一一月、様々な党派を糾合して、「フェミニスト会議フランス連合（Fédération française des sociétés féministes）」が結成され、大会を開いた。政党などからの自律を宣言したが、当初から厳しい内部対立に悩まされた。しかし、徐々に分離主義（séparatisme）が浸透した。女性だけの運動、ないしはリシェールのような男性の指導を排するという意味である。

一八九三年議会選挙で、ラディカルな少数派は立候補を企画した。オークレールも帰国し、これを応援した。一八九四年には女性運動の大御所、ドレームが死去し、リシェールも引退した。この間隙を埋めるように、マリア・ポニョンが頭角を現した。彼女はエクセントリックなことは避けて、支持者を増やす方針をとった。ショックを与えるのでなく、支持を広げる。女性的チャーム、「エレガンス」を売り物にしたのである。[44]ベル・エポック時代の美意識を反映していた。

一八九六年、パリで女性の国際会議がひらかれた。ポニョンを会長にしたが、相変らず百家争鳴の状態であった。ただ、全体の運動は、社会主義に接近していった。

一八九四年にはこれに対抗するかのように、穏健派が登場していた。男女平等を主張しないという方針をとったのである。その主体は、ブルジョア女性たちで、ジャンヌ・シュマーウゼ、ジュエット・アダムが挙げられる。新聞を発行し、働く女性が稼いだ金を自分のものにすることを主張、また、刑事、民事事件で証人となる権利を要求した。ナポレオン法典が定められるまでは、女性も民事と刑事裁判における証人となることはできた。ただ、その証言は、男性の証人と比べれば軽視されたのであったが。議会はこの要求を容れ、法改正を実現した。

次いで一八九五年、クロード・ディスカールが『フェミニスト・レビュー（*La Revue féministe*）』を発刊した。彼女は社会学者で、女性は男性とは違う特性をもつとし、平等という原則を掲げるのではなくて、女性を取り巻く圧政を取り除くことが主眼であるとした。女性が男性と異なることを前提とし、女性の道徳的優位を説いたのである。とくに、審美的観点、女性の優雅さ、神秘的女性性といった特性をである。ジャンヌ・オド・ドフがこれを引き継ぎ、一八八九年、「フランス・フェミニスト全国会議（Groupe français d'études féministes, GFEF）」を設立した。

他方、プロテスタントのフィランソロフィストが登場し、一八九一年からは、女性の境遇の改善に努めた。ここではフェミニズムとフィランソロフィーが結合したが、この社会派は、アングロサクソンのフェミニズムの影響であった。女性的フェミニズムとでも言うべき運動で、女性の場所はかまどであり、その境遇を改善しようというのである。

また、カトリック・フェミニズムも登場した[45]。元来、教会は反フェミニズム、フェミニズムは反教権主義であり、彼女らは、マージナルな存在であった。しかし一八九六年から、マリー・モージュレは『キリスト教フェミニズム（*Le féminisme chrétien*）』を発刊し、一八九六年の大会に参加した。教会の側でもフェミニストの主張を受け入れるものが、徐々に増加した。

女性参政権運動のたかまり

一九〇〇年、参政権がフランスのフェミニストにとっても最大の課題となった。一九〇八年には、女性参政権が大規模な女性団体によって方針として採用され、まず地方選挙から実現しようと決定した。そして一九〇九年、参政権獲得の見込みが高まったとして、穏健派フェミニストは、「女性参政権のためのフランス同盟（UFSF）」を設立した。同組織は以前からある「フランス女性の全国会議（CNFF）」の主要なリーダーやその他のフェミニスト・グループの参加を得た。左派だけでなく、右派政治家の参加を呼びかけた。一九一四年（第一次世界大戦直前）には、会員は一〇万人を超えた。この組織はそれまで保守の牙城と思われていた農村部の支持を得た。その中心は地方の女教師たちであった。彼女らは講演会を企画しリーフレットを配布した。主要な新聞は、左派も右派も参政権に賛意を表した。こうして、フェミニストは大衆運動となり、大きな影響力を発揮できる態勢を整えたのである。ところが、大戦の勃発は彼女たちの希望を打ち砕いてしまった[46]。

女性たちは、戦争に協力することで、戦後には参政権が得られるものと期待した。下院は彼女たちの期待に応えたが、上院は再び「女性参政権は教会の権力を強めるものであり、共和国の存立を危うくする」として反対した（下院が参政権付与に賛成したのは上院が否決することを期待してのことであった。自分たちの進歩的姿勢を示すのが目的であったにすぎない[47]）。また、女性が家庭の外にでることは（すでに低下を始めている）出生率をさらに下げるとか、女性の平和指向は軍縮に向かい、ドイツの脅威を増すという議論も登場した。参政権の獲得は結局、一九四四年を待たなければならなかった。それもフェミニスト運動の成果という形ではなく、当時のエリートの判断によるものであった。

参政権運動というのは、社民的というより、共和主義的なものである。ブルジョアないし中産階級が主体となった運動であり、議会制を前提としていることはいうまでもない。社会党は、表向きフェミニズムを支持しながらも、女性参政権の実現には全く熱心ではなかった。

一八八〇年以降のフランスの社会主義思想はドイツからのマルクス主義の影響が強かったが、フェミニズムも例外ではなかった[48]。マルクス主義フェミニズムの古典ともいうべきオーギュスト・ベーベルの『婦人論』は、ドイツでの発刊の二年後、一八九一年にフランス語で翻訳が出され、広くかつ熱心に読まれた。社会主義の実現なしには男女平等はありえず、社会主義の実現は男女の平等をもたらす、という議論である。フランスの主流マルキストたちは、この議論を継承した。私有財産（および近代家族）と女性の隷属の間の関係を指摘した点では、適切な認識ではあろうが、私有財産制と家族・結婚制度とを廃止した未来の社会主義がいかなるものであり、そこで女性の自由がどう実現されるかについては、半世紀前の空想的社会主義者の議論の枠を出ていない。私有財産と結婚との代替モデルを模索する彼らの実験は、ほとんど理論的に深められることなく終わっている。その理由が何であれ、その後の女性の解放は、社会主義国の場合も含め、大筋としては、一夫一婦制を維持しながら、その枠組みの中で、家事・育児労働の平等な負担や、平等な職場への進出を保証するといった、「革命」ではなく、「改革」を目指す方向へと展開することになった。資本主義の廃絶ではなく、その成熟への変動と歩調を合わせながら、である。

一九〇五年に、フランスの社会主義者が大同団結して、社会主義インターナショナルフランス支部（SFIO、実質的にはフランス社会党）を結成したことは、今日まで続くフランス社会党の出発点となる重要な歴史的事件である。しかし、SFIOは、女性の解放にはほとんど全く関心を示さなかった。創造的知識人と評価されるジョレスとその一派も、教条的な社会主義者、ゲード派も、この点では変わりがなかった。また、SFIOに参加したフェミニストたちも、独自の支持者をごく少数しか持たなかった。社会主義者は、政党の拡大のために、その綱領に女性の参政権や職場への進出などのスローガンを取り入れようとはしなかった。労働組合運動家たちも、「家庭の主婦という伝統的女性像に固執する傾向」が強かった。

フェミニストの圧力のもとで、法律的諸改革が女性の労働条件を改善していった。一八九二年に女性労働にかんする立法、一九〇七年に妊娠した女性労働者の保護、一九一三年に三人以上の児童を持つ家庭への補助、一九一四年に扶養家族についての税の控除、といったものである。(49)

社会主義者にとっては、フェミニスト運動は基本的にブルジョア的「改良主義（réformisme）」とみなされていた。一九六〇年代新左翼に至るまで、左翼にはこの解釈は後々まで続く。

第一次世界大戦が起こると、多くの女性たちは愛国心に突き動かされて、積極的に戦争協力に向かう。フェミニストも含めてである。戦争が終われば、女性の職場進出がかなえられるとの期待がその理由である。しかし、彼女たちの愛国平和活動は無視された。一九二二年、女性参政権法案は下院は通過したが、上院は否決したのである。「同一労働、同一賃金」も同様であった。フェミニスト団体の多くは慈善事業に専念せざるを得なかった。ただ、一九二〇年代半ばには、参政権運動はやがて「フランス女性選挙権同盟」として再登場した。下院はその後、四度、女性参政権を認める法案を可決したが、上院はいずれも却下した。

そうこうするうちに、第二次世界大戦が勃発し、フランスはナチス・ドイツに敗北、占領された。ナチスは、「女性は家庭に」を合い言葉にフェミニストの活動を封じ込めたのである。結局、両大戦間のフェミニストの活動は、世論の啓発は別として、何ら成果を生まずに終わったのである。

フランスでは、女性参政権は、結局第二次世界大戦の終わる直前、一九四四年にまずドゴールによって行政命令の形で、次いで、一九四九年法律で獲得される。さらに、本章で述べてきたフェミニストの要求は全て、のち、一九八一年ミッテラン社会党政権によって、少なくとも法的には実現する。イヴェット・ルディを「女性の権利」大臣に任命することを含めてである。さらにいえば、ミッテラン政権の女性政策、さらには政権の誕生自体も六八年の五月革命とそこから生まれた第二波フェミニズムの成果である。ルディ大臣は、「自律、平等、尊厳」をスローガンに掲げた。(50) これは本書冒頭に述べた共和主義フェミニスト、ウルストンクラーフトの主張を再生したものである。彼女は、女性の（物質的）幸福、あるいは女性に対する（国家による）福祉を第一の目標として掲げていたわけではなかった。この点で後の社会民主主義、社会主義における女性保護、支援とは一線を画する。社会主義者がフェミニズムを裕福なブルジョアの要求にすぎないと軽視したのも、そのためである。実は、参政権が一九四四年に認められた後、フェミニストは目標を見失って失速するが、一九七〇年代初頭までに妊娠中絶の自由を主たる争点として復活を遂げる。この争点は、まさに女性の自己決定権の要求であった。ミッテランがこうした運動にある種の違和感を抱いていたことは想像に難くない。

さて、本章での検討は、フランス・フェミニズムが、同国で労働運動や知識人に革命主義・暴力革命指向の伝統を反映して、それゆえ参政権を主たる目標にするのは遅かったことを明らかにしている。一方、フランス文化、とくに労働者の間の政治文化においては、「戦闘性＝男性性」の伝統が濃厚であった。つまり、表層的には、議会主義が早くから定着していたイギリスとはかなり様相を異にする。にもかかわらず、発展の基本的なパターンは同じである。すなわち、フランスのフェミニストも、他の国の場合と同様、社会的承認を得たい、社会的に意味あることをしたいと熱望した。国家権力からの自由、消極的自由とは明らかに異質なものであり、参加民主主義の理念の表現であった。つまり、ロック的というよりルソー的な熱情であった。イギリス以上にその傾向が強かったということである。彼女たちは、その実現に長く苦しい闘争を強いられたのである。

断続的に繰り返された革命の勃発とその弾圧、つまり一時的な権利獲得とその剝奪は、イギリスと比べ、フェミニスト運動の継続性、持続性の達成を難しくしていた。重要な相違点である。他方、イギリスの女権運動においては、男性と女性の提携が広くみられたと指摘されるが[51]、フランスにおいては男性の指導性が一貫して認められる。

ところで、一九世紀においてサンシモン、フーリエの「空想的」社会主義の思想・構想が大きな位置を占めていたことは本文中に述べたところである。マルクス主義以上に、女性に魅力があったことも指摘した。共同体の中での男女平等を教理の一つの中核としていたためであろう。ただ、この「近代家族」への代替構想は、その後理論的に深められず、単なるエピソードとして終わってしまった。再考してみる価値のある思想ではあるまいか。

(1) ペロー(一九八九)一一六頁
(2) ドゥコー(一九八〇)第九章
(3) McMillan(2000)pp. 16–
(4) グルー(二〇〇〇)六一頁
(5) 以下グージュについては、ブラン(一九九五)による。
(6) 同右、一三三〜一四四頁
(7) McMillan(2000)chap. 2 グージュとテロワーヌについては、ドゥコー(一九八一)第八章をみよ。
(8) Foley(2004)introduction
(9) ibid., p. 2
(10) ドゥコー(一九八一)三六頁
(11) 同右、六二頁
(12) McMillan(2000)pp. 50–51
(13) ibid., pp. 57, 60
(14) この点は、落合美恵子氏が主催する「ジェンダー研究会」における横山美夏氏の指摘による。
(15) アドレール(一九八一)プロローグ
(16) もっともこれには異論もあるようである。フーリエという独創的な、というより風変わりな思想家については、グルー(二〇〇〇)第八章に、その経歴と思想についての簡潔な紹介がある。
(17) ラボー(一九九七)一二七頁
(18) Riot-Sarcey(2002)p. 5
(19) 今村(二〇〇七)五〇〜五一頁
(20) Riot-Sarcey(2002)p. 29

(21) 牟田（二〇〇六）
(22) 石田（一九五四）
(23) アドレール（一九八一）一一頁
(24) グルー（二〇〇〇）一六五頁
(25) McMillan（2000）p. 83
(26) グルー（二〇〇〇）二〇三頁
(27) アドレール（一九八一）一五七頁
(28) ペロー（二〇〇〇）一一九頁
(29) ドゥコー（一九八一）二二一頁
(30) 中谷（一九八一）八一頁
(31) ラボー（一九九七）第四、五章
(32) 以下は、Klejman & Rochefort（1989）pp. 39–44による。
(33) ibid., chap. 1
(34) ボーヴォワール（二〇〇一）I、二六一頁
(35) McMillan（2000）p. 131
(36) ラボー（一九九七）第七章
(37) Klejman & Rochefort（1989）pp. 51–52
(38) McMillan, p. 144
(39) Klejman & Rochefort（1989）p. 56
(40) Foley（2004）pp. 148–149
(41) Klejman & Rochefort（1989）p. 78
(42) McMillan（2000）pp. 188–189
(43) ibid., p. 200
(44) Klejman & Rochefort（1989）p. 101
(45) ibid., pp. 110–113
(46) McMillan（2000）pp. 212–216
(47) Larlin, p. 22
(48) 以下ラボー（一九九七）第八章
(49) モラン他（一九七七）一八頁
(50) Foley（2004）p. 269
(51) 河村（二〇〇一）六五頁

第3章　日本の参政権運動

はじめに

大正から昭和にかけての日本の女性史の近年の研究にはめざましいものがある。第一次資料も整備され、婦人参政権運動の研究も多数にのぼる。本章では、それらの研究に依拠して、戦前日本における婦人参政権運動の実態を解明したい。

一　大正デモクラシーの中からの女性運動の登場

大正デモクラシーの時期に女性問題が登場し、様々な要求を掲げる女性運動が展開された。その一つは廃娼運動であった。その他、禁酒運動、女性参政権運動、社会事業、戦争反対運動などがある。

他方、一九〇〇年に愛国婦人会が結成された。内務省の指導を受けた軍事援護団体としてである。この

伊藤野枝

富本一枝（右端）

組織が大正デモクラシーの時期には、「社会部」を設置し女性や児童を対象とする社会事業を行った。

一九一一年、平塚らいてう、富本一枝、伊藤野枝らによって、イギリスのブルー・ストッキングにならって（『中央公論』の女性特集として）『青踏』誌が発刊された。* 「女性の中にひそめる天才を見いだすこと」を目標とするもので、平塚の「元始、女性は実に太陽であった」の巻頭文で話題を呼んだ。この雑誌に関わった女性たちは、（マス・メディアからは非難と揶揄の意味を込めて）「新しい女」と呼ばれた。しかし、『青踏』グループは、この「新しい女」の呼称を積極的な意味に転換した。『青踏』は、文芸誌から古い家制度や既成道徳と戦う女性問題誌へと変貌していった。世間からは顰蹙を買ったようである。

*同誌への寄稿者は、多分にイプセンの『人形の家』を愛読していた。ちなみにイプセンのノルウェーは、女性解放先進国であった。(1) なお、青踏社主催の『人形の家』は上演禁止となり、それを見に行った小学校の女性教員が免職になるという事件が起こっている。

前述のように、日本の婦人運動は、大正デモクラシーの中から誕生した。関西を例にとると、一九一九年大阪朝日新聞社主催で（女性記者の貢献が大きい）、婦人会関西連合大会が開催された。この大会には、東海地方から九州まで、四〇〇〇〇人の女性が参加した。その後も毎年大会を開催し、「全関西婦人連合会」を結成して、機関誌『婦人』（月刊）を発刊した。物価問題、教育問題、それに女性参政権問題（ただし当初は時期尚早として退けられた）をテーマに活動した。この大会は、やがて大阪朝日新聞からは独立し、一九四一年の第二三回大会まで続くという異例に長い歴史をもつ。会員は自らを「中流階級」と自己規定していた。

与謝野晶子

羽仁もと子

この文脈で一つ注目されるのは、新劇運動で、テーマとして婦人解放を掲げた、トルストイの『復活』、イプセンの『人形の家』が上演されたことである。また、エマ・ゴールドマンの『婦人解放の悲劇』、ベーベルの『婦人論』も紹介された(2)。

第一回の挨拶は平塚らいてうが行った。羽仁もと子や与謝野晶子の祝電と原稿も届けられた。これを受けて各地で婦人会が結成されていった。

第一次世界大戦終了後の一九一九年、女性団体は、治安警察法第五条の改正を問題とした。第五条とは、婦人が政治演説を聴いたり、したり、そうした会合を主催することを禁止し、また政治結社に加入することを禁止する条文であった。平塚らいてうや市川房枝らは署名を集めて議会に請願した。第四三議会に永井柳太郎、中野正剛らを通じて治安警察法の改正案を提出したが、審議未了に終わった。次いで第四四議会では、改正案は衆議院を通過したが、貴族院で否決されてしまった。しかしやがて、一九二二年改正法が貴衆両院を通過した。

一九二五年、治安維持法と引き替えに男子普通選挙法が成立すると、時期尚早論を吹き飛ばしてにわかに婦人参政権要求が高まった。一九三〇年には、婦選獲得同盟主催「全国婦選大会」(婦選は普選との語呂合わせで女性活動家によって揶揄的に使われた)が開催された。むろん全関西婦人連合も他の婦人団体とともに、この後援団体となった。

ところで、戦間期には、市民的婦人運動と無産婦人運動の二つの潮流があった。後者の代表は一九二一年設立の「無産者の解放を期する」赤欄会である。この組織は実質上社会主義同盟の婦人部といってよかった。しかし、無産婦人運動も、労働農民党系、日本労農党系、社会民衆党系など別に系列化される傾向があった。それが、政党レベルの合同に伴い、一九二九年に無産婦人同盟が設立された。その目標の一つが婦人参政権の獲得であった。その前年には七婦人団体を糾合して、結社権、公民権(地方議会での選挙権)、参政権を求める「婦選獲得共同委員会」が設立された。

当時、婦人の運動は参政権獲得ばかりでなく、母性保護運動、選挙粛正運動、税制問題、結核予防など多岐にわたった。

ところで、無産婦人同盟は満州事変勃発以前から「帝国主義戦争絶対反対」を掲げて、軍国主義的風潮に反対していた。満州事変から始まった戦局のなかで、一九四〇年、婦選獲得同盟は解散した。

さて、一九〇一年には、愛国婦人会が発足した。内務省の指導・後援を受けた軍事援護団体であったが、一九三二年には「婦人報国運動」を提唱し、戦時期には戦争協力を担い、一九四二年には「大日本婦人会」に統合された。その背後には、婦人の地位向上を願う思いがあった。この会は軍事救護以上に、社会事業や児童相談、愛国夜間女学校設立などを行った。

政府のイニシアチブで、婦人団体の全国的組織化の動きを受けて、一九三〇年前述の「大日本連合婦人会」が発足して、婦人団体自身も統一を求めていた。もっとも婦人団体の官僚統制に反対する声がなかったわけではない。

一九一六年、大正デモクラシーの影響を受けて、友愛会婦人部が結成された。多数の女性がこれに参加した。一九一九年の大会では、同質労働女性平等賃金、夜業禁止、婦人労働監督官設置などの要求が採択された。そしてストライキなどに参加した。

一九一九年、平塚らいてう、市川房枝、奥むめおらの提唱により、「新婦人協会」が設立され、機関誌『女性同盟』を発刊した。そして女子教員を中心に働きかけを行った。

一九二五年男性の普通選挙権が実現すると、婦人の参政権運動が活発化した。婦選獲得同盟は、一九二七年、機関誌『婦選』を創刊した。

奥むめお

国防婦人会をつうじての戦時下の女性の動員は、家に縛られていた女性たちにとっては、一種の「家」からの解放であった。

昭和一五（一九四〇）年、一六年の歴史をもつ獲得同盟は解散し、大政翼賛会に吸収されたが、『女性展望』は存続した。太平洋戦争勃発を契機として、大日本婦人会が結成された。「婦人会」とは名ばかりで、事務局は官僚と軍人によって占められた。

二　女性参政権運動における市川房枝

ここでは日本における以上の女性参政権運動の軌跡を、市川房枝に焦点を当てて、再検討してみよう[3]。

市川は、日露戦争勃発の年、一八九三年愛知県で貧乏な農家に生まれた。父親は房枝を含め子供たちに教育熱心であった。房枝は一九一三年、師範学校を卒業、二〇歳であった。卒業後、郷里の小学校に赴任した。米騒動の最中に上京し平塚らいてうら「新しい女」と親交を結んだ。一時友愛会を通じて労働運動に関わるが、そこにおける男女差別に反対して、まず婦人の権利の確立が先だとの認識を得る。婦人労働運動から婦人解放運動への転換である。それは社会主義とは一線を画すということを意味した。

一九一九年、市川二六歳のとき、市川は平塚の誘いで新婦人協会の結成に加わった。普選を求める大正デモクラシーと歩調を合わせた日本で最初の婦人運動組織である。しかし、新聞はからかいで終始した。お馴染みの展開である。

市川は議会への請願など獅子奮迅の働きをし、特に女子教員への働きかけを行ったが、当時は一般婦人の政治的権利への関心は低く彼女たちを動員することは難しかった。孤立無援の中での活動は、市川に肉体的、精神的疲労を与え、アメリカ行きを決意させた。性格の違いもあって平塚とは軋轢が生じたこともこれに加わった。二年半のアメリカ滞在では、苦学しながらアメリカの婦人運動を見聞して、これに学んだ。同国は婦人選挙権が付与されたばかりの時期であり、婦人運動は活発をきわめていた。市川はシカゴ婦人クラブにも入会して、その実態をつぶさに観察した。それからの彼女の婦人参政権運動はアメリカか

市川房枝
ら学んだ部分が少なくない。
帰国した市川はＩＬＯ東京支部事務所に就職し、まず女子労働者の過酷な労働条件に関する調査を行った。また婦人参政権獲得同盟の会務理事に就任したが、やがてＩＬＯを退職した。三四歳のときである（遅くともこの頃までに生涯独身でいることを決意したように思われる。ただ、後に養女を貰っている）。
さて、大正末から昭和にかけて、婦人参政権運動はにわかに活発化する。多数の婦人団体が結成された。一九一九年の平塚らいてう、市川房枝、奥むめおらによる「新婦人協会」[4]がその代表的なものである。分散分立する団体が入り乱れて、ほとんど群雄割拠の様相を呈した。とくに過激派と穏健派との対立が目立った（市川は過激派と目されていた）。しかし、その中でも市川と金子しげりの緊密なコンビが率いる（目標を婦人参政権獲得の一本に絞った）婦選獲得同盟が目立った活躍を見せた。この同盟は、①対議会活動における政治的中立の立場（社会主義政党、社会主義イデオロギーに対して同調しないことを意味する）、②大衆婦人の政治教育、③大同団結という手法をとった。この議会主義、言い換えれば労働運動・無産政党との協調の拒否は当然批判を浴びた。要するにブルジョアないしプチ・ブルジョア的運動だというのであるが、市川らは市民運動だとして動じなかった。自分たちは職業婦人であり、金も暇もないというのである[5]。とくに労働運動や無産政党における女性差別を批判した。これが効を奏して、政友会の中に「人気挽回策」として婦人参政権に賛成するグループが現れた。これに推されて民政党も婦人公民権（市町村での参政権）を与えると発表した。普通選挙法で議会に進出した無産政党が婦人参政権賛成の立場をとったことはいうまでもない。しかしながら、貴族院の反対が大きく立ちはだかった。

満州事変前夜、昭和恐慌の時代、婦人参政権運動は最盛期を迎えたが、満州事変勃発の直後、市川らの雑誌『婦選』が発行禁止処分とされてしまった。軍部批判、ファシズム批判が当局の忌諱に触れたためである。

国防婦人会など官製婦人団体は国策に協力して組織を拡大したが、それに反比例するように、市川らの婦選獲得同盟は急速に会員数を減らしていった。市川は「私共は……大衆におもねる必要をみとめない。大衆はいつでも保守的であり大体において無知である」と記して、歯を食いしばっていた。実際、運動は知識婦人に限られ、社会の底辺に浸透することはできなかった。

一九四〇年九月、中国への侵略が続く中で、婦選獲得同盟は解散した。すでにこの時までには、この組織は実態をなくしていたのである。市川自身は、中国への視察のあと、新体制運動への参加を決意していた。そして日独伊三国同盟に賛意を表し、抗日意識を高めている蔣介石政府の打倒を主張するに至る。そして、一九四一年には、市川は大政翼賛会の調査委員会委員に任命された。太平洋戦争が勃発すると、市川は愛国的心情や焦燥感、戦争遂行への使命感に突き動かされ、「翼賛選挙貫徹婦人同盟」を結成して翼賛選挙運動に邁進した。「主人の投票にたいしては自分も責任をもっているんだ」と呼びかけたのである。自発的「転向」であることは明白である。しかし、自伝には「転向」についての反省は一切記されていない。

戦時中は疎開していたが、敗戦と同時に上京し、アメリカ軍に女性参政権を付与される前に、自分たちの手でそれを獲得しようと八方手を尽くすが、結局マッカーサーに先を越された。選挙法改正を指示された内務省には、婦人に参政権を与えれば、共産党の伸びが抑えられ、革命の勢いを削ぐことができるとの計算が働いた。国会では家庭制度擁護の立場から抵抗もあったが、一二月には選挙法が改正され、ついに市川らの貢献なしに頭越しに婦人参政権が実現した。普通選挙法が成立してから、二〇年の歳月を要したのである。

三　市川房枝の戦後

以下、戦後の市川の活動について、簡単に触れておこう。(6) 敗戦直後、早くも八月二五日に市川は、「戦後対策婦人委員会」を立ち上げた。この組織には厚生省健民局の女性職員も参加した。健民局は大日本婦人会の遺産約一〇〇万円を保管していたからであろう。そして婦人委員会の政治委員会の長に市川が就任し、一一月、参政権を要求する「新日本婦人同盟」を結成した。その会長にはむろん市川が就任した。同組織は婦人参政権獲得を第一の目標として、占領軍に参政権が上から与えられる事態を避けようとしたが叶わなかった。

最初の総選挙で三九名の女性議員が当選したが、内実は玉石混淆であった。そして、最初の参議院選挙に立候補を予定した市川は、一九四七年三月、公職追放となり、絶望のどん底に落ち込んだ。「一時は死ぬことを考えた」という。各種女性団体は、市川の追放解除に立ち上がった。しかし占領軍の壁は厚く、追放は四年近く続いて、一九五〇年一〇月にようやく追放解除となった。その間生活は苦しく、田舎に引っ込んで、養女とともに百姓仕事に明け暮れた。

一九五三年三月、婦人有権者同盟に推されて、市川は参議院選挙に東京を選挙区にして立候補した。全く地味な理想選挙であったが（選挙費用は法定選挙費用の一六％）、二位で当選。次回の選挙も同様であった。さて参議院では超党派で、売春防止法・売春等処罰法の制定に尽力し、市川がその中心になった。業者の反対（政治家に対する買収工作）で国会での審議は難航するが、一九五六年五月ようやく成立した。婦人議員の粘り強い努力が実を結んだのである。さらに婦人議員たちは汚職の撲滅のために、「政治と金」の問題に取り組み、奮闘した。

ところで、六〇年の安保改定については、軍国主義化の懸念を感じてはいたが、あまり熱心に反対運動にかかわったようには見えない[7]。市川のスタイルなのだろうか。

一九七一年選挙では落選の憂き目をみたが、七三年選挙で返り咲いた。田中角栄に象徴される「金権選挙」への怒りがバネになったという。

一九八〇年、後述する国際連合の「婦人に対するあらゆる形態の差別撤廃条約」の日本政府による署名を外務省が渋っていたとき、市川を先頭に多数の婦人たちが、外務省に押しかけ、強硬に要望して、署名させた。前年一二月には、市川が委員長の「国連NGO国内婦人委員会」の呼びかけで、三二の婦人団体が、「国際婦人年日本大会準備会」を設立して、準備を開始した。一九八〇年にも「差別撤廃条約」の批准を公約に、六度目の選挙に立候補し、全国区第一位で当選した。最晩年の年であった。間もなく、一九八一年死去、享年八七歳であった。

四　平塚らいてう

ここでもう一人の参政権運動家をとりあげよう。『青踏』創刊号に記した「元始女性は実に太陽であった」の一句で有名な平塚らいてう（らいちょう）である。[8] らいてうは、一八八六年「西洋紳士」の高級官僚（明治憲法の起草にも関与した）を父とし、ボンネットの洋装で英語の勉強に通った母の家で生まれた。平塚は日本女子大学に入学したが、大学での戦時奉仕活動にそっぽを向いた。そして前述のように、『青踏』を創刊し、「新しい女」と呼ばれるようになった。

一九一六年から二〇年代の初めにかけて展開されたエレン・ケイの影響を受けた母性保護をめぐる論争に、（家庭内での労働、つまり内職による婦人の自立を主張する）与謝野晶子、（社会主義を主張する）山川菊栄らに対抗して、平塚は母性擁護の論陣を張った。自らの恋愛、結婚、出産、育児の経験を踏まえてである（平塚は奥村博との間に私生児を産んだ）。平塚はそこで母性と労働とは矛盾するとの理由で、母性の国家的保証、つまり母性保護を訴えたのである。そこでは、平塚の子供は社会のものという主張が展開された。

平塚らいてう

一九二〇年代末から一〇年間、クロポトキンを読んでアナーキズムの影響を受け（それは反マルクス主義でもあった）、平塚は消費組合の運動に関わった。消費組合「我等が家」の組合長としてである。マルクス主義を生産第一として退けたのも、この時期である。

一九三九年以降は、「国体」を容認し、国策協力を説くようになる。具体的には、二・二六事件後、皇室崇拝の文章を書き、その後もこれを繰り返した。いつの間にか「転向」を果たした。市川房枝と同じ軌跡である。

戦後においては、平和の問題に強い関心をもち、世界連邦運動に関与するとともに、全面講和論を主張した。戦中の戦争協力への反省は全く見られない。再軍備、日米安保条約に反対し、ベトナム戦争反対運動への協力など平和運動の先頭に立った。

ところが、安保改定反対のための一九五九年の第五回母親大会で、聴衆の一人（谷川雁であることがのちに判明）が、それまで「母親は被害者」という立場をとっていることに、反発し、「軍国の母」であった母親たちの戦争責任・加害責任を追及して、会を混乱に陥れた。[9] らいてうは、谷川の議論を知ったことはほぼ間違いないが、それをどう考えたかは、記録もなく知るよしもない。もっともらいてうの評伝を書いた大森かほるは、らいてうが加害責任を自覚していたからこそ、戦後の平和運動に熱心にかかわったのではないか、と推測している。[10] 加害責任の認識の欠如は、市川房枝も同様であった。一九七〇年代に入って、中国や韓国から責め立てられるまでは、一般市民も同様であったのだから驚くには当たらない。母親の加害責任は（少数のフェミニストを除いて）その後も議論になることなく、婦人運動の課題として残されたままである。

市川や平塚らの婦人参政権獲得運動は、労働運動、社会主義運動とは一線を画した中産階級、知識人階級の市民運動とでも呼ぶべきものであった。これが英仏と比較した日本の特徴である。市川の自伝を読むと彼女たちの極めて精力的な（手弁当での）活躍ぶりには感服せざるを得ないが、一般女性の支持、共感を得たとは言いがたい。

（1）入江（二〇〇三）七九頁
（2）大内兵衛『女性の解放』の解説（岩波文庫・一九五七）
（3）本節の記述は、とくに断りがない限り、菅原和子（二〇〇二）による。
（4）奥については、『奥むめお――野火あかあかと』（一九九七）をみよ。
（5）市川（一九七四）二二六頁
（6）本節は、もっぱら児玉（一九八五）による。
（7）もっとも、これは単に児玉の解釈によるだけかもしれない。安保闘争にもベトナム反戦にも熱心に活動したとの指摘もある。
（8）本節の記述はとくに断らない限り、米田（二〇〇二）による。
（9）大森（一九九七）一九六頁
（10）同右、二二二頁

II　第二波フェミニズム
――アメリカと日本のリブ

第4章　アメリカにおけるウィメンズ・リブとその後

はじめに

アメリカでも参政権運動を主たる目的とした第一波フェミニズムは[1]、参政権の実現後、冬の時代を迎えた[2]。女性有権者は投票を通じて男女平等のさらなる追求をしようとはせず、男性と同じ投票パターンを示したからである。むろん、労働党に匹敵する女性党も結成されなかった。むしろ、一九五〇年代には経済的繁栄の中で、「女性は家庭に」という風潮が強まった。ところが、第二次世界大戦後は第二波フェミニズムの予兆が、解放された女性、モダン・ガール、短い髪、「ルーズな生活」(emancipated women, flapper dress, short hair and "loose living")という生活スタイルの面で表現された[3]。そして、参政権獲得の数十年後、一九六〇年代後半に至って、第二波フェミニズムが突然登場する。ここではそのうちのラディカルなグループの流れ、通称リブ運動を検討する。本来は、ベティ・フリーダンをリーダーとする全米女性機構（NOW）など穏健なグループたる（上層中間階級女性による）「リベラル・フェミニスト」

も検討の対象に含めるべきであろうが、別の機会に公表しているし、[4] 日本にはこれに対応する運動がないので（もっとも労働フェミニズムは総評婦人部などを中核として存在した）、本書では割愛した。

一　リブの誕生

一九六〇年代後半から七〇年代前半のアメリカで多彩な活動を展開したラディカル・フェミニストの運動、別称ウィミンズ・リベレーション・ムーヴメント（以下リブと略す）*は、以下に述べるような分権的、流動的性格から、その全貌を捉えることは、不可能でないとしても、極めて困難である。しかし、次のような一般的特徴を指摘することはできる。**

*和製英語では、「ウーマン・リブ」という。（女性）解放（リベレーション）を略してリブというのは、当初アメリカのマスコミで使われたときは蔑称であった。なお、「ウィミンズ・リベレーション」という呼称は「リベラル（穏健派）・フェミニズム」を含める場合もないわけではない。[5] またリベレーションは、「民族解放（ナショナル・リベレーション）」を想起させる語で、女性の抑圧を帝国主義、植民地主義（コロニアリズム）による第三世界の抑圧と同一視する思想につながる。なお、日本語でいう奴隷「解放」運動は、アメリカでは「アボリション」「アボリショニズム」と呼ばれ、黒人解放というい方もふつうはしない。

**中心的（との合意が存在する）組織、例えばNOWに代表される「リベラル・フェミニスト」、公民権運動のシンボル的存在たるSNCC（スニック、学生非暴力調整［連絡］委員会）とSDS（民主的社会を求める学生同盟）に代表されるニューレフトも、実際には、各地に分散した非常に多くの少グループに担われていて、[6] やはりその全貌を捉えることはほとんど絶望的である。通常、著述にはSNCC、SDSに焦点を当てるという便法であるというだけのことである[7]。

ところで、他の先進国の場合と同様、アメリカのリブ運動は、ニューレフト運動の中から登場した。とりわけ、公民権運動の中枢を占めたSNCCと、ベトナム反戦運動で中核的役割を演じたSDSの二つの学生組織の内部から、運動内の男性優位、男性支配を批判しつつ一九六〇年代中期に登場し、二、三年後にニューレフト運動から離脱、自立を果たした（実は、第一派フェミニズムの登場も社会運動、労働運動における性差別から生まれたという意味で同じパターンを示していたことはすでに述べた）。この男性活動家からの「分離主義（セパレイティズム）」は、当時白人からの分離（というより白人の排除）に傾斜していった公民権活動内の黒人たちによる「ブラック・パワー」の主張から発想を得たものである。もっとも黒人女性たちは、女性差別撤廃を掲げる運動は人種差別撤廃運動を分裂させ、それに水を差すものだと批判的で、（白人中流階級フェミニズムを批判するブラック・フェミニズムの主張が生まれるまでは）リブ運動にはほとんど参加しなかった。また大学を拠点としていたリブは、女性労働者には足がかりがなく、組織化の対象外とした。そのためリブ運動の参加者は、白人中流階級の高学歴女性がほとんどであった。世代的には日本でいう「六〇年安保世代」から「全共闘世代」にまたがる集団に属する。年齢的には一〇代末から二〇代であった。穏健派NOWのリーダーたちと較べて二〇歳ほど若い。ボーヴォワールの『第二の性』に衝撃を受けた経験をもつものが少なくない。

まず、ここではリブのニューレフトからの分離、自立の過程からみることにしたい。もっともリブ運動は、ニューレフトの中から、ニューレフト運動における性差別を摘発しつつ登場したにもかかわらず、ニューレフト運動の理念を（重大な変更を加えつつ）継承した。アメリカのニューレフトは人種差別を摘発することから始まったためもあって、強い平等主義に貫かれた運動である。リブがこのニューレフトの理念とエートスとを継承したことは当然であろうが、それだけになぜリブがニューレフトを批判し、それと決別するかたちで登場したのかは、検討しなければならない課題である。そこでここでは、アメリカのニューレフトの運動の中になぜ女性差別が存在したのか、男性指導部はなぜ女性たちの告発に前向きに対処できなかったのか、運動内で「女性解放」を主張した女性たちがどのようにニューレフトからの決別、自立の道を歩むことになったのかを、具体的に考察したい。以上の観点から、ニューレフトの二つの主要組織、SNCCとSDSとにおけるリブ登場の経緯を見ておきたい。

学生非暴力調整委員会

南部における黒人差別撤廃を目指したシット・イン（座り込み）やピケットなど非暴力直接行動というラディカルな手法をとった公民権運動は、一九五六年、マーチン・ルーサー・キング牧師の指導するモンゴメリー・バス・ボイコットで口火が切られた。若者（主として大学生）の運動として全国に広がったのは、その数年後の一九六〇年二月である。日本の六〇年安保闘争と時を同じくする。黒人差別に反対して四人の黒人学生が、背広にネクタイというフォーマルな姿で、ノース・カロライナ州のグリーンズボロ市で白人専用ランチ・カウンターに座り込んだことに端を発し、それが野火のように南部一帯に広がった。二ヵ月後には、エラ・ベイカーという公民権運動のベテラン女性の働きかけで、これらの運動を糾合する、SNCC（学生非暴力調整［連絡］委員会）が誕生した。非暴力とはいえ、自分たちの体を敵（差別主義者や警官）の前に投げ出す直接行動は、極めて挑戦的であり、結果的にははなはだ挑発的でもあった。挑発された白人市民や白人警官から、リンチまがいの激しい暴行を受け、殺害されたものも少なくない。

一九六一年には、高速バスにおける人種差別に反対するための「フリーダム・ライド」が、次いで有権者登録運動が、アメリカ南部でパイロット・プロジェクトとして実施された。そして一九六四年夏には、北部の白人大学生が呼応し、数百人以上の学生がミシシッピー州など深南部の農村に乗り込んで、貧困黒人を促し有権者登録に向かわせる「有権者登録運動」を大々的に展開した（「フリーダム・サマー」という）。レストランでのシット・インやデパートのボイコットとは違って、農村の貧困層の中へ飛び込んでいくのは、高学歴の中流階級の黒人たちにとっても、初めての体験であった。一九世紀ロシアにおけるナロードニキに匹敵する「人民の中へ」の運動の再現である。

SNCCは、以上の一連の運動の推進役になった。同組織は広範に、大衆的に展開された公民権運動の中でも、アグレッシヴな行動の戦闘性と非暴力を貫く勇気、モラルの高さにおいてばかりでなく、ヒエラルヒー的な組織を否定し、全員一致の合意にもとづく直接民主主義（代表制の否定）を実戦したという意味でも、ニューレフトの中で、ひときわ目立つ存在であった。言い換えると、イデオロギー的に最も民主的な組織であった。そしてまた、平等理念に忠実に男女の平等を一つの原理としていた。一九六〇年代初期にSNCCが主導した抗議運動の参加者は、半数が女性であった(8)。SNCCに女性の幹部は少なかったが、初期のインフォーマルな組織の中では、女性もリーダーシップを発揮できた(9)。この中から、リブの創始者が生まれる。メアリ・キングとケイシー・ケイソン（サンドラ・「ケイシー」・ケイソン、後述するSDSの創設者の一人であったトム・ヘイドンと結婚してケイシー・ヘイドンと名乗る）がその代表的存在

ケイシー・ヘイドン

メアリ・キング

である。彼女たちは、ボーヴォワールやドリス・レッシング*を新たに参加してきた女性活動家に読ませて、女性の解放を説いた(10)。SNCC内部のフェミニズムの誕生である。

*レッシングは、イラン帝国銀行員であったイギリス人を父として生まれ、アフリカで育った作家である。帰国して一時イギリス共産党に入党するが、ソ連を訪問してその現実を知り、幻滅して脱党した。その後、何度も結婚を繰り返し子どももうけるが、同時に反戦、反核運動に参加した。『ラオコオン』などその作品は、「女の経験」を描き、世界の多くの大学生たちに読まれた(11)。

権利の平等の裏返しとして、SNCCの活動の中では、デモや投獄において女性だからといって特別な保護が得られると期待することはできなかった。監獄や裁判所では、むしろ女性であることで、より過酷な体験を迫られた。SNCCは、女性が参加者に加わっていると暴力的行為も控えられるのではと期待して、彼女たちを最前線に立たせる戦術を採用することさえあった(12)。

SNCCが組織した最大の運動が前述の「フリーダム・サマー」運動であった。一九六四年、公民権運動の高まりの中で、有権者登録という制度を利用して白人が黒人の投票を妨げていることに注目し、(投票権を形式的に与えられている)黒人に実質的投票権を確保し、政党政治を通じて南部を変えようとする試みである。*

*投票や代表制を否定していたSNCCが投票権を目標としたことには、明らかに矛盾がある。また、下からの民主主義を求めながら、南部の黒人にとってはアウトサイダー・前衛的エリートたる学生が運動のイニシアティヴをとるという矛盾もあった。[13] 公民権運動の切っかけとなったランチカウンターでのシット・インとは異なる。しかし、当時のSNCCの活動家は、こうした理論的整合性には無頓着であった。主として黒人の意識高揚のための戦術として、投票権の獲得を利用していたといってよい。

SNCCは、北部エリート大学のキャンパスで参加者を募集し、選考の上、オリエンテーションを実施し、ミシシッピーなど深南部に送り込む計画であった。黒人が南部で暴力の対象になることは無視されても、白人が暴行を受ければメディアの注目を集めるだろうという、冷徹な計算が働いていた。人里離れた農村地帯だけに、危険度が極めて高い地域で展開されるこの運動は、南部の（警官を含む）白人から暴力をまともに受ける可能性が高く、メディアや公衆の面前で展開されるデモやシット・インなどと比べて、さらに一層、危険な仕事であった。事実、ミシシッピー州だけで、一五人が殺害、千人以上が不当に逮捕された。そして、彼らの迫害は計算通り全米的メディアの注目を集めることに成功した。英雄的と呼ぶにふさわしい勇気と忍耐が全米で賞賛された。運動においては個人的勇気を鼓舞するためにも、連帯の歌が歌われ、ほとんど宗教的な情熱が支配した。その後のニューレフトにとっての伝説の一つとなった。同時にこの活動は、大学の管理運営体制が押しつける閉塞感、大量消費社会が押しつける消費へのプレッシャーからの解放感を、参加者に与えた。

豊かな、しかし管理された社会で育ったエリート学生たちを、貧困黒人たちの多くは、温かく歓迎し、家族同様、食事やベッドを与えて運動を支えた。[14] そこで、（とりわけブラック・コミュニティを支える「ママ」たちを通じて）谷川雁のいう「優しさ」、諦めと紙一重の自己犠牲に出会った。[15] それが、運動の宗教的情熱を支えた。黒人社会の宗教性の高さと呼応しつつ、である。[16]

他方、絶えざる脅威が生む恐怖は、戦闘集団としての強い結束、連帯感を生んだ。とくに女性参加者にとっては、刑務所でのレイプ、性器への傷害を経験するものも少なくなかった。家族や友人と離れていることから、ＳＮＣＣ内での結束を一層高めることにつながったし、それが連帯感と極めて高いモラルを生み出すことにもなった。ただ、ナチスへのレジスタンス運動のような非日常性に結びついていたことも否定できない。いつまでも続くとは思っておらず、一種の長い休暇でもあった。事実、多くの運動参加者は、夏休みが終わるとキャンパスに戻っていった。

フリーダム・サマーの男と女

ここにいう「運動」の中での連帯は、皮肉にも、戦争における兵士集団の連帯感情と同じものであり、戦時には非戦闘員にも共有される。刺激のそれほどない日常生活と違って、戦争時代は、「運動」時代と同様、懐かしい思い出となるのはそのためでもある。（思い出の中と違って実際の戦争は、栄光やヒロイズムと同時に、余分なものを切りつめた「簡素（シンプリシティ）」という性格をもち、大部分は退屈な日常であることに変わりはないが。）また、反戦運動家が戦闘的行為に走るのは、「一つのレベルで戦争に反対する人々も、別のより深いレベルでは戦争を是認している」、つまり臆病さを軽蔑し、勇気や殉死を賛美する、そして栄光と名誉に満ちた「戦争言説の典型的な物語をうけいれている」ためである。[17] 戦争と革命のいずれの言説にも「伝統的」男性性が濃厚に認められるということである。*

*戦争と革命とはいずれも政治の極限である（革命戦争とか解放戦争という言葉もある）。両者に現れた男性性は、政治、そして「公的なもの」の本質をなす。それが古典ギリシア以来の西洋文明の伝統である。

本書の文脈で注目すべきは、有権者登録においては、かなり明確な男女の役割分担が生まれたことである。男性たちは、最も危険な有権者登録に、（南部の農村では非常に目立ちやすい）白人女性たちは、事務所の掃除や子どもたちの世話に従事した（ただ黒人女性たちは、しばしば黒人男性と行動を共にした。運動の中で女性と思われていない一種の差別意識の現れでもあった）。そして若い男性、とりわけ黒人男性にとっては、「男としての自尊心」に訴えることで恐怖に打ち勝つ戦術が（半ば無意識に）取られた。とくに黒人男性には、この運動への参加を通じて、それまで白人社会からは否定されてきた男性としての自尊心を確立することができた。支配的社会への挑戦を通じて、男らしさの証明、確認が実現したのである。また、「休暇意識」も手伝って、運動内では性的欲望が解放された。[18] とりわけ黒人男性と白人女性の間に愛情や（単なる）セックスの関係が頻繁に生まれた。それまで白人女性とは話をすることさえ許されなかった黒人男性にとっては、抗しきれない誘惑であった。* 白人女性にとっては、こうした意味でもアドベンチャーであった。もっとも、贖罪感や偏見の持ち主と思われたくない一心で、黒人の要求に応じる女性も少なくなかった。「今夜は俺にも公民権をくれ」というのが、一緒に寝ようという意味の言葉であった。[19]

＊このため、白人女性と黒人女性との間には、感情的な軋轢が生まれることもあった。黒人男性たちが白人女性に惹かれて、活動の後にベッドを共にするのを苦々しく見ていなければならなかったからである。しかし黒人男性の立場から言えば、多くの黒人女性は（生まれたときからの社会化で）黒人男性をクズ（「白人男性より劣ったもの」）とみる傾向があり、彼らを傷つけていたことも事実である。[20]

一方、女性参加者は「フリーダム・スクール」やコミュニティ図書館の設立、運営を任された。黒人の老若男女に、読み書きから、歴史、フランス語、何でも知っていることを教えることになったのである。生徒たちはあらゆることを吸収しようとする姿勢を見せ、女性たちの志気を高めた。しかし、白人女性は「か弱い」、保護されるべき存在という、ステレオタイプが再現されたことは否めない。さらにこの運動は、それまで南部の黒人社会に存在していたコミュニティでの黒人女性のリーダーシップ機能を損ない、黒人社会での女性の中心性を損なう結果となった。[21]

とはいっても、フリーダム・サマーは危険で過酷な体験であったことに変わりはなく、この活動は女性参加者たちを筋金入りの活動家に変えた。ラディカル・フェミニストのタフさに直接繋がっているのである。

さて、ＳＮＣＣが多くの学生たちの加入を受けて組織拡大に向かうにつれ、少人数の間の親密な平等意識が薄れ、それと同時に女性差別が顕在化した。フリーダム・サマーの経験も踏まえて、ＳＮＣＣの「古参」幹部であった前述のメアリ・キングとサンドラ・ケイシー・ヘイドンは、ＳＮＣＣ内部での女性の周辺化を問題視するペーパーを書き上げた。それまでくすぶっていた女性活動家の不満を代弁する形で、である（実は、この二人自身は運動の中では例外的存在で、男性活動家たちに一目置かれる存在であった。ヘイドンの夫、トム・ヘイドンは、SDS創立の中心人物であり、SNCCでも目覚ましい活動をしていたからでもある）。それがその直後の全国大会に向けて、討議資料として書かれたSNCC「立場の表明」（一九六四年一一月）である。(22)

その内容はSNCCの各種委員会が男性主導であり（議長は必ず男性で、発言も男性に限られる傾向がある）、女性には補助的事務（タイピングや電話）、そして料理や片づけ、コーヒーの給仕といった仕事が割り当てられるのは、女性差別である、と摘発したものである。そして、ほとんど無意識に採用されている組織の運営方針に、女性活動家が不満を蓄積させ、SNCCの活動の障害となっていると指摘した。さらに、一般論として、性差別は、人種差別と同じであり廃止すべきだと宣言した。

その挑戦的内容にもかかわらず、あるいはそれゆえにというべきか、キングとヘイドンとの二人の女性リーダーは、この文書を匿名で起草した。嘲笑されることは分かっているが、議論を始めたいとの文章を添えてである。しかしすぐに誰が書いたかは明らかになった。そしてこの文書は、男性活動家（とくに黒人男性）や黒人女性からは、無視されたり、的はずれだとの非難を受けた。黒人女性たちの多数は、性差別に較べて人種差別ははるかに重要な問題であると考え、公民権運動の最中にそうした問題を持ち出すことは運動を分裂しかねない、と考えた。エスニック・アイデンティティを分断するという判断もあった。第三世界に生まれるフェミニズムへの反感と同じものである。それに対し、白人女性にとっては性差別は自分の問題であり、少なくとも人種差別と同等に考慮すべき問題と認識されていた。

ストークリー・カーマイケル

当然の流れとして、女性たちの声は次の全国大会では全く無視されてしまった。会議の後で、リーダーの一人（一九六六年に警察権力に武装して立ち上がるブラック・パンサー党を創設してその党首になる）ストークリー・カーマイケルは、SNCCにおける女性の「地位・位置（ポジション）」は、男性と寝るために「（俯せの姿勢に）横になる（プローン）」ことであると、ポジションの二つの意味をかけた卑猥な冗談をいって、女性活動家を憤慨させた。彼の勇気とリーダーシップは、女性活動家にも高い尊敬を得ていたため、彼女たちは一層傷ついたのである。

キングとケイシー・ヘイドンは、前述のようにSNCCによって無視されたあと、先の文書を直後のSDSのイリノイ大学での臨時の会議（一九六五年一一月）に持ち込むことにした。「性とカースト」と題してである。この点は後述する。

さて、有権者登録は黒人の権力構築に（少なくとも短期的には）全く繋がらないことが明白となった。大統領選を前にした一九六四年の民主党大会で、SNCCによる黒人代議員要求が厳しく斥けられてしまったからである。民主党幹部にとっては、南部のボスたちの支持が大統領選には不可欠だった。SNCCにとっては犠牲の大きさに比して、挫折はあまりに大きかった。そのフラストレーションもあって、翌一九六五年までには、SNCCは黒人の運動であるべきであり、白人は去るべきだとの議論が大勢を占めるに至った。それは同時に非暴力主義の再考に繋がった。一九六四年にはニューヨークのハーレムで、その翌年にはロサンジェルスのワッツで人種暴動が起こったこと、ブラック・イスラムのマルコムXが暴力の行使も辞さずとの立場を掲げて登場し、一九六五年に暗殺されたことも、流れを変えることに繋がった。運動からの「白人追放」には、フリーダム・サマーで多くの白人が参加し、その後も少なからぬ数がSNCCに残ったことで、運動が白人に乗っ取られるのではという懸念が生まれたという背景もある。エリート大学の白人学生たちの説得力ある話し方、組織能力は、ローカルな黒人活動家の主導権を脅かしていた(23)。白人からの分離はまた、黒人の誇りを回復する次の一歩でもあった。また、そこには前述の黒人女性の白人女性への敵意も一要因となっていた。「ブラック・イズ・ビューティフル」というスローガンには、そうした含意があった。

その結果、公民権運動に従事してきた白人活動家は、反核、ベトナム反戦を(人種差別撤廃とともに)目標としてきたSDSの方に流れることとなった。

最後に、公民権運動におけるイデオロギーの特徴を指摘しておきたい。SNCCは、もともと行動指向的(アクション・オリエンテッド)な組織で、左翼特有の理論的議論とはほとんど縁がなかった。それどころか、アメリカ民主主義の「リベラル」ヴァージョンの素朴な信奉者であった。資本主義との闘いとの関連といった議論はこの時期には全く出てこない。すくなくとも建前では女性の解放に一定の理解を示していたアメリカの旧左翼の女性解放論(24)とも切断されている。その面からもフェミニズムの主張が無視される土壌があった。そのため、男性性をストレートに出すことにためらいがないという特徴を公民権運動はもつに至ったのである。

民主的社会を求める学生同盟

SDS(民主的社会を求める学生同盟)は、北部の学生運動は公民権運動の「北部のカウンターパート」との自己認識をもっていた。このニューレフトの枠組みでは、南部の公民権運動は、経済システムや帝国主義・戦争の問題と関連し、アメリカ資本主義への挑戦と位置づけられた。行動主義と知的理論的分析活動の融合という狙いにおいて、SNCCの行動第一主義の偏重に（その英雄的行為には深い敬意を評しつつ）、暗黙に批判の姿勢を取っていたのである（ただし、南部の黒人にとっては北部の学生運動は遠い世界の話であり、自分たちとは無縁の存在でしかなかった）[25]。この枠組みでは、女性の解放も数ある争点の中の一つにすぎず、その点で（やがて登場する）フェミニスト運動も、公民権運動と同様のシングル・イシュー運動、しかも、緊急性も重要性も低い争点を追求する運動と見られた。そして、SDS自身は、反核（やがてベトナム戦争反対）という「緊急性の高い」問題を主たる争点とした。

行動主義的なSNCCと比べて、SDSは、はるかにニューレフト的な、つまり（激しい理論闘争を内包する）思想運動としての性格が濃厚であった。そのことは、SDSをSNCCに比べて、男性優位的な組織とした。知的議論は、男性のものという偏見が強かったからである[26]。男性たちは、組織能力より、知的議論の能力、とくに議論で言い返す力を高く評価する傾向があった[27]。リーダーたちは、一流大学で優れた成績を収め、大学院進学を予定し、専門職に進むことを考えているエリート大学の中でもエリートであった。彼らは学業優秀で、かつ学生新聞の編集、自治会の運営などで頭角を現している存在だった[28]。有能な書き手であり、議論にも強かったのである。競争を奨励する学校で教育を受け、人から抜きんでる姿勢をもつことで一流大学に入学できていたし、入学後もその態度で好成績を獲得してきた。運動の中でも、頭角を現すには競争的態度を示す必要があった。要するに、「男性的攻撃性」（「中産階級的な男らしさ」[29]）を身につけていたのである。別の観点から見れば、SDSのリーダーが後に自ら指摘しているように、リーダーたちが、平等の信奉者であるにもかかわらず、その他の学生や女性たちに対して知的能力、発言能力に裏打ちされた知的優越感をもっていた[30]。内面化された能力主義は、連帯の理念よりもはるかに深く彼らの心情に根付いていた。その結果、参加民主主義の理念は共通していても、SNCCと比べて、知的権威に対する権威主義が強く、参加民主主義が掲げる平等主義を実質的に否定する組織文化をもっていた。

そこでの高度に抽象的な、そして激しい議論のやりとりは、当時のほとんどの女性活動家にはついて行けないものであった。彼女たちは、こうした男性文化を批判するどころか、劣等感をもち、「個人的な悩み」を抱えて、人に隠れて悩んできたのである。他の女性たちが問題を共有していることを知らず、自分だけの劣等感に悩まされて、である。教育レベルで劣る（との自己認識をもつ）黒人も、議論においては、沈黙を強いられた。ちなみにSNCCの活動家、とくに黒人学生たちは、モノを書く活動家ではないし、理論的なことへの関心も低い。彼らから見ると、SDSの連中は大衆に分からない言葉で話し、自分たち仲間内で議論していると映った。黒人たちは、SDSを軽蔑することができたが、女性たちはそうは行かなかった。

SDSには、こうした事情から男性優位意識（「男性ショービニズム」）が蔓延した。幹部の妻・パートナーになると一定の敬意が払われるが、それ以外は、大会で演説しても会議で発言しても男性からは無視された。女性の問題の軽視、無視は、旧左翼以上であった。旧左翼、とくにアメリカ共産党は、フェミニズムはブルジョア的と否定的であったが、女性活動家を起用することには熱心だった。そして革命が起これば、女性問題は解決するという。SDSの男性指導者たちは、問題の存在そのものをすら否定していた（SNCCについて摘発されたように）女性に片づけや、コーヒーの給仕を、当然のこととして要求した。

女性活動家も、ほとんどが運動に属していることだけで満足した。男性活動家のガールフレンドや妻になった女性はむろん、それ以外の女性も、女らしさ、料理、タイピングの仕事が期待され、女性たちはそれに甘んじるほかなかった。そして彼女らは、男性活動家のセックスの対象となった。結婚という制度はブルジョア的であると否定しているので、パートナーの地位は、脆弱なものになっていた。その上、避妊の責任と中絶のリスクは、もっぱら女にあるとされていた(31)。男性による性的搾取が運動の中で深化したといってもよい＊。

＊初期のSDS（一九六三年前後）では、「全国大会ごとに新たな性の関係が生まれる」という「性の革命」が一方でありながら、自由な関係が続いているかぎり、誠実なものであることが期待されていた。「あるSDSのリーダーが自分の妻を捨てて別の女性と肉体関係を結んだことがあったが、そういう時には組織の品位を傷つけるものとして糾弾された(32)。」

そして一九六三年末以降は、SDS内にリーダーシップをめぐる厳しい派閥抗争が生まれ、極めて競争主義的で権謀術数が蔓延する集団となった。初期のSDSにあった個人的信頼と友情の絆は失われてしまったのである。女性が入り込む余地はますますなくなった。こうした事情は日本の新旧左翼にも共通する。

ニューレフトのうちがわ　一九六〇年代末についてであると思われるが、アメリカのニューレフトにおけるこうした雰囲気を、女性活動家の一人が次のように生々しく書いている。「過激派に属している私のような女たちは、……ヒヨコ、小鳥などと呼ばれることに抵抗を感じず、そのくせおたがいに男の真似をして『おい、お前』などと声をかけ合っていたのです。女はおおざっぱに三つのカテゴリーに分類されていました。まずおふくろタイプ。超優しい受動的世話役。デモ隊のために連日シチューを作り、男たちにマリファナタバコを巻いてやり、批判がましいことは言わない。つぎは信頼すべき革命派。連日デモに参加し、男たちにマリファナタバコを巻いてやり、やはり何も言わない。最後が一握りのえせ大物。粘りとある種の貢献によって、集団内の中央委員会——どの集団もヒエラルヒーなどないふりをしていましたが——に割り込むことに成功した女たちです。ある種の貢献とは、法律、医学の知識を提供する、あるいは単に金を出すなど。しかし多くの場合、女たちは伝統的手段を利用——有力な男にくっついて——して権力中枢部に食い込むのでした」。

「当時私は［若くして、革命派の一人と］結婚していました。……私は、自分がすでに『人のもの』であることで、安全な身であることを喜んでいました。……女たちが男たちの間で取引されているのを私は横で見ていました。そうした男たちに私は魅力を感じなかった。けれども彼らがやっていること、彼らの役割、彼らが象徴するものに憧れていた。彼らがおかしている危険、彼らが持っている技能、権力。……ある細胞に入るのを拒否したことがあります。お互いの『安全』のため、その細胞の男たちと順番に寝るという規則があったから。このときも私は、ブルジョアと批判されました。[33]」

こうした虐待にもかかわらず、彼女たちが運動に参加していたのはなぜかという疑問に答えて、彼女は次のように書いている。「自分の白い皮膚とアメリカ国籍が私は吐き気がするほど嫌でした。そうでない人々の苦しみと引きかえに手に入れた特権階級のしるしだったからです。この白い皮膚を剝ぎとってしまいたかった。虐げられている人々の一人となることさえできるなら、私は自由になれる、と思いました。

……すでに自分も虐げられていることに、私はまだ気づいていませんでした。」[34]*

*女性は被害者であって加害者ではない、と認識することによって、この著者モーガンは、この贖罪意識から解放される。（ベトナム戦争にみられる）「国家との責任からの解除」は、ヴァージニア・ウルフのナショナリズムからの脱皮と同じものである。ウルフは『三ギニー』という長大なエッセイで、次のように書く。「女性として私には祖国がないのです。女性として、私は祖国が欲しくないのです。[35]」しかし、男性が同じことを言うことも論理的には許されるはずである。実際に国籍離脱できるのは、エリートに限られるという問題がある。

ロビン・モーガン

しかし、贖罪感だけが運動参加の理由ではない。暴力化したニューレフト集団、ウェザーメンに加わって、テロにも荷担したロビン・モーガンはさらに続ける。「活動に参加しているときの手の慄え、カラカラの喉、どきどきする心臓、興奮のあまりぼーっとなっている頭、身構えている身体、死ぬかもしれない危険、これらは媚薬の効果にも似て、世間のいうセックスの喜びなどよりはるかに素晴らしいと思えたのです。[36]*」SNCCから（暴力的過激派）ウェザーメンへと活動を続けた時期を振り返って、モーガンは、次のようにも回想している。「今振り返れば、あらゆることが支離滅裂でした。……誰もかれもが慢性的恐怖と国家打倒の一歩手前にいるという錯覚にとり憑かれていました[37]」（ちなみにモーガンは、一九五〇年代半ばにはテレビドラマで子役を演じていた有名人であったが、一九六八年のミスアメリカ・コンテストへの殴り込みの首謀者の一人となった)。

＊この興奮は、「正義の戦争」に魅せられる心情と同じものであって、元来は「男のもつ暴力性」と見なされるものである。一般化すれば、革命運動は戦争同様、歴史的に男の仕事と見なされてきた。その破壊性、暴力性のためであり、かつ誇り、挑戦、男の友情といった言説の歴史のゆえである。この言説空間においては、そもそも女の参加は余計なのである。

さて、こうした女性の抑圧に対する抗議は、SNCCからSDSに持ち込まれた。具体的な経緯を追ってみよう。一九六五年年末、SDS臨時大会が開かれた。SDSがベトナム反戦運動の先頭にたって、参加者が急増し、組織をめぐる対立が浮上して、「参加民主主義」の理念に立ち返って、混乱、対立を収拾する必要が生じたからである[38]。この大会では、参加民主主義をめぐってだけでなく、運動の中での女性の役割という争点が新たに登場して、大会参加者を驚かせた[39]。組織の急拡大と派閥抗争は、それまで組織の中心にいた女性古参メンバーをも疎外させ、今の参加は、男だけの参加になってしまったのではないかとの批判を浮上させたからである。女性たちは、運動が拡大、活発化し、タイピングなど事務的仕事が増えた、それに忙殺されるようになったし、性の自由化の一層の進行は、同時に性的搾取の一層の進行ともなったと主張した。

さて、先に述べたメアリ・キングとケイシー・ヘイドンは、SNCC向けに書いた文書を改訂して、第二の文書・メモを執筆した（一九六五年一一月付け）[40]。運動の中での女性の地位について議論を喚起するためである。そして、運動の中での男女関係について、伝統的性別役割分担をそのまま運動の中へ持ち込んでいると批判した。この論点を挙げると、男性から返ってくる応えは、いつも「笑い」である。その苦い経験を踏まえて、二人は、運動で学び、身につけた女性の自立をもとに、女たちで話し合おうではないかと、（黒人女性も含めた）女性活動家へ呼びかけた。この文書は、女性活動家の多くに大きな衝撃を与えたが、男たちは、今まさに盛り上がっている反戦運動にしか興味がなかった。男性はそもそも問題にすることすら反対、否定するという態度であった。

「女性問題」ワークショップ

大部分の白人女性たちは問題提起に好意的で、大会では、この文書をもとに「女性問題（ウイミンズ・プロブレムズ）」を議論するワークショップが開かれることになった。男性リーダーにとっても、古参の女性リーダーからの問題提起であっただけに、衝撃であり無視できなかったのである。ワークショップを開いてみると、男たちがあまりに防衛的なので、女性たちの多数は、女だけで別室で議論しようと、場所を移してしまった。男性たちが予想外の展開に驚いているのを尻目にしてである。そして、ここで先の「メモ」が読み上げられ、男性と女性はどう違うのかといった、あまりにも素朴ではあるが、根本的なことが議論された。女性たちは、自分の個人的不満が共有されていることを知って驚いた。議論の過程で、女性のアイデンティティという言葉が何度も口にされた。最初は運動における性関係の問題を話題にするのはためらいがあったが、間もなく結婚と子育てをどう考えるかといった議論も登場した。この会議は、女性が自分の個人的経験を話し合う、リブにおける最初の「意識高揚集会」となったのである。この会議にもとづいて、女性たちは、全体会議にメモを出すが、ＳＤＳの（拡大の中の）内紛で、女性問題は放置されてしまった。大部分の男性活動家にとっては、女性たちの怒りの爆発は単に驚きであった。差別しているとは心外であるというわけである。こんな日常的な問題にかかずらわって、戦争や革命という大問題から目をそらせていいのかという者もいた。振り返ってみれば、運動そのものが高揚期を過ぎ始め、目標を見失いかけて、やがて内ゲバやテロに進みつつあったという事情もあった[41]。

その後一年半あまり、この問題は放置される。女性活動家も反戦運動に精力的に従事したからである。その間にＳＤＳは一〇倍の規模に拡大した。

さて一九六六年夏からは、ベトナム反戦運動の一環として徴兵拒否運動が始まった。それによって、運動内での女性の立場は一層周辺化された。女性は徴兵カードも焼けないし、徴兵拒否で監獄に行くこともできないからである。「ノーをいう男にイエスと言って支える女（Girls Say Yes to Guys Who Say No）」というスローガンが流行したことが、それを象徴する。

年末には徴兵拒否は反戦運動の中心的戦術になった。この戦術は、外国への亡命や長期投獄など、非常に重い危険を伴うものであった。実際、徴兵カードを焼くだけで数年の刑務所暮らしを覚悟しなければならない。それだけ権力にとっては徴兵拒否は重大な挑戦であった。徴兵法違反に問われたもの二〇万人以上、起訴されたもの二万五〇〇〇人以上、うち四〇〇〇人が懲役、一万人以上が地下に潜り、多くが国外脱走したとの推計がある。懲役補助で起訴されたものも多数に上る[42]。全人生を賭けた決断になったということである。他方で「徴兵逃れ」は女々しい行為だという批判に対抗して、徴兵拒否者たちは、「男らしさ」を強調する必要に迫られた[43]。それだけに、女性は支援活動に封じ込められた。

こうした風潮を背景に、一九六七年六月のＳＤＳの年次大会において、「女性解放」のワークショップが開かれた。このワークショップは、運動の中における「男性優位主義」の存在を指摘、男女が協力してその克服に向かうことを訴える決議を採択した。第三世界のアナロジーで、男性によるコロニアリズム（植民地主義）が存在するとして、「女性の解放（リベレーション）」を求めたのである。具体的対策として、社会的には、家事の分担、再生産（出産、育児）の尊重、子育て支援センターを求めた。「家事労働がオートメーション化されるまでは、男女が平等に分担すべき」という一文が彼女たちの立場をよく表現している。また、運動内部では、女性をＳＤＳの幹部に、女性の記事を機関誌に掲載することを要求した(44)。ところが、全体会議では、男性たちは、この報告にヤジで応えた。女性活動家を失望させ、少なからぬメンバーにＳＤＳを去って、フェミニスト独自の運動を展開することを決意させた。ＳＤＳは最後のチャンスを逃したと言われるゆえんである(45)。ただ、このワークショップの決議は、薄められた形ではあれ、大会で採択されて、機関誌の『ニューレフト・ノーツ』誌に掲載された。

一九六七年八月末には、それに追い打ちをかけるような事件が起こった。シカゴで「新しい政治を求める全国会議（National Conference for New Politics）」が開催された。遠心的な傾向が生まれてどんどんばらばらになっていく「運動」に再統一を求めて、二〇〇の団体から二〇〇〇人の参加者を集めて開かれたのである。そして、大統領候補にキング牧師を、副大統領候補にベンジャミン・ストック博士を推薦することを決めた。この大会では、黒人は代議員の半分を要求し、それを実現した。黒人活動家は攻勢に出て、白人は何とか協力を得ようと譲歩した結果である（この会議は、黒人指導者が、六日戦争を巡ってイスラエル非難決議を通過させてしまったことでも注目される）。女性活動家、ジョー・フリーマンとシュレーミス・ファイアストーン（のちに『性の弁証法』を書いてフェミニズム理論に貢献）もそれにならって五一%の代議員を女性にする要求を提案したが、簡単に拒否されてしまった。白人男性はその内向した（黒人に対する）屈辱感を女性に向けたのか、女性問題は、議題の最後にしたいと譲歩を迫った。ところが、この要望を受け入れ時間切れ寸前まで辛抱強く待っていた女性たちの前で、突然、一人のネイティヴ・アメリカンが壇上に駆け上がって、「インディアンの問題が無視されている」と発言し、混乱に陥ったために、女性問題は無視されてしまった。事態の成り行きに驚き、発言を求めて壇上に駆け上がった数人の女性たちの一人に、議長が頭を叩きながら「頭を冷やせよ、お嬢ちゃん（Cool down, little girl）。*我々には女性解放よりもっと重要な、ここで話し合わなきゃならない問題がある」と発言を封じ込めて散会してしまった。(46)

＊ＳＮＣＣやＳＤＳでは、女性活動家をガールと呼ぶ習慣があって、彼女たちを苛立たせていた。一般の白人が黒人をボーイと呼ぶことに活動家は反発していたにもかかわらず、女性蔑視の呼称は改められなかった。もっとも成人女性をガールと呼ぶ習慣は、一九六〇年代にはまだかなり一般的であった。左翼のベテラン活動家は、学生活動家を愛称を込めてであろう、「キッド」と呼んでいた。

憤慨した女性たちは（ＳＮＣＣとＳＤＳのベテラン活動家たちであったが）、次の週にシカゴで女性だけの会をもつことにした。そして、独立の運動の開始を宣言したのである。各都市で「女性解放グループ（women's liberaion group）」が誕生した（白人女性だけで、である）。彼女たちは、これこそが今まで（漠然と）待ち望んでいた運動なのだと、興奮しつつ、ニューレフト系フェミニズム運動を展開した。よ

マリリン・サルツマン・ウエッブ

り若い世代も続々とそれに参加することになった。

振り返って考えると、一生を賭けた決断たる徴兵拒否、あるいはベトナムでの残虐な殺戮という問題に比べると、日常的な問題である（と考えられた）女性差別が退けられたのも、理解できなくはない。事実多くの反戦女性活動家も運動における女性差別は二次的な問題と考えていた[47]。しかし女性たち、とくに若い女性たちが運動の中で屈辱を味わわせられていることに不満を募らせていたのであるから、議論すらさせないという態度は、許せないことであったろう。

そして、最後のだめ押しとなった事件が一年半後に起こっている[48]。一九六九年一月、ニクソンの大統領就任式を批判して、ワシントンで反戦集会がもたれたときのことである。（分離、独立を果たして間もない）フェミニスト・女性解放団体を代表して、マリリン・サルツマン・ウエッブ（SDSの活動家を夫にもつ）とファイアストーンとが演説することになった。ラディカル・フェミニスト・グループが男性活動家に一定の認知を受けていたことを示すものである。

大会参加のためのプランニング段階で、ニューヨーク派・フェミニスト派とワシントンDC派・ポリティコス派とが意見の相違を見せていた。前者がニューレフトからの全面的自立を、後者がニューレフトとの連携を維持すべきだとの論陣を張ってである。ところが大会で、ポリティコス派のウエッブが、女性の解放をテーマに話し始め、女性を所有財産と見なす資本主義を批判していたとき、聴衆の男性たちが、「彼女をファックしろ」「演壇から引きずり降ろせ」「裏の路地でレイプしろ」などと騒ぎ出した。ウエッブは言葉を失った。続いて、ファイアストーンが登場して、「あなた方男性は、革命を唱えているが、自分たちに権力を求めているだけだ」と喝破し、会場はヤジに包まれた。大会責任者である男性リーダーたちは誰もこの騒ぎを抑えることができず、というより、しようとせず、騒然としたまま二人は会場を去った。白人男性としてみれば、黒人からはレイシストと非難され、女性からはセクシストと批判されて行き場を失ったのであろうと同情する向きもある。それゆえ、白人男性は黒人には譲歩したが、女性には激しく抵抗したというわけである。白人活動家にとって、ブラック・パンサーと同盟するのは(ヒロイックであり)厭わないが、フェミニストに賛同して家事を分担することには強い抵抗があった。[49]その結果、人種差別と闘うことには共感するが、男女平等は受け入れられないという結果となった。いずれにせよ、女性差別は些細なことという意識から抜けきれなかったのである。リブが独立、分離していってからも、ニューレフトの間には、そうした意識は続いた。

さて、それまで男性と一緒に闘い続けるべきだとファイアストーンに反対していた(ポリティコス派)ウエッブも、ここに至ってSDSから離れることを決意した。ファイアストーンたちは、「ニューヨーク・ラディカル・ウィメン」という組織を作っていく。それまでにニューレフト系女性活動家たちは、ネットワークを作り上げていたし、組織化の経験も積んでいた。フェミニストたちは自分たちの考えを広めるために、ニューレフトのネットワーク、出版組織を利用できた。いったん男性からの分離、自立を決意すると、瞬く間に、それらのリソースを利用して、全国に女性解放団体を続々組織していくことができたのである。こうして一九六九年末までに、左翼から決別したラディカル・フェミニストは組織を整えた。そのほとんどがミドルクラスの白人女性たちであった。そして、女性の抑圧こそが、階級支配でも白人支配でもなく、社会システムの根本問題との認識を前面に打ち出したのである。

男性意識とリブ運動

以上の経緯を見ると、ニューレフト運動にとって、男性優位、男性支配、男性優位主義は、単に、変革のスローガンにもかかわらず男性活動家のなかに残っていた「いまだ解放されざる」意識部分などではなかったことが分かる。それは運動を支える重要なバネであり、運動の過程で改めて芽生え、成長したものなのである。男性ニューレフト活動家にとって、男性性の強調は、運動の中から生み出した、運動のために必要な独自の文化、彼らの反体制文化、いってよければニューレフトの「カウンター・カルチャー」の中核にあった。あらゆる革命は、物資的安楽よりも、それを失うリスクを犯して、プライド、自尊心（の回復）を選ぶことから始まる。革命運動は「跪いて生きるより立って死ぬ」ことを選ぶのがその本質である。黒人たちにとっては、非抑圧階級が抑圧に対して立ち上がる際に不可欠の、物質的安定よりもプライドを大事にする、そのために誇りを取り戻すことを意味する。白人中流階級の若者にとっては、管理社会で協調性を大事にしながら育ってきた若者が、社会と両親とに反抗するために不可欠のバネを提供する。「女性解放」の要求に対して、男性活動家がかたくなにそれを拒否したのは、その男性性を否定するものと映ったからである。

さらにいえば、男性活動家は運動のなかで、アメリカ社会では（とくに中流階級においては）隠されている男性支配をあからさまな形で表現した。女性活動家がそれを見せつけられ、反発し、リブ運動を開始したわけである。

しかも、ニューレフトは、政治と社会の区別を基本的に乗り越えようとする、社会における権力、差別などを問題にしている。狭い政治議論ではなく、個人の生き方を見直す姿勢であり、フェミニズムの主張の先駆けであったといってよい。ただ、長期的には、女性の自律した運動の誕生は不可避であったのだろうが、女性解放運動の自律には、ニューレフトの「からかい」、「侮蔑」がバネとして必要だったのであろう。[50]これまで述べてきた「事件」はそうした触媒の役割を果たしたのである。

要するに、ニューレフトにとってプライドは、男らしさという性的なものとして表現されていた。それが女性差別に繋がったというわけである。それは同時に、男性性の一表現として、(反植民地理論家であるフランツ・ファノンや第三世界の暴力的抵抗の影響を受けて)やがて暴力崇拝に転ずる。既に指摘したように、「非暴力直接行動」も実は、そもそも極めて挑発的な行為であり、屈折したかたちでこの暴力性は表現されていた。それが一九六〇年代後半には、ストレートに暴力性として表現されることになった。

しかも問題は、そうした運動における男性性や暴力性が、全くといってよいほど無自覚に育まれていたことである。ニューレフト思想の中で、暴力については見当違いの議論がなされ、男性性については全くの無視という結果となった。女性からの批判を受け、反省を迫られたにもかかわらず、理解の努力さえなされなかったのである。

二 ウィメンズ・リブと呼ばれた運動

こうして生まれたリブ運動においては、先にも触れたように(男性主導の)ニューレフト・グループとの結びつきを完全に切るべきだと主張する(狭義の)「フェミニスト」と、自立しながらもニューレフトの一翼として運動を展開すべきだとするポリティコスと呼ばれるグループとが存在し、しばらくの間対立が続いた。* 女性の（社会的、文化的）差別を最重要問題と考え、日常生活の変革・「革命」を重視する「フェミニスト」に対し、ポリティコスがネオ・マルクス主義に依拠して（たとえばベトナム戦争のような、女性差別に限らない問題を争点として）資本主義の中核たる企業、および国家に対する、その意味では古典的な政治活動に重点を置くことから、この呼び名が生まれたのである。男性ニューレフトによる度重なる無理解や侮辱、さらには敵対的行為によって、ポリティコスもやがてレフトとの連帯を放棄し、「フェミニスト」の主張に傾斜することによって、この違いは意味を失ったが、マルクス主義的な議論に依拠するかどうかという対立点は、リブが事実上消滅する一九七五年まで続いた。

＊ポリティコスの呼び名がどのように始まったかは定かではないが、原語はギリシャ語で、アリストテレスから来ているのであろう。当時広く読まれたアメリカ政治学の古典、ロバート・ダールの『誰が統治（支配）するのか』（一九六一年）に同じ表現が見られるが、関連があるかどうかは不明である。

前述のように、リブ運動は、ＮＯＷのような中核組織（あるいはＳＮＣＣやＳＤＳのような代表的組織）をもたず、地域的にも組織的にも分散していた。メディアの中心地ということもあってニューヨークの集団が全国的に最も注目を集めていたが、実際同市が活動の最も活発な場所でもあった。それと並んでシカゴも重要な拠点であった。また、ボストン、ワシントンＤＣ、サンフランシスコとその周辺（とくにバークレイ）、シアトルなども重要である。地方都市にも活動家がいなかったわけではないが、何といっても大学町を別とすれば大都市が主たる活動の拠点であった。

それぞれのグループは、多くが組織の全国向けニュースレターやメンバーの個人通信を発行していた。無理解と嘲笑を繰り返すマスメディアへの強い不信があって、独自のコミュニケーション媒体を必要としたからである。それらは無料で書店に置かれ、相互のコミュニケーションや新人勧誘、あるいは別の地域における新しいグループの誕生に役立った。労力的にも財政的にもかなりの負担であったと思われるが、女性が声を挙げることは最重要なことと思われていたし、沈黙を強いられていた彼女たちにとっては、自分の主張を述べる機会を持てたことは極めて貴重であり、やりがいのある仕事であった。雨後の筍のように全国に広がったのも当然であろう。

他方、こうした出版物と並んで、挑発的でショッキングなイベントで一般公衆の注目を集める活動も盛んであった。その典型は、一九六八年におけるアトランティック市（ニューヨーク近郊のリゾート地）でのミス・アメリカ・ページェントへのリブによる「殴り込み」であろう。マス・メディアを前に、ブラジャー、ガードル、つけまつげを女性の抑圧の象徴として（焼却を暗示して）「自由のゴミ箱」に投げ入れ、美人コンテストは家畜の品評会と同じだと、連れてきた羊にミス・アメリカの冠をかぶせた。ここからリブ、そしてフェミニストには、「ブラを焼く女（ブラ・バーナー）」という蔑称がつけられた。こうした一連の意識高揚を狙ったイベントは、結果的には一層の（男性）メディアの無理解と嘲笑を買う結果となった。しかし、運動の存在を全国的にアピールするには有益ではあったし、様々な女性に女性の地位についての自覚を促す効果があったことも否定できない。

リブ組織のほとんどは、五人から三〇人ほどの流動的メンバーからなり、その平均的活動期間たる一〇年の間、形成と消滅を繰り返した。「ほとんどの活動家の運動生命は平均約二年で、彼女たちが疲労困憊して引退すると、それに代わって、経験は乏しいがそれを補う熱意をもった、新しい転向者が現れてくる。この回転率の高さは、新しい血を絶えず運動へ注ぎ込むが、反面、古くからの対立点をめぐって、絶え間なく戦われることになる。[51]」グループの総数は不明だが、数千にのぼったとするものもある（むろんメンバーの重複は一般的現象であった）。ピークは一九七〇年前後とみられる。

各地のグループは、刊行物をも通じて、相互に錯綜した人的ネットワークを築き上げ、維持していた。全国に散在するリブ集団は、（しばしば各都市の女性センターを介して）ルーズな水平的ネットワークで結ばれて、相互に自律的に活動を展開した。

集団が少人数であることには、相互に緊密な会話をすることができるという利点があった。その中で「意識高揚（コンシャスネス・レイジング）（通称C―R）」と呼ばれる、女としての体験を話し合う小グループ活動を盛んに展開した。*この活動を通じて、それまで意識されていなかった日常的な女性差別の実態を認識・意識すると同時に、女性が男性に対して劣るという自己認識を克服することが目指された。

*「C―R」とは、直訳すれば「意識昂揚」であろうが、中国革命の際に共産党が農民の意識改革に用いた手法であり、地主に対する闘争を促す最良の手段であった。中国革命を紹介し、ニューレフトにも広く読まれたヒントンら（Hinton & Fanshen, 1966）によって広く知られることとなった。ニューレフトの運動史の中では、一九六〇年代半ばに「ガテマラ・ゲリラ・アプローチ」と呼ばれる（まず個人史を話題にして、自らの意識が社会的に作られてきたことを自覚させることで）組織作りをする戦術として登場した。[52]私的なことを長時間おしゃべりするというのは、女性たちに広くみられる経験でもあり、嗜好にもかなうことであったことが、この運動がアメ

リカで（さらには全世界に）広く普及した一因であろう。

また、男性優位思想を内面化していることを相互に批判する「ラップ」と呼ばれる活動も展開された。プロレタリアの階級意識の高揚と同じ、女性としての誇りを回復して権利要求運動につなげるもので、極めて効果的であることが実感されて、瞬く間に全国に拡大した。日本をはじめ、他の国々のフェミニスト運動にも波及した手法である。しかし、意識が高揚されたあと、何をすべきかはこの活動の中からは直接には出てこない。内省と執筆に向かう場合は別として、集団活動を通じての経験の自覚も相互批判も比較的短期間に新鮮さを失う（マルクスや毛沢東のようなテキストが持ち込まれる場合は別であるが）。一九七〇年代になると、ニューレフトの掲げてきた「革命神話」が色あせ、ニクソン政権によって（六〇年代の最大の争点であり共通の関心の的であった）ベトナム戦争に解決の目処がつけられたために、そうした傾向が顕在化した。多くの場合、意識高揚運動が一定の段階で行き詰まって消滅していった。

他方、分散的構造でかつ自由な相互批判を促進する特徴は多様な発想を促し、思想から出発するのではなく経験から出発する発想と相俟って、アメリカのリブ運動を、日常的経験の多様性を吸い上げて極めて豊穣で柔軟なものにすることに貢献した。後期ニューレフトに浸透した（ネオ）マルクス主義のような、閉鎖的かつ教条的な議論に陥る傾向を免れたといってもよい。リブの思想は、アカデミズムにおける女性学の確立によって本格化する。しかし、それは同時にリブ運動の制度化を意味しており、運動としては衰退を迎えたことを表現するものでもあった。

参加民主主義と権威主義　組織理念の面から見ると、リブ運動はニューレフトの理念を引き継いで、「参加民主主義」の忠実な実践者であった。男性主導のニューレフト組織が、レトリックとは裏腹にその理念を裏切ってきたことを批判し、理念に、より忠実であることを決意していることを共通の特徴とする（この批判は、SDS内部で「新参者」が「古参の指導部」に向けたものと同じである[53]）。すなわち、階層秩序・官僚主義・代議制・投票・リーダーシップの否定（強い平等主義）、参加や脱退の自由という個人主義的指向（組織統制の拒否）、にもかかわらず全員参加と連帯精神（シスターフッド）の強調、相互批判の文化、そして男性の排除などの理念を、男性ニューレフト以上に追求する。最後の点（セパレーティズム）は、男性支配者や男性活動家によって沈黙させられ、操られてきたという苦い気持ちから、今度は一般女性参加者が女性リーダーに沈黙させられ操られるのも、まっぴらだという気持ちが極めて強かったことの表現である。こうした極端な理想主義は、政治運動としての有効性を損なうが、そうしたリスクを覚悟の上で理念重視が貫かれた。

しかし、実態としては後述するように、インフォーマルなリーダーが権威主義的寡頭支配を振るったり、才能あるメンバーに対する嫉妬が彼女らを排除するといった事態がしばしば起こった。参加民主主義は、制度を否定しているので、「弱者」の意見を吸い上げる投票のような手段を欠く。対立的雰囲気の中では、参加民主主義は、皮肉なことに、強い権威主義を生む。そしてインフォーマル・リーダー、陰の権力者が影響力を振るう結果となった[54]。ニューレフト系組織に一般的に見られる現象であるが、参加民主主義の理念が先行して、それに伴う危険に無自覚で、代議制民主主義の手続きを無視した結果である。マックス・ウェーバーやロベルト・ミヘルスが大組織に生まれると指摘した欠陥が、リブという小集団にも、あるいは大集団以上に誕生したのである。

さて、ここでリブの活動のうち、貧困層を対象とした活動をみておこう。これはニューレフトから分離する前から、すでにはじまっていた。

ジョンソン大統領は、新左翼知識人、マイケル・ハリントンによる「豊かな国、アメリカの貧困」の存在を再発見、摘発した本から影響を受けて、一九六四年年頭教書で「貧困との戦争」を宣言した。ヘイドンと同じ言葉を使って、リベラルも理想主義を復活したのである。それまで主として南部での公民権運動や大学闘争にかかわってきたニューレフト・グループは、これに呼応するかのように、スラムの近隣社会のデモクラシーと、活動家組織内のデモクラシーの実現を目指して、都市のスラムでの活動を開始した。SDSではこの活動を「経済研究・活動プロジェクト——ERAP（イーラップ）」と呼んでいた。当初は、白人・黒人の失業者を組織し、叛乱に向かわせようとした。しかし、都市の最貧層は、南部の黒人貧困層より組織化がはるかに難しかった。呼びかけても集会には出てこない。南部では有権者登録、レストランの差別撤廃という明確な目標があった。敵も目に見えた。KKK（クー・クラックス・クラン）、警察などである。ところが、主要敵たる都市の不在家主は目に見えない敵であった。男性貧困者、黒人を組織することはできず、辛うじて貧困黒人女性の組織化にいくつかの地域で成功したにすぎない。シャロン・ジェフリー（と医学生）がクリーヴランドで、とくに「福祉を受ける母親たち（welfare mothers）」を組織化したのがその一例である。活動家は、極めて質素な生活を強いられたが、しかしコンミューンのような、平等で親密なグループが生まれた。にもかかわらず長い会議は疲れさせ、プライバシーのない生活も長く続けば苦痛になる。しかも、実践されたのは叛乱ではなく、日常的要求、たとえば住宅、遊び場、街灯、ゴミ収集の実現といったものであった。

しかし女性活動家たちはこの活動で自信をつけ、組織化能力を養った。そして、多くがSNCCによる南部での公民権運動に参加していった[55]。他方で、ニューレフト理論（ルンペン・プロレタリアート、失業者は革命のポテンシャルをもつ）が適用できないことが明白になった。逆に、南部でのSNCCも、参加民主主義の議論を逆輸入し、また、公民権から経済問題へと向かうこととなった。

以上の貧困層の「叛乱」に向けた組織化運動が期待した効果を挙げず、一九六五年に終焉して、SDSは大学紛争に向かった。単にコミュニティの組織化に疲れただけでなく、長い議論と共同生活が苦痛となったからである。そこでの仲間の友愛が得難いものであったとしてもである。ただ。女性による福祉活動は続き、福祉と住居と教育という「女の争点」を目標に向かって続けられた。

その後、一九七三年が、アメリカのフェミニズムにとって重要な一里塚となった。ボストン女性の健康会議（Boston Women's Health Conference）による、「私たちの体、私たち自身（Our Bodies, Ourselves）[56]」の発行がそれで、医者の権威への重大な挑戦が開始された[57]。クリニックで、女性は男性たる医者から不当に扱われてきた、女性の心理や体の特殊性を分かっていない、女性としての経験のない、医者としての（科学的）権威主義・パターナリズム（家父長主義）が男性としての権威主義に重なる等々の主張が展開された。女性はクリニックで辱めを受けており、尊厳をもつものとして扱ってもらいたいとの主張である。患者の自己決定、とくに中絶の決定、ピルの処方などは、医者ではなく、当事者である女性自身に委ねられるべきであるというのである。他方で東洋医学への関心も生まれ、自然な出産が奨励された。薬の安全性への関心が高まり、自分で自分の体を守る姿勢が生まれた。同時にむやみに手術をすることへの批判も生まれた。

さらに、貧しい女性たちの権利を擁護して、コミュニティ・クリニック・センター設立運動が始まった。貧しい女性が初歩的医療すら受けられないでいる現実を見て、である。

さて、ニューレフトが最大争点としていたベトナム戦争は、ニクソンの登場とともに急速に失速した。ニクソンが徴兵停止と米軍撤退開始を発表したためである。他方で、戦争反対は議会に移り、国民の間で反戦的世論は一層拡大した。しかし同時に反戦運動に対する反感は増大した。この世論の支持で、政府は運動に対して強硬手段をとることができた。反戦運動は弾圧の厳しさの前に後退、とくに「神経も資金も枯渇させる」裁判と裁判への恐れが原因である。

ところが、フェミニズム運動は生きていたし、環境運動も新たに登場した、しかし、彼女らがニューレフトの中心となることはなかったし、その意思もなかった。ラディカルなフェミニスト運動も一九七五年までには終息した。代わって、本当のマイノリティによる運動、例えばゲイの運動が活発化した。

女性運動家の多くは、環境運動に入っていった、また原子力反対や、健康食品、有機農業の生産、販売に向かった。これは日本と同様である。他方、その他で活動を続けるものは、シングル・イシュー運動、例えば刑務所改革、福祉センター設立へ転換していった。

過激化した運動に直ちに新入生が入ることは無理があったし、古参は燃え尽き個人生活に撤退、あるいは東洋の宗教や心理療法に走るものも多数あった。コンミューンにも多数が参加した（宗教的コンミューンが最も長持ちした）。

こうして、ニューレフトは幾多の伝説と遺産を残して終焉したのである。その遺産の最たるものは、ニューレフトには不本意であろうが、ラディカル・フェミニストの誕生であった。しかし、リブ運動もまた前述のように変質していったのである。

新しく誕生したリブ運動は、暴力に原則として反対するというわけではなかったが、後期ニューレフトのマッチョイズムには反感をもった。(58) 暴力の美化（ロマンティシゼーション）には反対であった。彼女たちには彼らがタフネスを見せる競争に堕しているとしか映らなかったのである。

また、彼女たちは、革命（あるいはファシズム）が近いという男たちの言説に同意できなかった。確かに、一九六八年には、ベトナム戦争は泥沼化し、マーチン・ルーサー・キング、ロバート・ケネディが暗殺され、都市では人種暴動が続き、大学紛争は頻発し、シカゴの民主党大会は大荒れになった。かたや、プラハの春をソ連が武力で鎮圧せざるを得ないところに追い込まれていた。アメリカの危機、世界の危機と考えたのも無理はない。しかし、今から振り返ってみれば一過性のものにすぎなかったし、インフレとはいえ、（ソ連圏は別として）経済も危機的状況というわけではなかった。資本主義の再編の時期であり、ニクソンによるアメリカの覇権の再生の直前、かつソ連との競争では勝利に向かう直前であった。こうした状況の中で、女性は男らしさの幻想から自由であっただけに、現実感覚をとりもどす、あるいは維持することが容易であった。逆にいうと、男性活動家は絶望を隠しているだけの状況で、危機を待ち望んでいた。女性には「女性の解放」というすべきこと、できることがあるのに白人男性にはもはやなかった。

こうして、一九七〇年代初頭にはニューレフトは解体し、ニューレフトからのフェミニスト決別が大勢を占めた。しかしそのことは、女性「運動」家の、（マクロな）政治運動からの撤退をも意味していたのである。

ともあれ、ニューレフト運動（およびニューレフト系文学作品）に、通常はそれほどあからさまには表現されない男性優位、男性支配が露骨に現れて、それに反発してリブ運動は誕生した。男性支配に対して彼女たちが鋭い分析を加えることになったのも当然であろう。「リベラル」フェミニストが社会経済システムの問題として職業上、経済的差別を理論化したのとは対照的に、「ラディカル」フェミニストは、男女の緊密な場における直接的な支配の「政治的」関係、ミクロな権力関係をえぐり出すことに成功した。「個人的なことは政治的なこと（The personal is political）」という認識はその典型的表現である。

（1）本章は、拙著『二一世紀アメリカン・システムとジェンダー秩序』の第二部第一章と重複している部分が少なくない。ご了承願いたい。
（2）大嶽（二〇一一）第二部第四章参照
（3）Ryan (1992) p. 35
（4）大嶽（二〇一一）第一部第六章
（5）呼称をめぐる対立と混乱とについては、フリーマン（一九七八）一五八～一六〇頁を見よ。
（6）Davis (1991) introduction
（7）この章の記述は主として、断りがない場合は、フリーマン（一九七八）、Evans (1979)、Hartmann (1989)、Echols (1989)、Rosen (2000) による。
（8）Matthews & Prothro (1966) pp. 412–417, cited in Hartmann (1989) p. 29
（9）Rosen (2000) p. 102
（10）ibid.
（11）レッシング（二〇〇一）訳者あとがき
（12）Evans (1979) p. 41
（13）Miller (1987) pp. 149–150
（14）Evans (1979) pp. 51–52, 75–76
（15）新左翼としての谷川については、大嶽（二〇〇七）第七章参照。
（16）Rosen (2000) pp. 99–100
（17）エルシュテイン（一九九四）序章、三九、六三～六四、八三頁
（18）Rosen (2000) pp. 102–105
（19）モーガン（一九九二）二八七頁
（20）コーズ（一九九八）第二章

(21) Diane Lewis, "A Response to Inequality: Black Women, Racism and Sexism," *Signs*, vol. 3, #2, 1977, pp. 339–61 cited in Echols (1989) p. 292
(22) Evans (1979) appendix に収録、Evans (1979) pp. 85–87: Rosen (2000) p. 107
(23) Evans (1979) pp. 89–90
(24) Swerdlow (1993) chap. 2
(25) Evans (1979) p. 103
(26) ibid., p. 109
(27) Rosen (2000) pp. 118–119
(28) ギトリン（一九九三）一六〇頁
(29) 多賀（二〇〇六）三五頁
(30) ギトリン（一九九三）三六五頁
(31) ギトリン（一九九三）五一六〜五一八頁
(32) 同右、一五九〜一六〇頁
(33) モーガン（一九九二）二八八頁
(34) 同右、二九五、二九〇頁
(35) Woolf, *The Three Guineas*, Harcourt Brace Jovanowich, 113（翻訳『三ギニー』出淵敬子訳・美鈴書房、二〇〇六年、一六三頁）。筆者も同書を読んでみたが、冗長で読み終えるのが苦痛なほどであった。
(36) モーガン（一九九二）二九七頁
(37) 同右、二八九頁
(38) Miller (1987) pp. 255–259
(39) Evans (1979) chap. 7; Rosen (2000) pp. 121–124
(40) Evans (1979) appendix に収録、Evans (1979) pp. 98–101: Echols (1989) p. 34; Rosen (2000) pp. 110–114
(41) ギトリン（一九九三）二三九、五一八〜五二四、五六四頁
(42) 同右、四〇八頁
(43) Echols (1989) p. 38
(44) このワークショップの決議は、ＳＤＳの機関誌たる *New Left Notes* 誌に掲載された（Evans (1979) appendix に収録）。
(45) Evans (1979) p. 192
(46) Freeman (1975) p. 60; Evans (1979) p. 199
(47) Evans (1979) pp. 184–185
(48) Echols (1989) p. 114ff; Rosen (2000) pp. 134–135
(49) Echols (1989) p. 135
(50) Rosen (2000) p. 140
(51) フリーマン（一九七八）一五二、二〇〇頁
(52) Evans (1979) p. 175
(53) Miller (1987)
(54) Evans (1979) p. 116
(55) ＳＮＣＣ（スニック）についてはNewfield (1966) 参照。
(56) この本は、日本や発展途上国を含む多数の国で翻

訳され、話題を呼んだ。
(57) Rosen (2000) pp. 175–181

(58) Echols (1989) p. 132

第5章　日本における「ウーマン・リブ」とその後

本章では、前の章でみたアメリカでのリブの展開との比較を念頭におきながら、日本におけるリブの誕生とその多彩な一連の活動、闘争とを叙述、分析し、後半部分では、リブの遺産と女性学の現状について考察したい。

戦後日本では生活苦の中から、戦前からの婦人運動家によって、主婦連による消費者運動や、戦争反対の平和運動が次々と誕生してきた。

それとは全く別のところから、つまり新左翼運動の中から、日本でもリブが、その新左翼運動における男女差別、女性の抑圧を批判しつつ登場した。それは女性の権利要求であるよりは、アメリカのリブと同様、男性優位を支える社会認識や文化そのものを告発し、批判するものであった。

最初にこの日米の共通性を日本のリブ運動の特異なリーダーであり、代表的論客であった田中美津の発言を借りて、具体的に指摘しておきたい。* 田中の言うように、一九七〇年前後の新左翼には、「女性解放!」と聞いただけで、どっと笑うような意識しかなかった。(1) そして、新左翼活動家は、「女たちに電話番させたり、夜の街で稼がせたり、恋人にして貢がせたり」してきた。上野千鶴子はこれを受けて、「運動に巻き込まれていく女たちの中には、ヒロイックな革命家を自称する武闘派の男たちのかっこよさに憧れがあった」と応えている。田中自身も武装ということにロマンチシズムをもっていた、という。女性活動家が従属的地位に甘んじた理由は、アメリカの場合と似たようなものだった。リブが主流メディアからも、からかいと揶揄、そして「袋だたき」にあった点もアメリカと同様だった。しかしやがて、田中は「間近でみたらもう、頭でっかちの幼いマッチョ集団でしかなかった」と気づいた。

＊日本では、リブとフェミニズムとを（リブをラディカル・フェミニズムと見なさず）異なるものとして、区別することがある。先の田中と上野の対談には、それがみられる。フェミニズムは、新左翼とは縁がなく、セクハラやＤＶ、あるいは従軍慰安婦問題を対象として、一九八〇年代に登場した新しい女性運動だという認識のようである。

他方、多くのリブ集団は、ベ平連（「ベトナムに平和を」市民連合）から学んだのか、自覚的にリーダーを排除した。しかし、田中美津のような実質的リーダーが登場するのは避けられなかった。この点もアメリカのリブと同じである。

一　ウーマン・リブの誕生

日本の「ウーマン・リブ」（通称、英語として正しく読むなら「ウィミンズ・リブ（women's liberation [movement])」)、すなわち女性解放運動は、思想・理論であるよりも、何より運動であった(「ウーマン・リブ」という呼称は、朝日新聞が最初だったようである[2])。日本のウーマン・リブを女性学では「第二波フェミニズム」と呼ぶ。これは、アメリカでの使い方に由来する。にもかかわらず、意識改革を目指した極めて多彩な(おそらくはアメリカのリブ以上に多彩な)思想運動としての性格を有していた。以下、創生期の日本のリブを紹介したい。

日本の一九七〇年代のリブ運動は、一九七五年を境に二つに分かれる。「前半は、「ぐるうぷ闘うおんな」を中心にした世代的に若い無名の女性たちの小グループ連合体が担った運動である。その時期の最大の課題は(生長の家などをバックとして七二年に国会に上程された)「優生保護法改悪」阻止闘争であった。後半は「国際婦人年をきっかけとして行動を起こす女たちの会」等を中心とし、前半に比較して世代的にも社会的地位の点からも上の層の女性たちが活躍した時期である[3]。」

そもそも日本のリブは、アメリカを含む多くの国でそうであるように、新左翼運動の中から同運動における男女差別を批判しつつ登場した。その一例として、一九七〇年四月二六日、学園闘争中の多摩美術大学で「思想集団エス・イー・エックス」が結成されたことが挙げられる。女子高時代に学校での活動でリーダー格であった森節子は、茶碗洗いなどの雑用を拒否したが、男子学生は「あいつはアジテーションをやり、自分で原稿も書くから」と「男並み」扱いをして、すまそうとした。しかし、森は同じデザイン科の米津知子ら四人で、女たちのグループの結成を決意した。そして、この日「美(美術大学)共闘主催の「大阪万博反対集会」のステージに、黒ヘルメットに白マジックでSEXと書き、旗とハンドマイクを持つという徹底した闘争スタイルで、舞台ジャックを行い、女四人はグループ結成を宣言した[4]」。

ところがその新左翼運動自体が、一九七〇年代初期に解体していった。内部分裂、内ゲバ、警察の弾圧などによってである。そして、武装化と地下活動に走った。その帰結が一九七二年二月の浅間山荘事件、同年三月の連合赤軍リンチ事件であった。

ここで、一人のリブの闘士を紹介しよう。飯島愛子である。[5] 彼女は「侵略＝差別と闘うアジア婦人会議」を結成した活動家の一人である。一九三二年生まれで一〇代半ばで敗戦と戦後の民主化を経験した彼女は、女性・母を貶める父親によって「おんな性を嫌悪」「女であることへの嫌悪感」「卑しめられた、きたならしい己自身」を感じて育ったが、一九六七年になって、アメリカのブラック・パワーに共感し、黒人問題との共通性の認識を獲得した。「問題は社会的処遇の差別にあるのではないのだ。己れ自身に対する卑下、憎悪、嫌悪にあるのだから。……己れ自身の尊厳を回復しなければならないのだ。」「男に愛されたいと思うので自分がなくなってしまう。……すべてを社会体制にすりかえてしまうのは誤りである。黒人は長い間、白人に深い憎しみを抱きながらあこがれてきた。しかし、もうそんなことはヤメだ。」

彼女は、兄の友人のトロツキスト（日本トロツキスト連盟結成、第四インター日本委員会ＩＣＰの幹部）を恋人にし、次いで結婚した。そして自らもトロツキストになり、「加入戦術」で社会党員になった。二八歳で一九六〇年安保闘争に参加し、六三年に社会党東京都区議（間もなく都議）の秘書になり、ベトナム反戦運動（反戦青年委員会、ベ平連）に参加した。反戦青年委員会もベ平連も「ともに己の加害性＝自分たち自身がベトナム戦争に加担しているという認識の上に成り立っていた」。そして六七年、日本婦人会議（社会党系婦人組織）中央常任委員に就任した。日本婦人会議は、安保に示された女性・主婦のパワーを組織しようと六二年に結成されたものである。東京本部を中心に、新左翼系女子学生出身者がここの専従職員に就職した。六九年、「救援連絡センター」を反戦、沖縄闘争の活動家のために結成した。「本土の繁栄が沖縄の犠牲の上にある」と痛感したからである。六九年一〇月の（七〇年の安保の自然延長に反対する）反安保婦人集会で、飯島は「婦人運動のとらえなおし」を提起し、終了後、女性だけのデモを行った。さらに、入管闘争に参加し、中華民国［台湾］からの留学生を支援した。

他方一二月には、松岡洋子が「アジアの闘う女性を招いて集会を開こう」と提案し、七〇年一月、「侵略＝差別と闘うアジア婦人会議」に向けた準備を開始した。そして、八月二二日から二三日にかけて、「侵略＝差別と闘うアジア婦人会議」を開催し、二〇〇〇人の参加を得た。そしてこれを恒常的なものにしようと、飯島が専従になった。組織ではなく運動体であるとし、「長を置かない、すべて大衆討議で決める」方針を確認した。一一月には訪中した。さらに、七二年には優生保護法改悪阻止闘争を組織した。同年一一月、「日本帝国主義の女性支配と女性解放闘争シンポジウム」を開催した。次いで、七三年、「キーセン観光（韓国での日本人による買春行為）」反対運動を展開した。七五年には後述する国際婦人年をめぐって論争し、一〇月、国際婦人年記念日本婦人問題会議への天皇皇后出席に抗議したが、一九八〇年アジア婦人会議の活動で事実上活動を終了し、僻地で農作に従事することとなった。当時、四八歳であった。

田中美津の登場

さて、リブの象徴的存在といえば、何と言っても（前述の）田中美津と新宿リブセンターを挙げなければならない。田中は、一九四三年生まれであるが、リブは田中などによって独自の文体を獲得した。生硬で教条主義的な新左翼の文体とは異なったものであった。新左翼は一方で、手記などに典型的に見られるように、ナルシスティックで心情告白的な文体の系譜があった。リブの文体は、心情告白的ではあるが、ナルシスティックではない。自分を突き放した表現が特徴的である。日常的言語で、しかも（やや）偽悪的に、つまり「汚い言葉」を日常生活の脱構築の手段として用いる傾向があった。田中がその典型である。

田中美津は、多くのリブの活動家の例に漏れず新左翼を批判しつつ登場したが、新左翼の雰囲気を濃厚に漂わせていた。新左翼の思想上のラディカリズム、行動上のアクティヴィズムを継承したということである。しかし出発点は、むしろ男に従属する女としての妻・専業主婦という役割への疑問から、性を売る存在としての妻と水商売の女は同類であるとの認識をもつなど、セクシュアリティの問題に執着した。おとぎ話で教育され、男を待つ女としてという態度をもつ自分に自己嫌悪した。「女の生き難さ——それは女の日常を絶えまなく侵食する「無価値なあたし」という脅迫観念と共にある」と「七二年五月のリブ大会への呼びかけ」で述べている[6]。

一九七〇年八月二二日、田中は「侵略＝差別と闘うアジア婦人会議」で、「便所からの解放」（女性性器は男性の性欲を発散する便所でしかない、との意である）を配布して、集会参加者に衝撃を与えた。そして、一〇月に予定されていた国際反戦デーに向けて、田中美津、浅田まり、カリドの三人が、「女解放！連絡会議準備委員会」をつくった。

一〇月二一日の国際反戦デーに「ぐるーぷ闘うおんな」を名乗り、その旗を掲げて、約二〇〇人が銀座の目抜き通りをヘルメット姿でデモ、「女らしさって何？」「主婦と娼婦は同じ穴のむじな」「おかあさん結婚って本当に幸せ？」など思い思いのプラカードをもって参加したのである。これが朝日新聞に写真入りで掲載され、この日が日本のウーマン・リブの旗揚げ日となる。

朝日新聞は「ウーマン・リブ――男性天国に上陸」との見出しで、アメリカの運動を紹介するとともに、田中らをウーマン・リブと命名した。記事は極めて揶揄的なものであった。

「ウーマン・リブの女たちは、二〇代から三〇代。田中美津はホステスをしていたが、ラーメン屋のおねいちゃんとか、ゴーゴーガールとか、ヌードモデルとか、とにかく短期間でお金を稼げる水商売風の仕事をもっている人たちが多かった。……リーダー格の田中美津が下降志向を奨励していたからだという」と評されている。「ウーマン・リブは、なによりもまず運動者自身の内なる『女意識』の変革をめざす、一種の意識革命をめざしているところが、従来の婦人運動とは質的に大きく異なっていた。」「戦後の婦人解放運動は、労働組合を通じての労働条件改善運動や、保育所開設運動など……『物取り主義』的傾向が、時代と共に濃厚になっていった。」そうした従来の婦人運動の活動家からみると、「わたくしを辟易させていた『ガキ』『メシ』といった〝汚言葉〟なども、『女らしさ』に対する拒否反応の現れであった」。[7] [8]

吉武輝子は自らの体験を次のように記している。婦人解放運動の活動家であった「わたくしが、「少女時代の米兵による」レイプ体験を語り、書くようになったのは、ウーマン・リブとの出合い、『わが内なる女意識』の存在に気づかされたからであった。なぜ四分の一世紀もの間、レイプ体験者であることを知られまいとびくつきながら、秘しつづけてきたのか。なぜ、引け目を抱きつづけて生きてきたのか。……ステレオタイプな女性像にがんじがらめにされていたからだった」。[9]

連絡を取り合った「ぐるーぷ闘うおんな」「闘う女性同盟」「エス・イー・エックス」の三団体が中心となり、「女解放討論集会」が何度か開催された。また、「リブ合宿をどうする集会」「さて来年は何をやろうか集会」「リブの問題を一切論じ煮詰める大集会」などが続いた。「意識的に女性の日常性に密着した口語的字余り的表現[10]」が特徴である。

一九七一年八月二一日から二四日、リブ合宿が信野平のスキー宿でもたれた。「当日、ワラ半紙一枚の『リブ合宿ニュース』を頼りに、北海道から九州まで全国各地から子ども連れを含む二五七名の女たちが参加、二〇時間に及ぶ自己紹介の中で、男たちへの不満、不平、憤り、自己のおかれている状況ゆえの厳しさ、出口のない苦しさ、女だからという自身への甘え、パターン化されて疑わなかった行動の数々、自己規制、自己告発……女たちは、女同士の連帯を求めて、自分が置かれている状況やぶつかっている問題を赤裸々に語りつづけたのである。」

間もなくリブ合宿委員会の呼びかけに応えて、リブのネットワークが全国化し、京都では女の集会とデモが、「千葉大くのいち」をはじめとして各大学の秋の学園祭にはウーマン・リブをめぐって討論会や講演会が開催され、読書会が生まれ、ミニコミ『女から女たちへ』や、リブ誌『女エロス』が誕生した。

一九七二年「五月リブ大会」への呼びかけが行われ、四月三〇日、リブ大会前夜祭がもたれた。さらに五月一七日、大田区産業会館で「リブの問題を一切論じ煮詰める大集会」が開かれた。「だれもが自分の意見をもって話す」「優生保護法改悪阻止の運動を広げよう」「中年リブの会をつくろう」「コレクティブ［生活共同体］をつくろう」「保育所をつくろう」「ミニコミをつくろう」など様々な提案がだされた。「無名、均等フロアー主義」「この指止まれ方式」「直接民主主義」「自己変革」「日常生活変革型」の市民運動としていくことが決議された。

リブ新宿センター

その中から、リブセンターをつくる企画が生まれ、九月三〇日「リブ新宿センター」がオープンした。法律相談、避妊中絶相談、離婚・家出相談を曜日ごとに設定し、土曜夜には、多彩な講師を呼んでティーチ・インが開かれた。そして、新宿リブセンター・コレクティブ（生活共同体）が生まれた。「当時、全共闘運動を離脱した若者たちが地方でコレクティブをつくろうとする試みがいくつかなされている。したがって、共同体志向はけっして珍しいものではなかった。彼らが性別のこだわりを見せなかったのに対して、ウーマン・リブは女だけのコレクティブをめざそうとしたのが特徴といえる。[11]」しかも、子連れで参加するものもいた。米津知子はリブ新宿センターのコレクティブに参加したころを回想して、コレクティブで日常生活を一緒にし、お互いの差別意識を指摘しあうことが「面白くて、面白くて、楽しくてしょうがな」かったという。

アメリカの「意識覚醒運動」と同質のものであるが、アメリカから輸入されたものではなさそうである。今まで「自然な」ことと思っていた女性への差別・抑圧・搾取を、フェミニスト観点から再解釈し、階級的不平等・搾取を「自然な」こととして受け入れていたのに対し、マルクス主義によって覚醒することが目指された。アメリカのフェミニスト学者マッキノンは、アメリカのこの運動について、意識の変化だけで社会改革が実現するという考えに向かう傾向があると指摘している。マルクス主義者はこの運動が物質的条件を無視している「ブルジョア観念論」であると批判している。[12]あるいは、女性に責任があって、敵は女性自身であるとの議論につながりかねないリスクがあったともいう。

また、女性は、「感情（フィーリング）」から出発すべきだという主張も、理性による説得と同様、男女間の権力関係を無視している。思想は社会的に構成されたものであるが、感情はそうでない、という誤った前提に立っている。しかも日常ということで、個人的生活に焦点があたり、集団性を見失い、さらには政治活動からの後退の危険もある。アメリカの運動[13]についていえば、小さい集団で行うのでパーソナルな接触感が重要となる。アメリカの実践は、三〜六ヵ月の個人的経験を精査(アーティキュレート)し、ついでフェミニストのタームのその経験を自己分析し、それから読書会やチャイルド・ケア・センターの活動、抗議運動などへ参加する。

集団で行う点は、中国の「訴苦大会」(現在の幸せを確認するため、共産体制以前の苦しい生活を語る集会)、内容においては、毛沢東主義の自己批判、フランス共産党での自己批判、さらに溯るとカトリックの「告白による自省(examen de conscience)」と同様である。(14)

ラディカル・リブの出したコレクティブに関するメモの一節には「コレクティブの同志間は、相互批判と自己批判を日常とすること」とある。関西の一リブ団体は「日常的に武装蜂起する場なのダ」と勇ましい標語を掲げていた。

二　中ピ連とコレクティブ

一九七二年六月一八日、中ピ連(「中絶禁止法に反対し、ピル解禁を要求する女性解放連合」)が結成された。七二年のリブ大会に「厚生省はピルを解禁せよ」のパンフレットをもって登場したのである。中心人物は、榎(えのき)美佐子で、薬学科の出身、宝塚の男装の麗人のごとく容姿華やかな女性であった。厚生省の前でデモ行進し、マスコミの注目を集めた。一〇月には、ミス・インターナショナル・コンテスト会場に「ミスコン粉砕!」のプラカードをもって突入し、「女の商品化は許さない」と抗議した。七四年八月には「女を泣き寝入りさせない会」を誕生させた。

一九七七年の参議院選挙に女性党を結成、全額選挙資金につぎ込んだが惨敗し、中ピ連を解散した。以

榎美佐子

後、榎の消息はとだえた。「政界の実力者のスキャンダルを種に恐喝まがいのふるまいをし、資金あつめをした結果、強力な圧力が加わり、解散させられたという噂」もある。[15]

一九七二年八月には、「東京こむうぬ」が誕生した。二〇代初めの女性たちの「実験」であった。[16] 共同保育所を設立し、子どもの共有化と子どもにとっての一人の母の矛盾を解決するものとされた。焼鳥屋を経営し、「闘争も自立も子育てもやりたい、全体性をもってやりたい」と威勢のよい態度を示したが、地域の人々と関係を結べなかった。近隣の人々のまなざしは「得体のしれないもの」というものであった。

さて、「リブは個人史から始まる」といい、「個人的なことは政治的である（Personal is political）」を信条とした。「リブの革命戦略は一夫一婦制の解体である。それは〈性の解放〉と〈『家』からの解放〉の接点であった」ともいう。[17]「感情表現の正当性の主張」[18]でもあった。

田中美津は次のように述べる。「リブをやり始めてすぐの頃、マスコミから取材されて年を聞かれ、私は思わず、二十七だなんていったならば、オールドミスの恨みつらみの運動じゃないかと思われるんじゃ

> ないかと思って……いやそれだけじゃない。少しでも若く見られたかったのも事実ね。それで、思わず『二十六です』って。でも一歳でもウソはウソ。後から悩みましたよ。これから『年なんて何よ。結婚適齢期？ フン！』って、女を年齢で差別する社会に叛旗をひるがえそうとしてるのに、一つでも若く見られたいなんて、『私って情けない』って心底思いました。」そして、「運動って、無理ダと思いつつ、純粋な理念の生活を生きること」とも述べている。[19]

田中美津

リブには、生真面目さ、それも息苦しい程の生真面目さがある。アメリカのリブはピューリタンの流れをくむと指摘されているが、それはまたアメリカの公民権運動、さらには世界の（後期）ニューレフト運動全体に見られる特徴である。*それは個人的なことを政治化したことの帰結でもあった。田中美津が、歳を一歳ごまかしたことをいつまでも気にしていたことに象徴されるように、常に「リブ」をしていなければならない。男性に媚びるような態度を見せてはならない、自らの思いや行動を常に自ら監視していなければならない、という緊張感がある。ここには、日本の前期新左翼の（男性）指導者がしばしば示したいい加減さ、享楽性は見られない。米津が「性急な倫理主義」と呼んだものである。

ウェルハンも、「個人的なことは政治的なことである」というスローガンが個人的生活を政治化し、性的関係を「監視（ポリシング）」することから、プライベートな生活への「侵略（インベージョン）」となる危険を指摘している。個人的欲求の表現と政治的闘争の場としてのセクシュアリティの間で「性」が緊張にさらされるのであり、女性たちの生活がフェミニスト運動の重荷となるのである。

＊アメリカの例であるが、ドウォーキンは自由奔放そうにみえながら極めて生真面目さをみせた。作家になろうと生活を律することを自己訓練であったという[20]*。

それは、性的アイデンティティは、社会的に構成されたものであり、放棄すべき（できる）ものであるという主張となって現れる。[21] フェミニストは大部分、フーコーの議論を受け入れた。米国でこの反省をフェミニズムに持ち込んだのは、ナオミ・ウルフ『美の陰謀』（本来は『美の神話』とでも訳すタイトル）である。[22] ベティ・フリーダンのいう「女らしさの神話」を克服した女性たちは、今や「美しさの神話」「容姿による差別」に自ら搦め取られている、という。痩せてスタイルを良くするための節食障害・拒食症、過度なスキンケア、美容整形がその代表的な表現である。そして産業界にとっては、「性の商品化」の一層の進展であった。アメリカでの「美の神話」は、皮肉にも女性解放運動の成果と並行して、一九七〇年代と八〇年代に登場した。この現象は、日本では八〇年代のバブルの時代に顕在化した。この「美の神話」は、競争心、恨み、敵意を心の中に深く染みこみ、女同士を敵対させる。それはまさにフェミニズムの敵なのである。[23]

さて、リブにとってのプライバシー侵害の問題に戻ろう。これは全共闘の自己批判がナルシシズムに向かう傾向をもち、私生活化へ向かったと同一の軌跡である。全共闘の一部が、連合赤軍のような壮絶な内部破壊へ向かったことは、よく知られている。リブはこうした軌跡は辿らなかった。

コレクティブの重たさ

ところで後年、田中は、当時を回想して、今は「『若く見られたい』私と、『結婚適齢期なんてフン！』の私。その両方の私が大事。なぜならその両方で『ここにいる女』の私だから」と思い直している。[24] そしてその経験を敷衍して、「未だに『自立した女、かく生きるべし』の呪縛から、タテマエからフェミニストの多くは解かれていないのではないか」[25]と述べている。ただ田中は（自分だけでなくリブセンターの面々も）、リブ運動にかかわっていた時期からすでに「自分自身を笑い飛ばす諧謔性」をもっていたと自負もしている。しかし、自らもコレクティブを運営した経験をもつリブの一人は、諧謔性は（強い個性をもつ）田中にしかなかったのではないかと疑問を呈している。[26]

事実、田中は次のようにも書いている。「大抵の人は、グループに入ることでべたっと仲良しになっちゃう。そうなると、［自分を］表現する必要がなくなっていって、代わりに私の言葉を信奉するようになるんよ。……［私がそれに］怒れば怒るほど彼女たちはますます自信がなくなっていくし、私はこのことに罪悪感を感じて」しまった、という。[27]

また、米津知子はリブ新宿センターを回想して次のように言う。「［田中美津は］一番言葉に出すのがうまくって、ものすごく洞察力に優れていて戦略家だったので、彼女にいろいろなことを委ねてしまう。……美津さんが何を言うか、美津さんの言葉とか指示を待つようになってしまって」というのである。[28]

また、田中は、「セクハラが社会的正義になるのはいいことだけれど、男にもてたいとか、若く見られたいとか、プリプリしたお尻が欲しいと思っている私も私として肯定するということができなければ、リブもフェミニズムも女性たちに抑圧的に働くと私は思います。それに毅然とした女、正しい女ばかりの運動じゃ、フェミニズムはドンドンまずそうなものになっていく」[29]ともいう。

コレクティブの重苦しさについて、西村の「初めの頃のさらけ出せる（楽しいと言っていた）関係がずーっと持続するっていうのは、むずかしいのかしら」という質問に対し、米津知子は「それは無理ね。……自分で知らなかった自分を見ちゃったらとても衝撃を受けるから、ちょっと休みたくなるのよ。それを受け止めて自分の中で整理・整頓する時間が必要でしょ。……そういう場所はなくて、朝から晩まで一緒に暮らしてそれをやってるわけだから、疲れるのは当たり前よね」と答えている。[30]

それに加えて、全共闘から引き継いだ加害者責任、加担の責任という発想が、息苦しさを一層強める。

ベトナム反戦の中から生まれてきた論理と感情を共有しているのである。この全共闘の「自己批判」「自己否定」に通ずる、自分の中にあるブルジョア性への絶え間ない摘発は、息が詰まるものであった。

西村光子は、「ほとんどの新左翼諸党派が連合赤軍と違うことの論証にやっきになっていた頃、『自分も同じ』と「リブが」言い切ったことの意味は大きい」と指摘する。[31] 田中美津自身、「連合赤軍とリブは新左翼の鬼っ子」と述べたし、メキシコから帰ったのち、田中は、連合赤軍のリーダー「永田洋子(ひろこ)は私だ」と語るようになった。「新左翼運動の中で男に評価してもらおう、男並みの活動家として認められようとして、……男性と対等の活動家になるために必死にあがいた自分の記憶は苦々しいものであったに違いない[32]」という。「高群に代表される母性イデオロギー、言い換えれば共同体フェミニズムは、日本のフェミニズムに根強い伝統としてつづいている。七〇年代リブが生んだコレクティブの中にも、共同体志向をもったものが数多く見られた。その一つ「東京こむうぬ」は、英語の「コミューン」と日本語の「子産む」とを意図的にかけたものであり、女と子どもと、そのつれあいの男から成る、「子産み・子育て」の共同体を、その当初からめざしていた。[33]」

ちなみに、アメリカの「個人主義的なフェミニズムは、その論理的な極限に、レズビアン分離主義を生んだ。……この分離主義は思想的にも実践的にもフェミニズムの重要な一翼を占めており、しかもフェミニストの中では、彼女らが政治的には、もっともラディカルで活発である。日本にもレズビアン・フェミニストはいるが、例外的な少数」であった。[34]

さて、一九七六年に、学生運動、反戦運動を経験してきた西村光子(当時東京都大田区役所勤務)が、田中の著書『いのちの女たちへ』に刺激を受け、自ら中心となって「たつのこ共同保育所」を設立、コレクティブを目指した。[35] 森崎和江が『第三の性』で描いた炭鉱の主婦たちが作り上げた「集団内にあふれているエロス」に共感して、「「たつのこ共同保育所」では、とにかくよくしゃべった。夕方仕事から帰ってきて、へたへたと保育所に座り込み、その日のできごとをしゃべる。月の何回かは夕食を一緒にして、またしばしば九畳の板の間にびっしり布団を敷いて子供を傍らに寝かしながら、泊まり込みで話し合った」「駅前の空き地で催すバザーは毎回お祭り騒ぎだった」「共同のオムツや子供の事故をめぐって、あるいは住み込みの家族の負担などさまざまな言い争いはあったが、それらを含めて、そこには「集団的エロス」が確かにあったと思う。私は、共同保育が——このエロスが——社会を、そして家族のかたちを変えると信じていたが、子どもが育っていくと、仲間はみな自分でみつけた次の活動場所に移り、「たつのこ」は次の世代にゆだねられた。「たつのこ」は共同保育所であって、生活共同体［コレクティブ］ではなかった」。[36] この分離主義は思想的にも実践的にもフェミニズムの重要な一翼を占めており、しかもフェミニストの中では、彼女らが政治的には、もっともラディカルで活発である。[37] コレクティブは五年ほどが限界であった。[38]

三　優生保護法改正反対運動

一九七二年には、優生保護法改正反対運動が始まる。戦後日本では、優性保護法が実質的に妊娠中絶を合法化してきた（もっとも刑法上は、中絶は堕胎罪として犯罪とみなされる）。生長の家が「年間三〇〇万の中絶は人殺しである」とキャンペーンをはり、優生保護法改廃期成同盟を結成し、自らが推す国会議員を動かして成立させようとした。『リブニュース第九号』（一九七四年三月二四日号）は、生長の家を特集して、これに対抗しようとした。そもそも法案は、一九七〇年四月に国会上程されたが、このときは審議は進まず審議未了で廃案となった。それが七二年四月に再度上程され、リブによる反対運動が開始されたのである。「産む産まないは女（わたし）が決める」とのスローガンのもとにである。[39] 五月二三日、国会上程に合わせて反対運動を行ったが、このときは、盛り上がりに欠けた。リブは経済的理由によって子どもをおろしてもいいという条項の削除を求めた（この条項は、もともと敗戦後の貧困の中で出産が爆発的に増えていることに対処するためであった）。生長の家は、野放しの中絶は性の乱れをもたらし、結婚制度やひいては国家の基盤を揺るがしかねないとして反対した。また逆に、出生前診断ができるようになったため、胎児が精神または身体の障害を持つ場合は中絶承認すべきであり、産まないように指導、それでも生むなら母親の責任であると主張した。

リブの反対運動は、「産む産まないは女が決める」というもので、米津知子は「中絶禁止法とは、「家」秩序の要である女を、妻らしさ女らしさへと再編……ひいては天皇制イデオロギーのその亡霊を甦らせる企みに他ならない。「家」それは諸悪の根源」であると論陣を張った。[40]

改正反対をめぐって、障害者団体とリブ運動の間で衝突が起こった。障害者団体の目からみれば、リブは「子どもは自分のものとする母性」であると批判し、障害をもつ子どもは中絶してよいのかとの主張からである。リブ運動は、障害者の主張を入れて「産むことの価値を肯定する方向に主張を展開」した。[41] 田中美津は「中絶天国は安い中高年主婦パートのかり出し政策」「中絶は子殺しの別称である」「女が堕胎の回数を増やすことは、ジャマ者、弱い者切り捨ての生産性の論理を我が身に移すことになる」「男社会の生産性の論理」であると主張した。[42]

一九七三年三月一四日、リブ新宿センターの呼びかけで、優生保護法改悪阻止実行委員会が結成され、侵略＝差別と闘うアジア婦人会議、婦人民主クラブなど二〇団体が参加した。そして、瞬く間に、全国に阻止運動が広がった。三月二九日、千駄ヶ谷区民会館で「優生保護法改悪阻止第一回東京集会」を開催し、その後デモに移った。「立錐の余地のないほど集まった女たちの熱気むんむん」であった。[43] 吉武輝子によれば、「産むことの［女の］自己決定権」がはっきりと女性の口から表明された最初であった。[44]

身障者グループ「青い芝の会」は、この自己決定権に猛烈な抗議を行ったため、「安心して産み育てる社会を！」に変更した。これは「女の問題よりも、身障者のほうが優先されるとする差別問題序列主義に女たちを縛り付けることに」なった。[45]

六月三〇日から七月一日、「優性保護法改悪を阻止する全国集会」に延べ一二〇〇人が参加した。「障害者の自立と解放」とのテーマ別討論集会では、「障害者グループが熱気あふれる論争を展開」、健常者の発言は少なかった。「孕んだら産めというのか」と「障害者を殺す気か」とが真っ向から対立したのである。[46]

のち一九八二年、宗教団体が後押しする議員によって、再度、改正案が上程された。一〇代の青少年の性の乱れを絶つためというのが、彼らの主張であった。改悪阻止連合の学生阻止連のメンバーが、厚生省の敷地内にテントを張り、ハンガーストライキを決行した。

やがて一九七六年六月一八日、優生保護法一部改正案（「母体保護法」に改称）が抜き打ちで参議院本会議で可決、成立して、リブの反対は結局成果を生まなかった。

四　刑法改悪反対運動とその後

続いてリブが取り組んだのは、刑法改悪反対運動であった[47]。法制審議会で刑法改正が審議され、反公害運動の処罰、（内部告発者に対する）企業秘密漏洩罪、（公害反対運動に対して）騒擾予備罪、準恐喝罪などの新設が盛り込まれていた。一九七四年五月一一日には、「刑法改悪に反対する婦人会議」が結成された。

反対運動は、優生保護法反対運動の中から生まれたもので、樋口恵子らがイニシアティブをとった。五月二九日に、法制審議会が「刑法改正草案」を提出した。反対派は、法務省に抗議の座り込みをし、決議文を提出しようとしたが機動隊に阻止された。

そこで一一月三〇日、九段会館で婦人会議主催の「刑法改悪阻止をやっちゃうフェスティバル」が行われた。ミュージカル仕立ての寸劇で、田中美津が脚本を書いた。これが、新聞に大きく取り上げられ、世論の喚起に成功した。それもあって、法案は日の目を見ることなく、廃案とされた。この運動は、「戦争への道を許さない女たちの連絡会」に引き継がれることになった。

他方、「中年リブ」*が「国際婦人年をきっかけとして行動を起こす女たちの会」（後述）として一九七五年一月一三日発足した（この会は、市川房枝を中心として全国組織をもつ五〇の婦人団体を結集した「国際婦人年の決議を実現するための連絡会」に加入を申し込んだが、「組織の形態が違う」と断られた[48]）。のち一九八五年に「行動を起こす女たちの会」に改称し、一九九六年解散した[49]。この組織は、社会党参議院議員、田中寿美子からの働きかけもあって生まれたもので、吉武輝子（一九三一年生まれ）らが中心となった。「ラディカルなリブ運動にはなんとなくソッポを向いていた、だがどこかで居場所を求めていた女たち」の組織である。個人参加の平場システムを原則とする、代表を置かないとの方針を立てた。

吉武輝子

*「中年リブ」というのは、社会党参議院議員の田中寿美子の呼びかけで、若い女性中心のリブに居心地の悪さを感じていた女性たちが、国際婦人年を前に組織したものである。

国際婦人の年、一一月五日に政府主催の「国際婦人年記念日本婦人問題会議」が開催され、天皇の臨席に反発する会員が、「天皇皇后出席「婦人年行事」反対実行委員会」を結成しデモを行った。日本の参加者は、メキシコ会議でアジアの発展途上国の女性からバナナと呼ばれ、アジアの国の人々を差別し経済的侵略していることを指摘されて、一九七七年三月一日、「アジアの女たちの会」を本格的にスタートさせた。

彼女たちは、それ以前（一九七四年八月）から、「キーセン観光問題」「入国管理法」「在日朝鮮人差別」「韓国政治犯釈放」などの運動に取り組んできた。また、ハウス食品のコマーシャル「私作る人、僕食べる人」に対し、「行動を起こす女たちの会」が抗議して、一躍マスコミの注目を集めた。学校では、給食当番を男子が「僕食べる人」といって逃げるようにさえなった。[50]国際婦人大会第一回目のメキシコ大会で、女性差別撤廃のためには、マスメディア戦略の重要性が指摘され、「世界行動計画」に明記されたことを受けて、日本のフェミニストたちは、このコマーシャルに対して立ち上がったのである。すなわち、吉武輝子が、メキシコ大会のあと、九月一三日の定例会で「マスメディアに対する行動」を提起し、議論百出の中で、ハウス食品のCMを運動の標的とすることに決定した。学校給食への影響の大きさを考えてのことでもあった。一九七五年一〇月一日づけ朝日新聞で「『差別CM』とリブが抗議」と報道された。しかし、朝日の「素粒子」は同日の夕刊で「『言葉狩り』が『魔女狩り』などに至らぬよう願い上げ奉り申し候」と揶揄した。

他方、一九七六年七月一六日、司法研修所教官たちによる女性差別発言に対し、「女の人権を無視する司法界を糾弾する会」が結成され、座り込み、シュプレヒコールなど抗議行動が展開された。これには、日弁連の「女性の権利委員会」も共闘した。ついで、「差別裁判官訴追実行委員会」が結成され、国会に対し訴追請求がなされた。

一九七七年一一月八日、裁判官訴追委員会は、「罷免の訴追をしない」と決定した。しかし、裁判官の発言は、「甚だ穏当に欠く」と批判した。

その他、「教育分科会」が家庭科の男女共修運動を行い、のち一九九〇年には「さようなら～ボーイファースト～男女別出席簿を考える」というパンフレットを出版し、評判になった。

五　男女雇用機会均等法に反対して

一九七八年、「行動を起こす女たちの会」の労働分科会は、賃金差別と仕事差別に対して裁判を始めた鉄鋼連盟の女性たち七人の「平等法がほしい」という声を受け止めた。同会全体が動くことになった。女性一〇年の行動計画への政府の取り組みの消極性に苛立ってである。各国の平等法を取り寄せ、翻訳した。毎週木曜日の夜、労働分科会のメンバーが交代で「働く女性の相談室」を開いていたが、相談室に持ち込まれた具体的なケースが大きく役立った(51)。

一九七八年九月四日に婦選会館での「行動を起こす女たちの会」定例会は、「いま世界の解放は——私たちの手で男女雇用平等法を作ろう」をテーマに開催し、二〇〇人近い参加者が集まった。中島通子は「私たちの男女雇用機会平等法をつくる会」準備会発足を呼びかけ、九月二五日に第一回の準備会がもたれた。翌七九年一月二〇日に山手教会で、発足大集会が開催され、吉武らが宣言文を作成、朗読した。ちなみに七七年参院選で吉武は全国区に無所属候補で出馬したが、落選に終わった。

以上の背景の下に、一九七八年労働大臣の私的諮問機関の報告書に「差別を禁止する法律制定」が書き込まれた。

一方、母性保護法だけに固執する団体と、男なみの平等を主張するグループとの間に亀裂が入った。「平等法をつくる会」は、男女平等問題専門家会議の「機会の平等」の主張に反発した。八三年九月、日経連など財界の平等法制定に反対する声明を準備中の記事に怒り、「つくる会」のメンバーが抗議運動を行った。成立した「男女雇用均等法」には強い批判を浴びせた。

一九八〇年の自民党圧勝とそれに続く「反動政策」に「女たちの会」は強い危機感と焦燥感を抱いた。元号法制化、靖国法案、有事立法、奥野誠亮法相「自主憲法論」、自民党内に憲法調査会再開などの一連の動きにである。そこで、一二月七日、「戦争への道を許さない女たちの会」が超党派、個人参加でひらかれた。予想を超えて一五〇〇人が参加し、一三〇〇人がデモを行った。その機会に、もろさわようこ、土井たか子、澤地久枝らが講演を行った。「戦争への道を許さない女たちの集い」は、一九九三年、九五年、九七年の三回にわたって、「憲法改悪を許さない女たちの集い」を有楽町マリオンで開催した。しかし、会員の老齢化がとみに進んだことは否定できない。

二〇〇一年、テロ特措法に反対して無所属の元衆議院議員、川田悦子が座り込みを三日間実施した。「その後をわたくしが引き継いだ。「座っている人間が一人いれば良いではないか」「民主主義は一人から始まる」との戦後の感動を蘇らせ、「一人でも座り込みをする」という決意のもとに「この指止まれ」と出した指に、「戦争への道を許さない女たちの連絡会」の女たちがどっと止まってくれた。気がついたら延べ三〇〇人近い女たちが、座り込みに参加していた。土井たか子や福島瑞穂が折りにふれて国会の動きを報告してくれ、その都度ミニ集会が開かれた。……しかし、新聞もテレビも一度たりとも、報道しようとはしなかった。」「「憲法を愛する女性ネット」「女性九条の会」「男女平等を憲法から消すな！　STOP！　憲法二十四条改悪キャンペーン」「女性の安全と健康のための支援救援センター」等、新

土井たか子

しい会が次々に誕生している。［私、吉武は］その会にも参加しながら「戦争への道を許さない女たちの連絡会」の篝火を燃やしつづけている。次の世代に無傷で平和憲法を手渡したいとの祈りを込めて。」[52]

秋山洋子によれば、「［リブは］組織ではなくて、運動体。……こういう運動論は、リブよりも五年ほど早く始まったべ平連がいってたこと」「学生運動でも、さまざまなセクトがが乱立して争っていたけれど、全共闘の中にはそれを超えようという発想のノンセクト・ラジカルと自称する人たちがいました。それとリブとはどこかでつながっている気がしますが[53]」という。

六　男性的なるものとDV

本章の最後にリブとリブから生まれたフェミニズム女性学において、男性的なるもの、「男性性」がいかなるものとして捉えられたかを見ておこう。一言でいえば、男性性は、暴力性、とくに女性に対する暴力として、捉えられた。

古来、共和制においては、男性は政治参加としての「自由」をもつものとされた。すなわち、この積極的「自由」は、国家の栄光を支えるものであった。ヴィルトゥ（virtu「徳性」）というより「勇敢・勇気」と訳すべきもので、そもそも「男らしい（manly）」は男を意味するvirに由来していた[54]。「軍事技術と市民精神citizenshipは密接に結びついていた。……強い集団的規律と高い個人的技量の双方が必要だった[55]」のである。「戦う能力のある者には、投票する資格がある」「市民であることの資格条件は兵役」ということである。

そして、男らしさにとって、「他者に対して「優越的立場、支配的立場に立つ」ことは、〈男らしさ〉の重要な要素だ。つまり、どこかで、自分の「優越性」「支配性」を確認しないと安定しないのである」。言い換えると、暴力という「強さ」の表現であり、感情表現は、女々しさの表れとされた。男がもつ感情の唯一の例外は、怒りであり、「男性に許されている唯一の感情表現は怒ることだけだ」というわけである。家庭内暴力・DVはその表現として、心理的に正当化される。「ジェンダーの縛りの強い社会において、「女性に負ける」ことは、男性のアイデンティティそのものを危機に陥れる」[56]というのである。家庭内暴力・DVには、「自分を愛しているなら、これくらいのことは受け止めてほしい」という男性側の勝手な甘えが潜んでいるのである。それがまた、子育てが終わった妻が働きに出ることを拒否することにつながる。「俺の稼ぎで食えないのか」というわけである。所有物だと思っている妻を管理しておきたいのである。

アメリカの研究は、男性による犯罪は、男らしさを達成する社会的実践であることを明らかにしている。はみ出すことで、自分のある種の優越性、かっこいいスタイルを自他に示すのである。シェア・ハイト『ハイト・リポート』(中央公論社、一九八二年)も同様の結果を示している。男性がペニスの大きさや、持続時間の長さや、性関係をもった女性の数などで、性的能力にこだわり、「女をリードしなきゃいけない」と思い込んでいるというのである。

それは、集団的逸脱行為にも現れる。仲間から「弱虫」と思われたくないというのが、男らしさの規範であり、それが暴力化を生む。

日本では、そうした性癖が、少年の凶悪犯罪の続発として現れたとされる。一九九七年の神戸の酒鬼薔薇事件、一九九八年の栃木県黒磯市の中学校での女性教師刺殺事件、二〇〇〇年五月の愛知県豊川市の主婦殺人事件（「人を殺してみたかった」）、同月の佐賀のバスジャック事件、翌六月の金属バットによる母親と友人への殺傷事件等々、である。これらは、ふつうの子が単独で行ったものである。その背後に、アニメ、漫画における暴力性、攻撃性、相手の徹底的な打倒などの少年文化がある。メディアのジェンダー・イメージは、「過剰な男らしさ」を表現し、「強くあれ」という過剰な「〈男らしさ〉」を要求する声と、実際はひ弱な存在でしかない自分、このジレンマが、自らの弱さを押し隠し、自らの「強さ」や「支配する力」をやみくもに確認すべく、男の子たちを過剰な「暴力」へと導いたのである。メディアが、「父親不在」の中で実質的な「育ての親」になったともいえる。

女性学は、DVの背後に、以上のような男性性の特質を見、それを告発したのである。これもリブの遺産の一つである。

七　リブ後一九九〇年代以降の女性学

女性学は、アカデミズムに一定の基盤を築いて、着々と成果を上げてきた（もっともフェミニスト学者は、「一般の女性」からは、「勉強しなくては」とせまられるようで、「こわい」存在とおもわれる事態は変わらないが）。女性政治家、企業の女性管理職・役員、専門職、芸術家の女性は着実に増えている。あるいは国際的舞台でのスポーツにおける女性の活躍もめざましい。他方で、近年のフェミニズム運動は「衰退」しているが、左翼ラディカリズムの衰退と軌を一にし、ネオリベラル、グローバリズム全盛の中で、これに対抗すべき勢力全体の衰退の一環、あるいは最後の砦となってしまっている。さらに言えば、第一波フェミニズムが最後の社会民主主義革命であったとすると、第二波フェミニズムは最初の（マイノリティによる）ポストモダン運動であった。[57]両者を総体としてみると、女性解放運動、女性の権利運動は、最後の社会民主主義革命とポストモダン運動とを含むものであった。それがネオリベラリズムの潮流に押し流されてしまった感がある。

かくして「私［上野千鶴子］たちの世代には、すくなくとも女はまとめて差別されているという被差別者としての集団的なアイデンティティをつくれるだけの社会経済的な根拠がありました。だが、いまはそれが勝ち組と負け組に分解してしまいました。……若い女たちはネオリベ的なエートスが内面化されてしまったのである。[58]かくて、「フェミニズムはもう古い」「フェミニズムは終わった」という事態となった。女性の保守化が進行し、抑圧や支配の「痛み」をもう感じない女性が増えた。[59]

そして、一九九〇年代以降、女性としての活躍をつうじて夢を追うのでなく、「働かずに早く結婚して専業主婦になりたい」女性が増えた。若い男性の間にも、妻に専業主婦を望むものが増えたという。[60]その背景には、労働条件の悪化と就職も困難になったことが挙げられる。ところが男性の給与や職の安定もなくなったので、一生を託せる夫が見つけられず、非婚が増える結果となった。これが少子化につながり、急速な出生率の低下を生んでいるのである。

これに対処するために、第二次安倍内閣では、アベノミクスの「三本の矢」を掲げた際、第三の矢として「成長戦略」を挙げ、その中に「女性の輝く社会」を書き込んだ。その成果は今後を待つしかない。

八　女性学の展開——エコロジカル・フェミニズムの登場

　ここで女性学の展開を一瞥しておこう。一九八〇年代半ばまでは、性役割研究、とくに主婦研究が中心的課題を占めていた。「家事労働」「家父長制」などをキーワードとして、「大きい政治」ではなく、家庭という場での「小さい政治」における権力関係を軸としてである。日本の女性学の主流は、リブが男女関係というミクロな話題とともにベトナム戦争反対のようなマクロな政治争点を掲げていたのとは対照的である。

　一九八〇年代前期、「一〇代の後半から二〇代前半の女性の意識は性以外の領域においては驚くほど『保守的』であり」、七〇年代前半のリブ運動は何の痕跡も残していないといわれる中で、[61]エコロジカル・フェミニズムが登場した。その代表的論者が青木やよひであり、『フェミニズムの宇宙（シリーズ「プラグを抜く」3）』（新評論社、一九八三年）、『マルサスの影と現代文明——女性の立場からみた人口問題』、『女性・その性の神話』（オリジン出版センター、一九八二年）、『性差の文化・比較論の試み』（金子書房、一九八二年）、『フェミニズムとエコロジー』（新評論社、一九八六年）などが主要著作であった。これに上野千鶴子が批判を加えて論争が一九八五年を中心に展開された。

　青木の主張は、食品安全運動などエコロジー運動に参加している多くの女性たちが、青木のように理論化はしていないが、直感的にもっていた認識を可視化したものである。[62]ここには、フェミニスト運動とフェミニスト論との齟齬が見られる。青木は安保闘争に参加し、次いでベトナム反戦運動に参加、さらにはリブ運動にも関与した「活動家」としての経歴をもつ[63]。リブ運動から切れたところから出発したフェミニスト理論家とは、異なる感性をもつのも当然といえる。しかし相互の誤解もあって、実りある論争にはならなかった。エコロジーの危険についての指摘だけに終始し、エコロジーの危機に対しては何の結論もでないまま終焉した。

しかも、論争では青木が提起した第三世界の搾取の問題は論じられなかった。上野らのフェミニストが国家論に弱い結果でもあった。青木は、「女性問題のみが本質的であると主張するつもりはない。さし迫った人類の危機を前にして……女性問題の論理化が一つのキー・ワードとして役立つと信じるだけである」と述べ、女性の発言が「能率一辺倒の産業主義的価値観や開発の名による地球大の環境破壊や、さらには増大する核の脅威などに対するアンチ・テーゼとなりえた」のであり、「地球規模の自然破壊や核状況……南北問題と切り離しては、性差別もまた根元的な解決にいたりえない」と主張した[64]。「大きい政治」への強い関心が表明されているのである。アカデミック・フェミニストが小さい政治により強い関心をもったのとは次元が異なった。しかし、いったん国家を無視し、グローバルな問題を無視して、家族内搾取とそれを支える市場と文化（社会）的抑圧（女、子どもの問題）に関心を集中したことで、「見えてきたもの」こそが家族内抑圧であった。そして、それを介して、国家の暴力の分析に回帰し、軍隊と国家に埋め込まれたジェンダー・バイアスを通じて、国家の本質へ迫っていったのである。

青木やよひ

エコロジカル・フェミニズム批判の要点はつぎのように整理できる。[65]

①その反近代主義批判――非近代、非西洋の理想化、かつ女性原理そのものが近代の所産であるとの認識。自然主義という反近代主義も近代主義の産物。エコロジー運動の起源はナチズムにある、日本の自然主義的保守主義も同様、

②母性主義批判――男性が求める母性に適合、国家イデオロギーに吸収される危険、かつ保身性に向かう危険。エコロジー運動は母性主義を利用してきた。「子どものために」という形でである。

しかし、「エコ・ライフ」は、手作り、田舎暮らしを理想とした。「これらは時間と手間がかかる上に、多くは女性に分担されやすい[66]」。リブが「男になりたがっている」と批判されたこともあって、反動として、女性性を尊重、強調した。「女性原理」派フェミニストとも名付けられた。[67]「女らしさ」の肯定的再評価、「女らしさ」への回帰であった。男性がもともと評価していた女性性、母性的受容性、女性的感受性の再評価であり、家族、私的領域の回帰でもあった。

そして、エコロジカル・フェミニズムは、「女が世界を救う」と主張し、男性主導型文化の行き詰まりを指摘した。この議論は、女性政治家のキャンペーン戦略によって、もっとも頻繁に用いられてきたものである。とくに「平和＝女性」は、日本共産党のおはこでもあった。この「差別のない区別（different but equal）」は性差保存論者の議論であり、アンチ・フェミニストにも歓迎された。（アメリカでフェミニストから厳しい批判を受けた）イリイチを日本のフェミニストの一部が受け入れ、「大衆的」ブームにした。フリーダンの『セカンド・ステージ』ブームと並行してである。それはまた、反成長イデオロギー、反産業社会、さらには反合理主義の表現であり、六八年世代の議論の継承、再生ともいえた。

エコロジカル・フェミニズムは「『女性の固有性』を自覚し、『女性固有の論理』によって産業社会を批判し変革していく理論でなければならない……。女性に対する抑圧は、自然に対する破壊や身体の抑圧と同根である」。かくして一九八三年から八五年にかけて、エコロジカル・フェミニズムは、「自然食運動、生協運動等、草の根的な社会運動に従事している女性たち（主に主婦たち）によって広範に支持された」[68]。

エコロジカル・フェミニストは、「前産業社会の共同体の生活こそ解放のイメージとして結晶」させている[69]。江原由美子は、（きわめて問題が多く、アメリカのフェミニストから厳しい批判を受けている）イリイチ『ジェンダー』を無批判に読み、かつベティ・フリーダン『セカンド・ステージ』を誤った読み方をしていると指摘した。フリーダンは、家庭、女のしてきたことの大切さを説いたが（女性原理の復権）、彼女は男女が家庭の仕事を共にすることを前提としていた[70]。

リブ運動の主張は一般に受容されるにしたがって、「女性性を負のままにひきうけるのではなく、［共感とかやさしさといった」その積極的な価値を読み込む方向にいってしまった」[71]と、江原の批判は続く。

さらに、エコロジカル・フェミニズムへの批判として、上野千鶴子『女は世界を救えるか』（一九八六年）が登場した。この時までにマルクス主義フェミニズムが登場し、アカデミズムで優位性を獲得していた。しかし、女性の労働の問題は八〇年代には（一時的にせよ）解決をみた。バブル景気と雇用均等法によってである。しかし、マルクス主義フェミニズムでは、セクシャル・ハラスメントや性暴力、ポルノグラフィの問題は解けない。上野千鶴子の『女遊び』（一九八八年）、『スカートの下の劇場』（一九八九年）はその事実に対応したものである。『セクシーギャルの大研究』（一九八二年）からは、一度断絶して、復活したのである。一九八〇年代に特徴的な女性編集者、女性ブック・デザイナーなどの企画、開発によるヒット作が登場した(72)。、女性による女性市場開発であった。もっとも上野の「遊び本」は、男性を意識した商品で、男性が喜びそうな写真を掲載し、軽さ、遊び、芸能人性を表現し、サービス精神に満ちていた。女性解放は何とフェミニズムを商品化したのである(73)。

エコロジカル・フェミニズムは、リブの「たましい」を継承した最後の女性学であったといえよう。

上野千鶴子

九　性の商品化

一九八〇年代後半には、「フェミニズムはもう古い」「フェミニズムは終わった」といわれるようになった。江原自身ですら、同じことを繰り返すのは「あきあき」と述べた。その背後には、女性の保守化があった。抑圧や支配の「痛み」をもう感じないのである。他方で、八〇年代後半、フェミニストの主流マスメディアへの華々しい登場があった。「九〇年代において……女性が有名になるには、まずフェミニズム領域で（反フェミニズムである場合も含めて）何か書けばよいといわれるまでに」なった(74)。上野千鶴子を代表とする有名人フェミニストが登場した。

彼らは「一方において世間に対して女性代表のような姿勢をとりながら……女性という正当性を利用することで、自己の発言の重要性を世間に承認させつつ、他方においていかなる制約も受けずに、他者や文化や社会に対して個人的感想を述べられる」「好運な条件」を獲得したのである。[75]

江原編の『フェミニズムの主張』(一九九二年)で性の商品化を否定する議論の根拠のなさを指摘した橋爪・瀬地山論文は大きな反響を呼んだ。フェミニストは、売春否定を、かつての(人身売買の禁止に基礎をもつ)廃娼論から問題を広げて、「性の商品化」否定として展開した。たとえ女性の自由意思によるものであっても、「性の商品化」であるから、ポルノグラフィやミス・コンテストなどと同様に否定されるべきだとしたのである。橋爪の指摘するように、売春行為、とくに「トルコ風呂」における性サービスの形態では、女性が必ずしも(狭義の)強制によって売春を行っているとはいえないという状況が生まれた。[76]「性の商品化」という議論は、こうした状況の変化に対応するものである。しかし、なぜ強制されたのではない「性の商品化」が否定されるべきなのかについてフェミニストが説得力ある根拠を提示したとは言いがたい。しかも、この議論は売春行為が売春婦を被害者として見ることでその人権を擁護するという主張ではなく、売春行為が社会に及ぼす影響、すなわち社会規範(「近代的家族像」)を脅威にさらすというかつての廃娼論にあった伝統主義的議論を再現している。

にもかかわらず、移植のための臓器売買、金銭を介した代理出産(あるいは自殺、安楽死)と同様、個人の自由意思があればすべての行為が許されるわけではなく、社会制度的にその是非を論じなければならない問題があり、売春もその一つであるという反論がある。[77] 江原は、「労働力の商品化そのものを否定するのでない限り、性の商品化のみを非難することはできないのではないか」と疑問を呈している。[78]

こうして、性の商品化をめぐっては、保守派とフェミニストが同じ否定的立場に立つというパラドックスが登場した。

また、ミス・コンテスト問題は、一見些細な問題のように見えるが、それが提起している問題の根は深い。感情と規範との関係や性愛の本質にかかわる問題だからであると江原は言う[79]。そもそも、ミス・コンテストは男性が女性を評価するという「男性支配的状況を象徴するもの」であるという理由で、批判の対象とされた。抽象的な男性支配そのものを批判する運動を起こすことは難しいが、ミス・コンテストは具体的なターゲットを提供した。しかし、些末なことに目くじらを立てるというフェミニズムに対する侮蔑、批判を惹起するものであり、リスクが高かった。しかし、一九九〇年までに、これまで主催してきたいくつかの自治体が、ミス・コンテストを中止、あるいは批判の強い水着審査をとりやめた。しかし、やめたことは、お役所の単なる「事勿れ主義」で、評価すべきことなのか、フェミニストはやっかいだ、という認識を強化しただけではないかという疑問は残る。

一〇　一九九〇年代以降の女性の置かれた状況

ここでは、一九九〇年代以降の女性の状況を見よう。一九九〇年六月に、八九年の「人口動態統計」が厚生省から発表され、その結果、合計特殊出生率が一・五七人となり、人口維持に必要な二・一人を大きく下回ったことが明らかになった。マスメディアで大きく取り上げられ、異口同音に強い懸念が表明された。

その背景に、九〇年代以降、「働かずに早く結婚して専業主婦になりたい」女性が増えた。労働条件が悪化し、就職も困難になったからである。男性の給与も職の安定もなくなったので、一生を託せる夫が見つけられず非婚となる女性が増えた。これが少子化につながったのである。

他方で、フェミニズムは、性別役割分業を超えて戦線を拡大した。[80] 一九八〇年代後半から、セクシャル・ハラスメントが注目を浴びるようになった。セクハラ報道のためでもあろう。そして、八九年を境としてセクハラ訴訟件数が増加した。メディアは当初、否定的報道を展開していた。「きれいだね、も禁句なのか」という具合である。

DVとセクハラがある種の突破口になって、フェミニストはそのスキャンダリズムを逆手にとって、戦線を拡大してきた。「きわめてわかりやすい不正義だったからである」。[81]

九〇年代半ばの調査によれば、「今［二〇〇〇年代前半］の三〇代が非婚少子化の先導世代ですが、その親世代が子のパラサイトが可能なインフラの余力をもっています。六〇代の親は不況とリストラが深刻化する前に定年を迎え、退職金をもらった世代です。高度成長の利得を満額回答で享受した最初で最後の世代というわけです。……この人たちがそれだけ太いすねを持っているから、パラサイトが可能なんです」という。[82]

上野によれば、今の二〇代、三〇代は、「ある共通点をもっています。親子関係が非常に密で、親が大きな資源になっています。……親の資源にぶら下がって生きることのトクを、こどもたちもリアリズムでわかっているじゃない。彼らには、それを手放す気は毛頭ないもの。……『結婚するなら親が満足する相手』という気持ちは娘も息子もすごく強いわね。……いざ結婚するとなったら新居の費用やマンションの頭金まで、場合によっては『マンションを買ってくれる』とか、そこまで親がやってくれると読んでいます。親の反対を受けたら、そんな援助はしてもらえないということもわかっているんです。……計算高い。

わたし、今の三〇代女の計算高さがほんとにイヤね」。「［今］四〇代になって結婚が人生の選択肢にないと決まったとたんに、バタバタと田舎の親のもとに帰っていく女たちがいる。[83]」

こうした社会情勢の展開につれて、九〇年代のフェミニズム理論における変化があらわれた。[84] 女性学からジェンダー研究への転換といってもよい。具体的には、①男性学の成立、②男性研究者の参入、③研究関心の多様化――たとえば、障害者会報、（第三世界の）環境問題、④社会構造全体の理論化、に向かう。

そして、一九九〇年前後、地方自治体で「女性政策」が急速に広がった。自治体の女性職員のなかに、「女性政策」に敏感に反応した層が存在していたからである。「国際的な課題であり、政府も［後述する女性差別撤廃条約批准、機会均等法制定、DV法制定などで］一応認めている課題だという『お墨付き』が、これらの活動的な職員たちに与えられ」かつ「草の根の性差別撤廃の運動が、これらの自治体職員と連携」した。[85] 中央、地方の保守派はどうせ「女子どもの問題・動き」でと、「傍観をきめこんだことも、この動きがそれなりの定着を見せた背景にある」。[86]

そして、ブルセラ（女子高校生が制服を売ること）と援助交際の広がりが、一九九二年から始まった。援助交際（援交）[87] については、性の自己決定としての援助交際が論議された。フランスの売春婦による「売春の自由」の要求に影響された面もある。援助交際の全盛期は、一九九六年であるといわれる。援助交際の第一世代は、一九九二年に一五歳であった。援助交際は祭りであるとの指摘もあった。タブー破りというなら、三〇年前なら祭りとしての学園闘争に向かっていた。上野千鶴子は「親の世代がそれをタブー化するからこそそれをや」るのだと指摘した。[88] 九四年秋から翌年にかけてデートクラブが続々摘発された結果、そこで非売春的援交をしていた子たちが、もともと援交の場だったテレクラや伝言ダイヤルに流れ、援交価格の低下につながった。この第二世代は、一九九六年以後に登場し、常習援交となった。第三世代といわれるのは二〇〇一年からである。臨時援交というかたちであり、携帯電話代を払うために行う援助交際の拡散である。日常のつまらなさから、祭りとしての意味ももった。

一方では、パラサイト・シングルがさらに広がった。夫の経済力より親に頼るのである。上野は「結婚先で夫に対する態度が強くなったのも、娘と親の依存関係が強まったから。……いつでも帰れる」と指摘する。(89)

他方、行政による女性問題への進出が顕著になった。八〇年代から九〇年代前半までのフェミニズム講演の聴衆は、圧倒的に専業主婦であり、平日の間に行っていた。「行政が、アフター5の講座をやらなきゃいけないと思い始めたのは、八〇年代の半ば……働く女性が増えて、昼間の講座に人が集まらなくなった。(90)」「非常勤しかなかった多くの女［研究者］たちにとっては、ありがたいアルバイトの口」（上野）で、公民館が税込みで一万五〇〇〇円の規定を作り、ちょっと大きい自治体の講演でも五万から一〇万、何十万という単位になるのは、女の問題が主流化して予算がつき、女性政策担当課ができてからである。社会教育課とか、教育委員会の社会教育主事が「女性の問題も入れましょう」と企画を立てた。上野は「企業の社員研修とかに行く一方で、労組の婦人部の講演とかにも結構いって」と述べている。(91)

「日本では、女性政策推進の時期と経済のバブル期が重なったこともあり、女性政策課が新設されるのと比例して、女性センターが建っていった。」女性関係書籍の出版急増の背後にも同様の事情が存在した。また、大学では女性学の講座が、以前よりは確実に増えていた。この流れのなかで、主導権を握ったのが、学者がリーダーシップをとる行政プロジェクトならびに運動体となっていった。男性学者たちも参入しやすくなっていった。ジェンダーは、「行政主導のプロジェクトで考案され、いわば上からおりてきた概念だった」「この言葉が「カタカナでわかりづらい」からこそ、行政は「安全」だとして使った面もあるだろうし、行政や学者にとっては、この言葉を上から市民に教えるという啓蒙事業でもあった」。

そんな中で、酒井順子の『負け犬の遠吠え』(二〇〇三年)が出版され、話題を呼んだ。同書は、婚姻と性生活が結びついていた時代は終わったというシングル女性からのメッセージをもっていた。酒井は、バブル期を象徴する女性で、まさに「バブル入社組のど真ん中」の存在であった[92]。酒井は「負け犬は都会に集中しているので、ますます集いやすい。これだけ非婚が進んでいる背景には、都会が女性の単身生活にとても優しくなっている点があると思います。特にマンションを購入して、ネコでも飼うようになると、それですべて完結してしまう」と述べる。さらに、「特に私たちの世代は、男性に負けないように勉強も仕事もできないといけないという思いがある一方で、やはり専業主婦的な生き方こそが女の幸せではないかという思いもあって……[93]」「今は、親の面倒を見ないといけないというプレッシャーや将来の不安も多少持ちつつ……」「バブルの時代は、女性側に「結婚なんてしなくていいわ」という意識があったような気がします」「結婚に注目が集まったのは、九〇年代。……三〇代独身女性で、それはバブル期の総決算という気もしています。[94]」バブル崩壊後は、こうした女性たちが、生き生きとしている余地はなくなったのである。

本章では、日本におけるリブの誕生から、その活動、そしてそれを受けた九〇年代の女性学の展開、さらには女性の置かれた現状を論じてきた。そこには、アメリカなどとは異なる全く独自の展開がみられる。

それをどう評価するにしろ議論は迷走し、女性たちは保守化していることは否めない。

(1) 以下、田中に対する北原みどりと上野千鶴子による聞き取りによる。田中（二〇〇九）
(2) 『朝日新聞』（一九七〇）一〇・四
(3) 江原（一九八五b）一〇五頁
(4) 吉武（二〇〇六）一四五頁
(5) 飯島（二〇〇六）一二、一四、一〇五、一〇六、一〇八、一四九頁
(6) 田中（一九七二）二七頁
(7) 吉武（二〇〇六）一二五～六頁
(8) 同右、一二六～八頁
(9) 同右、一三一頁
(10) 以下も同、一二九、一三三、一三四頁。
(11) 以下、西村（二〇〇六）四七、四九、一三八頁
(12) MacKinnon (1987) p. 50
(13) Whelehan (1995) p. 72
(14) Jacque Chapsal, *La vie politique en France de 1940 a 1958*, p. 225
(15) 吉武（二〇〇六）一五二頁
(16) 西村（二〇〇六）第三章
(17) 西村（二〇〇六）一六一頁
(18) 伊田（一九九七）一七頁
(19) 田中（二〇〇九）一〇五頁
(20) 自伝、九七～九九頁
(21) Whelehan (1995) pp. 162, 163, 172
(22) ウルフ（一九九四）
(23) 同右、三五一頁
(24) 田中（二〇〇五）一〇五、一一七頁
(25) 同右、一〇八頁
(26) 西村（二〇〇六）八八頁
(27) 女たちの現在を問う会（一九九六）所収
(28) 西村（二〇〇六）一九六頁に引用
(29) 田中（二〇〇五）二八三頁
(30) 西村（二〇〇六）八六頁
(31) 西村（二〇〇六）七二頁
(32) 江原（一九八五）一一七頁
(33) 上野（一九八六）一二一頁
(34) 同右、一二二頁
(35) 西村（二〇〇六）序章
(36) 同右、二五～八頁
(37) 上野（一九八六）一二二頁
(38) 西村（二〇〇六）二〇五頁
(39) 山根（二〇〇四）。同書は、リベラリズムの中核をなす「権利」の概念が、フェミニズムのそれとどう違うかを、胎児の母親による「所有」をめぐって論じ、

妊娠中絶についてのリベラリズムとフェミニズムの違いを浮き彫りにした、優れた論考である。

(40) 西村（二〇〇六）二〇五、一六二頁
(41) 江原（一九八五）一三〇頁
(42) 西村（二〇〇六）一六九頁に引用
(43) 吉武（二〇〇六）一五〇頁
(44) 同右、一五〇頁
(45) 同右、一五一頁
(46) 西村（二〇〇六）一七〇～一七一頁
(47) 吉武（二〇〇六）第七章、2、3
(48) 同右、六頁
(49) 同右、第八、第九章
(50) 同右、二一〇頁
(51) 吉武（二〇〇六）二二九頁
(52) 同右、二五〇頁
(53) シンポジウム「リブという革命がひらいたもの」二〇〇四年二月二六日（田中（二〇〇五）に収録、二六七頁）
(54) クリック（二〇〇四）四五頁
(55) 同右、四六頁
(56) 伊藤（二〇〇五）二五六頁
(57) 大嶽（二〇〇七）
(58) 上野編（二〇〇×）四一四頁
(59) 江原「フェミニズムを卒業した女たち」江原（一九八八）所収
(60) 小池編（二〇一三）二〇三頁
(61) 江原（一九八五）一〇一頁
(62) 江原『女性解放という思想』一五頁
(63) 青木（一九八六）あとがき
(64) 同、一九〇、一九一、二一五頁
(65) 桜井・江原『フェミニズム論争』所収
(66) 桜井、一四二頁
(67) 上野（一九八六）一一八頁
(68) 江原（一九八五b）五頁
(69) 同、二三頁
(70) 同、八、一六頁
(71) 同、四三頁
(72) 山下（一九九一）一八、四四頁
(73) 森岡正博「誘惑的フェミニズムの誕生——上野千鶴子論」『創文』一九八九年一一月号
(74) 江原（一九九一）五頁
(75) 江原（一九九一）二四～二五頁
(76) 橋爪（一九九二）
(77) 永田（えり子）（一九九一）、江原編（一九九二）二七五頁に引用
(78) 江原編（一九九二）三〇七頁
(79) 江原編（一九九二）二七八～二八一頁
(80) 江原（二〇〇〇）
(81) 上野・小倉（二〇〇二）一五九頁
(82) 上野・信田（二〇〇四）三二頁

(83) 上野・信田（二〇〇四）二五六頁
(84) 江原『フェミニズムのパラドックス』二七頁
(85) 伊藤（二〇〇三）七九頁
(86) 同右、八〇頁
(87) 宮台真司「バックラッシュとは何か」上野千鶴子他『バックラッシュ』双風社（二〇〇六）、中西（二〇〇六）一四四頁
(88) 上野・信田（二〇〇四）一一六頁
(89) 上野・小倉（二〇〇二）二〇七頁
(90) 同右、一〇一頁
(91) 同右、一一六頁
(92) 斉藤・酒井（二〇〇六）九六頁
(93) 同右、四七、五一、七一頁
(94) 同右、四三頁

III

ネオリベラリズムとポピュリズムの時代の日本の女性政策

第6章　男女雇用機会均等法から男女共同参画社会基本法へ

本章では、一九七〇年代後半以降の日本政治におけるフェミニズムの展開を、男女雇用機会均等法と男女共同参画社会基本法という二つの立法過程と、そしてその後に続くバブルの時代における、フェミニストの期待を裏切るような若い女性たちの享楽的態度の蔓延に焦点を当てて、検討してみたい。

一　日本における女性学の誕生とフェミニズムの社会的背景

日本の女性学（フェミニズム研究）は、一九七〇年代末、アメリカから輸入されたものである。言い換えると、「日本の第二波フェミニズムの運動（ウーマン・リブ運動）から直接生まれたものではなく、……アメリカの女性学運動から影響を受けた結果であった[1]」。その意味では、フェミニズム運動から相対的に自律していた。そして、八〇年代半ばまでは性的役割分担研究（とくに「主婦研究」）をその中心課題に据えていた。「家事労働」「家父長制」などをキーワードにしていたのである。

江原由美子はその後のフェミニズム研究は、「あの［リブが招いた世間の嘲笑］のようなあざけりを招かないように、かなり慎重に、フェミニズム思想が本質的に持つスキャンダラスな側面を隠してきた。フェミニズム論を、女性の社会進出や家事労働の分担化の問題に提起することで、「アカデミズムの世界での」社会思想としての正当性確立をねらったのである」と記している。(2)

日本では、フェミニズムという言葉は一九八〇年代初期から使われはじめた(九〇年代に入るとジェンダーという言葉が使われはじめる)。そもそも、当初フェミニストという言葉は、アカデミックな女性学を意味するものとして使われた。リブの側では、運動を避けている、運動から距離をとっているフェミニストを蔑視する傾向があった。リブ運動をしてきた女性たちには、女性学という学問から入って行くフェミニストを嫌う人もいたということである。自分の問題、自身のまわりの現実から疑問や問題提起をしていったリブの女たちは、女性学という学問としての知識や理論から入っていく人たちに、違和感を覚えたのだろう。また男の理論を借りて、男の言葉で語られる方法に異議を唱えた人もいた。そして一方、自称フェミニストや、女性学の研究者たちの中には、リブの運動をしてきた人と自分たちは違うと、一線を画す言動さえみせる人もいた。(3)

こうして、一九八〇年代はフェミニズム論争の時代となり、アカデミズムを巻き込んで、ジャーナリズムの場でも論争が展開された。しかし、八〇年代前期、「一〇代の後半から二〇代前半の女性の意識は性以外の領域においては驚くほど「保守的」であり」、七〇年代前半のリブ運動は何の痕跡も残していないとも指摘される。(4)

ちなみに、リブ運動の主張は一般に受容されるにしたがって、「女性性を負のままにひきうけるのではなく、「共感とかやさしさといった」その積極的な価値を読み込む」方向にいってしまった」。(5)

こうした中で、上野千鶴子を嚆矢として、マルクス主義フェミニズムが登場し、アカデミズムで優位性を獲得した。それは、既存の社会科学のタームで語られていることによるところが大きい。江原は、英米のマルクス主義フェミニズムの著作に出会って「やっとまともなフェミニズム理論に巡り会った」との感想を述べている。(6) それまでの七〇年代半ばに日本に紹介されたファイアストーン『性の弁証法』、ミレットの『性の政治学』は、エネルギーに溢れてはいるが、学術書としては「不当な一般化」「短絡的な議論」「同一論点の繰り返し」「学界のスタンダードに達していない」との批判を受けた。これに較べると、マルクス主義フェミニズムは、論理明快で分かりやすく、(日本にも適用できる)普遍性をもつばかりでなく、アカデミック・スタンダードを満たしていた。こうした特質をもって、上野千鶴子が『家父長制と資本主義制』(一九九〇年)の出版によって彗星のように現れたのである。

他方、社会的変化に目を転じると七〇年代の一〇年間において「女性解放」の大衆化と常識化が進行した。(7) 女性管理職が増え、「女性的な経営、女性的な［女性上司による人事］管理の良さが、「セオリーF」*として高く評価された。男性がもともと評価していた女性性、母性的受容性、女性的感受性が再評価されることになったわけである。(8)

*経営学では、対照的な二つの企業の分析から、セオリーX、セオリーYというタームがあり、ビル・オオウチが日本企業の特質をセオリーZとして紹介した。セオリーF (Feminin) というのは、これらの研究に由来する。

前述のように、八〇年代半ばから九〇年代まで欧米フェミニズムの積極的導入がはかられたが、江原は

これを以下のように分類している。(9)

①マルクス主義フェミニズム理論

無償労働である家事労働を資本制社会の不可欠な構成要素とみる家事労働派

家事労働と女性の賃金労働との関連を問題にする二重システム派

第三世界問題との関連で分析する「世界システム」派

②ラディカル・フェミニズム理論

性愛等の個人的領域自体が男性による女性支配の領域になっているとの指摘

専門的知識（精神分析、文学）の男性中心主義偏向の告発

生物学、医学、家族社会学、心理学など「近代的」学問や文学、映画、漫画などの近代文化が、性役割を維持・強化

身体やセクシュアリティをめぐる政治に着目

③ポストモダン・フェミニズム

ポストモダン思想に影響されたポスト構造主義

と多様であり、アカデミズムに（とくに社会学の一分野として）しっかりと根を張った。

さて、社会的背景に目を転じよう。一九八〇年代後半期は社会的にみれば、バブルの結果「女性の欲望が肯定され、快楽主義が蔓延した」「女性がシングルでも気楽に生きていくことが可能になった時代にあって、親の保護下でOLをし、グルメやファッションや海外旅行を楽しんだ一部の若い女性」を生んだ。(10)大卒女性の就職機会は増え、男性と同じ条件の総合職で働く女性たちが誕生した。*後述する「フェミニズ

ムのようなもの」が登場する条件が生まれたのである。[11] 風俗、ファッションとしてのフェミニズム文化の誕生である。性に関する意識は大きく変化し、若い世代では、婚前性交渉はほとんど当然になった。

＊雇用機会均等法の成立を受けて、経営側は、転勤の可否を基準にコース別雇用形態を採用した。すなわち、転勤可の総合職と転勤不可の一般職を区別し、前者には賃金、昇級、昇進などの面で男性職員と同等の雇用条件を与え、後者との差別化を図ったのである。家族責任を負う既婚女性にとっては転居を伴う転勤は難しく、大部分の女性は不利な条件であっても一般職に止まる他なくなったのである。さらに総合職で入社した女性も結婚、出産とともに一般職か非正規労働者に「ドロップアウト」するものがほとんどであった。形式的には女性に同等の権利を与えつつ、それを実質的には剥奪する巧妙な手段であった。[12]

その意識変化を受けて、「自己決定」に基づくセックスワーカーやお金が楽に稼げるという理由からの「アルバイト売春」が登場した。[13] また、一九八〇年代に特徴的な女性編集者、女性ブック・デザイナーなどの企画、開発によるヒット作が続々と登場し、女性による女性市場開発が盛んとなった。女性解放がフェミニズムを商品化したともいえる。以上の現象を表して、「まわりがどうしているかが気にならない。自分がどうしたいかこそが気になる」風潮が生まれた。八〇年代とは、「別に社会学を専攻してもいなくても、……ごくフツーにテレビを見たり雑誌を読んだりしていれば、いやでも「フェミニズム」だの「フェミニスト」だのという単語を目にしてしまう時代であり、男性と同じように「消費と快楽を享受できた」ことで、「解放と希望があるかのように思えた」時代、「お金だけで幸せになれるわけではないが、お金さえあればなんとかなる、そして、真っ当に生きてさえいれば（水商売等に手を染めなくても、堅気の仕事で男と同様に働いてさえいれば）、生きていくために必要なお金ぐらいはなんとかなる」時代であった」。八〇年代とは、日本に生まれた女が、こんなふうに感じることができた、史上初めての時代だった。[14]

八〇年代には、「私［上野千鶴子］たちの世代には、すくなくとも女はまとめて差別されているという被差別者としての集団的なアイデンティティをつくれるだけの社会経済的な根拠がありました。だが、いまはそれが勝ち組と負け組に分解してしまいました。……若い女たちはネオリベ的なエートスが内面化された」たのである。[15]

さて女性学の展開に戻ると、九〇年代のフェミニズム理論における変化は次のように要約できる。[16] すなわち、女性学からジェンダー研究への展開であり、①男性学の成立、②男性研究者の参入、③研究関心の多様化、たとえば、障害者、（第三世界の）環境問題など、さらには社会構造全体の理論化に向かう傾向がみられる。

以上の女性学の発展と女性の地位の変化の上に、男女平等に向けてフェモクラット（行政フェミニスト）の活躍が展開される。

二　ネオリベラル・フェミニズムの登場

一九六〇年代末に新左翼の中から、新左翼の内部の女性差別に反発して登場したラディカルな「リブ（女性解放）運動」が数年を経ずして燃え尽きるように退場したあと、*一九七〇年代半ばから、議会制民主主義の枠内で女性の権利向上をめざす、より穏健なフェミニストたちの動きが現れ、その後の女性政策の推進に大きな力を発揮することになった。

＊もっとも完全に燃え尽きたわけではない。アメリカの例ではあるが、日本でもほぼ同様であるので、以下、リブのその後を紹介する。[17] すなわち、

①非政治的活動

保育所、診療所、DVシェルター、ミニコミ、本屋[18]

とくに本屋がフェミニストたちの交流の場になった

女性作家、画家、音楽家の育成、ネットワーク形成

②雇用における性差別の裁判闘争

マルクス主義フェミニズムの登場と軌を一にする

③ERA（男女平等法）獲得闘争――多様なフェミニストが連携

階級、人種の運動や、女性に対する暴力、環境破壊、核軍縮、新植民地などの運動と交差

④アカデミズムでの女性学の誕生と発展

これらの活動はラディカル・フェミニストもまた、議会制民主主義の枠内で活動することとしたことを意味している。

これら穏健派フェミニストの成果は、男女雇用機会均等法、男女共同参画社会基本法、DV法などの制定、およびそれらの改正、あるいは草の根の女性運動に支えられた（とくに地方議会での）女性議員・首

長の選出などに現れている。日本におけるこの展開は、「第二波フェミニズム」の発信源たるアメリカと同様の軌跡をたどったといってよい。興味深いことは、この時期は、ネオリベラリズムがオイルショック後の経済再建の切り札として登場し、日米を含め全世界を席巻していく時期に重なり合っていることである。一九七〇年代半ばの日本の女性運動とネオリベラルの同時発生という点についていえば、象徴的なのは、一九七五年が国際婦人年メキシコ大会（メキシコ・シティで開催）の年で、これに出かけた（ラディカルな「ウーマン・リブ」の代表的存在ともいうべき）田中美津がメキシコに「脱出」し、代わって大会では日本のフェモクラットたちが世界の舞台で活躍を始めたこと、そしてこの同じ年に、のち中曽根康弘内閣の行政改革ブレーンの一人として活躍する保守派知識人、香山健一が、日本におけるネオリベラル宣言の嚆矢ともいうべき「日本の自殺」という評論を『文藝春秋』に発表したことである[19]。

その後、中曽根行革、橋本（龍太郎）行革、小泉（純一郎）構造改革などネオリベラル改革が日本政治に断続的に登場し、新自由主義的な改革を実現していった。そしてここで注目したいのは、これらのネオリベラル改革において、とりわけ橋本行革、小泉改革（そして第二次以降の安倍（晋三）内閣の改革）においては、積極的女性政策が、改革の一つの重要な柱として位置づけられ、ネオリベラリズムとフェミニズムとが手を携えて前進したということである。ネオリベラリストは、伝統主義的保守主義とちがって、元来、女性の能力を市場競争のために活用することに積極的であったためである。彼らは、とりわけ能力あるエリート女性の力によって、日本経済を前進させることに熱心であった。こうした主張は、「失われた一五年」以降にとくに目立ってきた*。

＊他方で、ネオリベラル改革のうち、福祉削減や労働の柔軟化にかかわる側面においては、能力ある女性、いわばエリート女性だけの地位向上に飽き足らないフェミニストとは鋭い対立を見せた。

実は、この時期にはアメリカではフェミニスト・バッシング、いわゆる「バックラッシュ」が登場し（本書第Ⅳ部）、キリスト教右翼など伝統主義の濃厚な右翼勢力が、その主たるターゲットを、国内の共産主義およびその背後にあると考えられたソ連、あるいは黒人、ユダヤ人から、フェミニスト（しばしば偽装した共産主義者とみなされたが）へとシフトした時期である。日本でもむろん、男女雇用機会均等法や男女共同参画社会基本法に対して、日本の「伝統的家族制度」を破壊すると批判する伝統主義的反発が、すでに八〇年代から見られたが、それが本格的な動きに結実するのは、アメリカに二〇年ほど遅れて、二〇〇〇年前後であった。ただし争点は、日本では「ジェンダー・フリー教育」を標的にした「バックラッシュ」、すなわちフェミニスト・バッシングを中心とした。ただ注目すべきは、日本のバックラッシュ派は、政権の中枢にほとんどアクセスをもたなかったことである。以上のバックラッシュについては、第Ⅳ部（第9章）で改めて検討する。

ところで、以上のイデオロギー対立にさらにつけ加えるべきは、日本でもアメリカでも、一九七〇年代半ば以降は、既存の政治勢力への不信（「政党不信」、「官僚不信」）を背景に、政界のアウトサイダーが華々しく登場し、政党と官僚を攻撃しつつ人気を博して、政権の座につく、いわゆる「ポピュリスト現象」がしばしば登場した時期でもある。日本における新自由クラブ、アメリカにおけるカーター大統領は、その嚆矢であり、いずれも一九七六年に登場している。さらにその後、同時期に登場した細川護熙首相とペロー大統領候補も、ポピュリストの典型であった。九・一一（二〇〇一年アメリカ同時多発テロ事件）直後は別として、国内的にはそれほど人気が高くなかったジョージ・W・ブッシュ（ブッシュ・ジュニア）をポピュリストと呼ぶかどうかには、検討の余地があるが、同時期の小泉純一郎がポピュリストであることには異論はあるまい。男女雇用機会均等法（正式名称は「雇用の分野における男女の均等な機会及び待遇の確保等女子労働者の福祉の増進に関する法律」）の成立に積極的であった三木武夫、均等法の成立時に首相であった中曽根康弘、男女共同参画に熱心であった橋本龍太郎らも、党内基盤の弱さを世論の動員で補強したという意味でポピュリスト的性格をもっていた。この面から見ても、日本のポピュリズムの特徴の一つが、女性の支持に大きく依存し、その結果、フェミニズムに好意的な政策を促進しているところにあることが注目される。*

*もっとも、アメリカのキリスト教右派グループは、反フェミニズムの立場をとる女性たちの動員に成功し、彼女らの支持がレーガンの当選に大きく貢献していた。

ポピュリズムとフェミニズム

ポピュリズムとフェミニズムもまた、日本では手を携えていたのである。ただし、石原慎太郎のような反フェミニスト・ポピュリストの例もあるので（アメリカではレーガンやペロー）、ポピュリストがすべてフェミニズムを支持したわけではないが。

以下では、一九七五年以降のネオリベラリズムとポピュリズムの登場の時代にあって、日本においてフェミニズムが、どのように展開していったかを検討する。この観点から、中曽根内閣から小泉改革に至る

「新自由主義的改革の時代」の、これまで等閑視されてきた側面を明らかにし、これら「改革政権」をより多面的に検討することとしたい。

ところでまずここで、ネオリベラル・フェミニストの典型として（労働省婦人少年局長として男女雇用機会均等法成立に邁進した）赤松良子を取り上げたい[20]。フェミニズムとネオリベラリズムの結合例としてである。彼女は一九二九（昭和四）年、著名な画家の家の末娘として生まれ、男女の別なく育てられた。高等女学校時代に終戦を迎え、婦人参政権が与えられたときには強い感激を味わったという。戦後、東京大学が女子にも門戸を開放したとき、専門学校であった津田塾から東大法学部に入学。一九五〇年のことである。学生時代にはロマン・ロランの『魅せられたる魂』を愛読した。ちなみに女学校時代にはベーベルの『婦人論』を読んでフェミニズムに目覚め、労働省入省直後にはボーヴォワールの『第二の性』を愛読し、『レ・マンダラン』を読んでサルトルとボーヴォワールの生き方に共感した。後に（おそらくほとんど無自覚に）ネオリベラルなスタンスに変わる以前の当時の彼女が、どちらかというと左翼知識人であったことを示すものである（労働省自体が当時は自民党政権の中で社会民主主義勢力であった。また、自民党の一翼には社会民主党勢力が存在した。西ドイツのキリスト教民主同盟ＣＤＵと同様であった）。

赤松良子

赤松は、卒業と同時に（女性を上級職に採用していた数少ない官庁の一つ）労働省に入省、キャリア官僚として、同期の男性には二、三年遅れながらも、エリート・コースを歩んだ。卒業直後に（後に大学教授となる）東大時代の同級生と結婚した際には、当時としては珍しい事実上の夫婦別姓とし、（家政婦を雇えるようになるまでは）家事も子育てを含めて平等に分担した。このカップルは戦後民主主義の熱気の残っていた時代の産物である。ただ気質的に、恵まれない女性のために闘うという一種のパターナリズムからは自由で、自らの進路を邪魔する女性差別への憤りをバネにしている感が強い。エリート的フェミニストであり、言い換えると、ネオ・リベラル的傾向がうかがえる（この点は、同じ東大出身で、総理府のキャリア組、坂東眞理子も同様である）。赤松の労働省での最初の部署は、婦人少年局婦人課で、婦人の地位に関するフィールド調査に従事した。仕事のかたわら研究会に参加して、婦人労働の研究を進め、論文やエッセイの執筆も続けた。一九六〇年安保闘争には、元労働省の労働組合執行委員としてデモに参加している。

その後国家公務員を対象とする海外研修のための試験を受けて合格。一九六三年一〇月から半年、アメリカに研修に出かけた。当時の知識人に共通する反米的感情から本来はヨーロッパに行きたかったが、訪れたアメリカでは予想以上の刺激を受けた。六三年というのは、ベティ・フリーダンの『女性らしさの神話（*The Feminine Mystique*）』（抄訳『新しい女性の創造』三浦冨子訳、大和書房）がベストセラーとなった年であり、ケネディ政権が大統領の諮問機関として「女性の地位に関する委員会」を発足させ、六四年にはその報告書を受けて雇用機会均等法が制定された時期にあたる。彼女が、アメリカのこうした動きに注目したことは想像に難くない。事実一九六八年にペンネームで連載した女性解放史には、ベティ・フリーダンの名前も見える。(21) 労働省の主な仕事の一つが企業の論理に対して労働者の権利を守るものであったことから、当時の彼女のスタンスがアメリカ版社会民主主義とでもいうべき「リベラル」に近いものであったことが分かる。あるシンポジウムで彼女が「資本の論理」という言葉を使って、女性の労働における差別を議論しているところにも、また、憲法九条を高く評価していることにも、象徴的に表現されている。[22] 一九七五年に女性初の地方の労働基準局長（山梨）に任命された。この就任は、国際婦人年に合わせた外国向けの人事であったとの噂が聞かれる。[23]

一九八二年、婦人少年局長に就任し、第二臨調による行政改革で局の廃止に直面して、これを乗り切って、後述するように、男女雇用機会均等法成立にむけて大奮闘するのである。その過程で、ネオリベラル・フェミニストに変身していくことは、以下に述べる。

三　国際連合における女性問題へのイニシアチブ

労働省は占領改革の一環として設置され、占領軍の強い後押しを受けた。しかしその後、自民党政権内では、労働省婦人少年局が女性の権利の向上を目指して、孤軍奮闘していた。赤松はその一人である。実は、労働省それ自体も同様、保守政権内の社民勢力で、ネオ・リベラル改革たる第二臨調による行政改革・官僚組織の縮小をかろうじて生き延びたのである。

ところで、婦人少年局は一九四七年以来の歴史をもち、「単に［婦人］労働に関する領域を超え、女性に関するイシュー全般について責任と権限をもっていた」[24]。ところが、（一九五八年当時）省内では、地位の低い局とみなされていた。[25] しかしその二〇年後には、二〇〇人余の職員と三〇〇〇人の協助員をもち、一九七七年の段階で世界で有数の規模をもつに至った。かつ女性、少年の労働条件につき企業に立ち入り検査する強力な権限をもっていた。日本における社会民主主義革命たる占領改革の遺産といってよい。当のアメリカの労働省婦人局より強力であった[26]。にもかかわらず、同局にとっては、男女雇用機会均等法を*成立させること自体が局の存亡を賭けた生き残り策となった。

*「機会」均等法というのはいうまでもなく、競争の「機会の平等」の意であり、結果の平等を目指すものではない。ネオリベラリズムと合致する概念であることは容易に見て取れよう。

さて、均等法は、国連などからの「外圧」で推進されている部分が多いので、ここでは、国連での動きをフォローしよう。一九七二年に国連の「婦人（女性）の地位委員会（CSW）」の決議をもとに、国連総会は、一九七五年を「国際婦人（女性）年」とし、翌一九七六年〜八五年を「国連女性の一〇年」と定めた。そしてこの一〇年の間に、女性差別撤廃条約（正式には「女子に対するあらゆる形態の差別に関する条約」）を締結し、各国政府は、定期的に差別撤廃のための進行状況を報告することを義務づけられることとなった。そして差別撤廃条約は、一九七九年一二月に国連総会で採択された。

ちなみに、赤松良子はこの時期たまたまニューヨークに派遣され、国連代表部に籍を置いており、前述の「婦人の地位委員会（CSW）」の一員として日本政府の代表となった中村道子代表代理をサポートする立場となった。日本政府としては、国籍法の改正、男女雇用機会均等法の制定、家庭科の男子履修などの義務を負うこととなったのである[27]。そして、メキシコシティで世界会議（World Conference）（一九七五年六月二三日〜七月四日）を開催することを全会一致で決定した。イニシアティヴをとったのは、米国政府のCSW代表、パトリシア・ヒューター（女性）であった。その背後には、一九七〇年代初期における米国内でのフェミニズム運動の高まりがあったことはいうまでもない。

ところで米国において、日本の雇用均等法に対応する法律が最初に成立するのは、ジョンソン政権初期の一九六四年で、第二波フェミニズム登場以前である。その内容が、第一波フェミニズムの課題の延長であったことを端的に示す事実である。[28] しかし、アメリカにおけるこの法律（一九六四年公民権法）は、もともと黒人のための平等法であって、それが女性にも適用されるような内容を含むことになったのは、政治的駆け引きの中の偶然の産物であった。いわば公民権運動の副産物として誕生したのである。[29] しかし、その直後に誕生した第二波穏健派・リベラルフェミニストたち、とりわけ一九六六年に結成されたＮＯＷ（全米女性機構、会長はベティ・フリーダン）は、この法律を、訴訟、行政措置へのロビーイングを通じて、存分に活用した。

実際のところ、ＮＯＷそのものが、以上の雇用平等法推進のグループの中から誕生した組織である。さらに彼らは、より強力な立法に向けてのロビー活動を展開し、それに成功した。一九七二年の雇用機会平等法（Equal Employment Opportunity Act）がその頂点をなす。こうしたフェミニストの運動は、公民権運動・黒人運動の戦術をまねる形で展開された。また、イデオロギーの面でも、一九六〇年代中期までの公民権運動の理念を反映して、「機会の平等」というアメリカ的価値を濃厚にもっていた。

アメリカの第二波フェミニズムが（日本の新左翼運動に対応する）公民権運動による強い影響の中で誕生、発展してきたという歴史的事実を考えると、米国の雇用平等法体系は、第一波フェミニズムの単なる延長ではなく、第二波への飛躍の側面もかなり強いことが分かる。逆に見れば、ニューディールがもっていたアメリカ版社会民主主義の理念が希薄化し、雇用に中心的関心を示しながらも、貧困への関心や実質的平等の指向が弱まっていることが指摘できよう。NOWの活動は、米国内においてすでに障害を乗り越えてその地位を獲得していた専門職、管理職の女性たちに支えられていたし、その後の展開も、これらアッパー・ミドル・クラスの社会的進出に大きな役割を演じた[30]。逆にいえば、労働者階級や貧困層の女性、あるいは（マイノリティに多い）シングル・マザーの女性たちの福祉には、必ずしもつながらなかったのである[31]。

国際連合と女性会議

さて、国連の場では、米国のフェミニストによるグローバルなレベルでの「男女平等法」に向けての活躍を、スカンディナヴィア諸国のフェミニストたちが強力に支援した。他方、サウジアラビアなどは総会で反対の意思を表明した。しかし、フェミニストにとって追い風となったのは、国連内の他の機関でも、人口、食糧問題をめぐって、女性の理解と女性の積極的協力なしには、これらの深刻な問題は解決しないとの議論が強まっていたことである。男女平等に較べ、すでに、人口、食糧危機は、国連のより重要なアジェンダとなっていた。一九七四年にはブハレストで人口会議（Population Conference）が予定されていたし、女性問題と比べてはるかに予算もスタッフも充実していた[32]。

メキシコ大会では、政府の首席代表は八五％が、全体としての政府代表には七三％を女性が占めることとなった。もっとも、実態は、フィリピン大統領のマルコス夫人など各国の政治家、外交官などの妻や姉妹が多数を占めたのであるが、会議のイニシアチブは、経験豊富なフェミニスト活動家がとることができた。

この大会では、男女の平等か、開発・発展か、どちらを優先すべきかで議論が白熱した。またベトナム戦争にからんで、アメリカをベトナムが批判した。サイゴン陥落（一九七五年）と同時期であり、ベトナム戦争反対の熱気が広範に漂っていた時期である。ソ連もこれに同調して、平和をテーマに論陣をはった。南北対立に東西対立、そして（冷戦後の最大の問題となる）アラブ・イスラエルの対立が重なり合った。国連では、この時期までに西側先進国は、数の上からいえば、少数派になっていた。しかも、東側諸国は、発展途上国と一緒になって先進国、とりわけアメリカを批判した。加えて、米国の新左翼系ラディカル・フェミニストは、南側の主張に同調し、単なる男女平等より、貧困、戦争、（女性に対する）暴力の問題を重視すべきだとの議論を展開していた。

しかし、メキシコ大会への参加者についていえば、北アメリカ大陸からの参加が最大で、当初からアメリカのフェミニストがイニシアチブをとっていたこともあり、ベティ・フリーダンなどアメリカの穏健派（つまり政府に近い）著名フェミニストの活躍が目立った。ところが、南側のフェミニストはこうしたリーダーシップを必ずしも歓迎しなかった。それどころか、フリーダンのリーダーシップに対しラテンアメリカの参加者もアメリカ帝国主義として非難するという事態も見られた。ただ、会議は時間もなく、十分な議論ができずに終わった。あまりに多様な議論が登場したためでもある。しかし成果としては、「ナショナル・マシーナリー（national machinery for women、法的権限をもつ国内本部機構）」創設についての合意ができたこと、国連あるいはその加盟諸国の政府とＮＧＯとの協力ができたということである。

実は、メキシコ会議では、ＮＧＯの会議（トリビューンと呼ばれた）が同時並行的に開催され、六〇〇〇人が参加した。発展途上国からの旅費を事務局が寄付で集める努力をしたが、何といっても、政府間会議と違って、ＮＧＯ参加者は、北からの参加が多数を占め、フォーラムを仕切る結果となった（次回のコペンハーゲン会議でも同じ事態が繰り返された）。この先進国主導をどう評価するにせよ、国連がＮＧＯ

を積極的に参加させることによって、NGOの権威を高めるとともに、各国の草の根運動を活性化させたことは否定できない事実である。この事情は、後述するように、日本にもよく当てはまる。

ともあれ、メキシコ会議は、「平等、開発、平和」を今後の目標にすることを決めた。そもそも国連は、すでに発展途上国が声高に主張を展開する場となっていたのであるが、女性問題についてだけは先進国の女性も活発に発言できる場を提供することになった。一九七〇年代以降の先進国フェミニズムを「新社会民主主義的フェミニズム」（後の言葉で言えば、ブレア流「第三の道」フェミニズム）と解すれば、国連の女性政策機関は、一九七〇年代後期からのネオリベラル的グローバリゼーションの趨勢の中で、後退を余儀なくされていく社会民主主義勢力にとっての抵抗の牙城の数少ない一つとなったことを意味する。それどころか、女性政策に関して、グローバル・スタンダードの設定、各国政府への圧力という活動を通じて、社会民主主義的権利の擁護、増進のための強力な推進母体として活動を続けるのである。仮に当面その成果が、ミドル・クラスの女性たちに限定されることとなったとしても、である（以上のように、フェミニズムの中では、ネオリベラリズムと「第三の道」路線とが複雑に絡み合っていた。もっとも「第三の道」は社会民主主義のネオリベラル化の産物であり、第二派フェミニズムはまさにそれに該当するとの解釈も可能である）。

その後の国連の動きを見ると、一九七九年には、国連は「あらゆる形態の差別の撤廃に関する条約（いわゆる女性差別撤廃条約）」を採択し、翌八〇年には第二回世界女性会議（コペンハーゲン会議）を開いた。この会議で注目されるのは、平和に関する項目の中で、DVが挿入されたことである（この点は後述する）。

ところで、日本政府は女性差別撤廃条約に署名したが、このことによって国内的には「男女雇用機会均等法の制定」「国籍法の改正」「家庭科の男女共修」が国際的義務となった。一九八五年には、第三回世界女性会議（ケニアのナイロビで開催）が開かれ、「国際婦人年」をあと一〇年継続することとした。ここでは先の三つのテーマのうち、南の要求を容れて、とくに「開発」がクローズアップされた。制度上の平等から事実上の平等へと、差別を生む社会的、文化的要因に視野が広がったのである。一九九三年には、ウィーンで世界人権会議がひらかれ、女性と少女の人権に焦点が当てられた。「自己決定権」「エンパワーメント」がキーワードになった。また、「女性に対する暴力撤廃宣言」が採択され、女性生殖器の切除、セクシャル・ハラスメント、買売春が糾弾の対象となった。

そして、一九九五年には第四回世界女性会議（北京会議）がひらかれた。この会議には、日本から自治体、NGOからの派遣を含め非常に多数が参加して、日本人参加者に大きな刺激を与えた。北京会議は、熱気あふれる会議となり、「日本の女性にかかわる政策・運動と女性学の大きな転換点となった」と評される。[33]均等法へ向けての動きを加速させたのである。なお、アメリカ政府内では、人権を無視する国中国へ代表団を派遣すべきかどうかで議論があったが、中国政府が（アメリカの反応を睨んで）アメリカに帰化していた中国人の人権活動家ハリー・ウー（呉弘達）を釈放し、国外退去させたことを受けて、結局は派遣することになった。[34]* ただ中国政府は非公式に、「不愉快なことは言ってもらいたくない」との意向を示した。米国側は、この大会に中国による国際的な宣伝の意図を感じ取ったが、にもかかわらず参加し、ヒラリー・クリントン自身が大会でスピーチした。「女性の権利は人権である」と述べ、名指しはしなかったが中国の人権侵害を批判したもので、名演説家として彼女を世界に知らしめた演説であった。中国政府は各国のＮＧＯの活動に神経を使い、彼女たちを北京の不便な郊外に封じ込めていた。ちなみに日本のＮＧＯは、こうした中国の態度をさほど気にしておらず、大勢が集まったことにただ感激していた。国際政治上のつばぜりあいや中国の人権問題には鈍感であったのではないか。ヒラリーの「女性の権利は人権である」という言葉に隠された含意を日本のフェミニストは理解したのだろうか。

＊ハリー・ウーは、若い頃「国家に反抗したという曖昧な理由で」一九年の強制収容所生活を経験した地質学研究者である。アメリカに亡命してやがて帰化した。そして強制収容所の実態を世界に知らせようと、ＣＢＳの協力を得て、何度も中国に潜入し強制収容所の実態を暴露し、「シクスティ・ミニッツ」という報道番組を通じて全米に放映した。かなり名も顔も知れたしたたかな人権活動家に成長したのである。中国における処刑した囚人からの臓器移植の取材もした。最後にするつもりの中国への潜入で逮捕された。ウーが行方不明になったことは、妻の訴えで国務省に伝えられ、マスコミで大騒ぎになった。ウーの逮捕・監禁は世界中に伝わったのである。国務省・大使館に加えて、議会も動き出した。かつ、間もなく北京の国連女性会議にいく予定でいたヒラリーも関心を示し、ウーの件で『ニューヨーク・タイムズ』のインタビューに応え、人権の重要性を説いている。ウーを釈放しなければ、北京には行かないという意図が込められていた。ウーの妻はテレビ・カメラの前で「夫が帰るまでヒラリーには北京に行ってもらいたくない」と述べ、この言葉も全米に広がった。イギリス、フランス、オーストラリアの政府や議会も中国を批判した。騒ぎは全世界に広がったのである。ところが前述のように何故かウーの事件は、北京大会に参加する準備をしていた日本のフェミニストには無視されていたようである。日本の新聞各紙はウーの逮捕をワシントンからの情報でかなり克明に報道したにもかかわらずである。結局ウーは裁判の結果、国外追放となって一件落着した。(35)

なお、五年後の二〇〇〇年に開かれるべき第五回世界女性会議は、開催されなかった。代わって国連総会特別会議として政府代表だけで会議がもたれ、NGO参加の道は閉ざされた。日本のNGOをはじめ民間団体は大いに失望した。とくに発展途上国の固有の文化、伝統、宗教にこだわる国々の反対があったためと思われる。(36)

ちなみに、日本政府が数年ごとに提出を義務づけられている国連差別撤廃委員会に対するレポートで、いわゆる「従軍慰安婦」について一切ふれていないことが、委員会の審議で問題となった。思わぬ伏兵というべきであろう。日本側は、「アジア女性基金」を挙げて釈明した。(37)

四　日本における男女雇用機会均等法制定への動き

日本の状況の検討に移ろう。均等法成立に当たっては、前述のとおり、国連の役割が大きかったが、日本国内でもそれを加速させる動きが見られた。具体的には、働く女性が増えはじめた一九七〇年代半ばころから、雇用の場における女性差別が顕在化し、若年（たとえば二五歳）定年制、結婚退職制が違憲であると、裁判に訴え、勝訴する女性があいついだ。しかし、結婚退職制については「住友セメント事件」で、一九六六年一二月には違憲でないとの判決がでた。ところが一転して、七四年の名古屋高裁による、女性の若年定年制を無効とする判決、七五年の「伊豆シャボテン公園事件」での定年制男女差別無効確定、七八年の日本鉄鋼連盟の事務局の女性七人による東京地裁への男女差別賃金・配転是正の提訴（一九八六年一二月四日判決）などが続いた。労働省内でもすでに一九六〇年代半ば以降、赤松良子を中心に、女性定年制は憲法違反であり、こうした慣習を覆すべきだとの議論が盛んとなった。同局では、『女子の定年制』（日本労働協会、一九六五年）を出版した。

こうしたなかで、一九七八年には「私たちの男女雇用機会均等法をつくる会」が、八〇年には労働省内に「男女平等問題専門家会議」が設置され、官民手を携えて立法化に向かった。抵抗は強かったが、男女差別撤廃条約批准を「追い風として」、立法化に弾みがついた[38]。

ところで、遡って一九七二年六月、田中角栄内閣の時期に「婦人に関する諸問題調査会議」（首相の私的諮問機関）が設置された。市川房枝ほか婦人議員や婦人団体が田中首相に強く要望して実現したものである。二年間の調査の結果、七四年三月に首相に調査報告書が提出され、女性に関する総合的調査報告書として話題になった[39]。次いで七四年一二月末の（三木武夫内閣最初の）参院予算委員会で市川房枝が国際婦人年にちなんで、首相の婦人問題に関する考えを聞きたいと質問した。三木は、閣議に諮った上で、植木教元総理府総務長官（ＮＨＫ出身の参議院議員で、男女平等論者）に「総務長官が婦人問題担当大臣となって婦人問題に取り組むように」と指示した。＊

＊植木は、労働省の森山真弓を学生時代から知っており、彼女に相談して、体制作りを進めた[40]。植木は、七六年に設置された自民党の総裁直属の「婦人問題連絡協議会」会長に就任し、八九年までこの職にあった。

一九七五年、年頭で三木首相は、植木の「メッセージを出すべきだ」とのアドヴァイスを受けて、市川房枝の国会質問に答えるかたちで、「国際婦人年にあたって」というメッセージを発表した。メキシコ会議の直前に、三木首相は、市川ら婦人職員がまず女性行政の推進体制の強化、前述のナショナル・マシーナリーを作るべきだとの要請を容れて、総理直属の機関を作ることを約束した。

そして土井たか子らの超党派の衆参婦人議員懇談会や自民党の婦人対策特別委員会に所属する女性議員の活躍で、日本の国会も七五年のメキシコ大会に向けて、「国際婦人年にあたり婦人の社会的地位向上をはかる決議案」を全会一致で決議した。

メキシコ大会では、世界行動計画起草委員会で、日本を代表して久保田真苗労働省婦人少年局婦人課長(のち社会党の参議院議員に)が、事務局案に対し、雇用平等法を入れて欲しいと要望した。

そしていよいよ一九七五年六月、メキシコシティで「国際婦人年世界会議」が開催され、「世界行動計画(World Plan of Action)」(最初の国際的公共政策)が採択された。国連はこの年を「国際婦人年」と命名、その後の一〇年間を「国連婦人の一〇年」とした。そこに表現されているのは、性別役割分担の再考を求める第二波フェミニズムの思想であった。

久保田真苗

三木首相の下、日本政府は、この大会で採択された「世界行動計画」を国内化することを目指すこととなった。そして九月、婦人問題企画推進本部を設置し、本部長は首相、副本部長は総務長官、関係一〇省の事務次官を本部員として出発した。国連が国内体制、ナショナル・マシーナリーの設置を求めたことに応じたものであった。本部の事務局として総理府に婦人問題担当室が設置(初代室長は久保田真苗)されたが、定員はたった一人で、あとの事務局員は出向で埋められた。七人全員労働省の課長経験者であるが、労働省婦人少年局が女性行政を担当してきたという実績があったためである。ただ、法律に根拠がなく閣議了解による政令にもとづく不安定な位置にあり、総理府の機関に格上げすることは難しかったが、いずれにせよ官主導で女性政策が推進されていくことになったのである。

他方、本部長たる首相の私的諮問機関として、婦人問題企画推進有識者会議（藤田たき座長）が組織された。ここでは三三名のメンバーのうち、約三分の二を女性が占めた。この会議は民間人主導で、民間の有識者の活動がその牽引力となった。[41] リベラリストとしての三木首相は、この本部では積極的姿勢をみせる。七五年一一月には、天皇、皇后を迎えて国際婦人年日本会議が開催された（ラディカル・フェミニストが皇室の出席に強く抗議したことは、すでに述べた）。

担当室は、条約批准を第三回世界婦人会議の開かれる一九八五年に定め、同時期までに雇用機会均等法の成立を目指した。

以上の経緯を赤松良子は、「国連婦人の一〇年」（一九八〇年）の中で次のように記している。[42] メキシコシティで開かれた国際婦人世界大会で採択された「世界行動計画」に沿って、日本ではその実現のため「婦人問題企画推進本部が内閣の中に作られました。これは婦人の問題と関係の深い一〇省庁の事務次官から構成され、事務担当オフィスとして総理府に婦人問題担当室が置かれました。この婦人問題担当室の仕事は「行動計画」に対応して作られた「国内行動計画」の実現をすすめる、ということです。「国内行動計画」は法律上の女性の地位、あらゆる分野への女性の参加、母性の尊重など、一〇〇をこす項目からできています。この点で、日本の対応はたいへん敏速かつ具体的だった、といっていいでしょう」。

これを受けて、「政策決定の場へ多くの女性を導入しようということになりました。そこでまず、各省庁にある二〇〇を超す審議会のメンバーに女性を増やす努力をしています。また、国家公務員試験のなかには、女性が応募できないものが航空管制官、海上保安大学などをはじめとして、一一種ありました。……そこで、各個撃破のひざづめ談判に出向いていったわけです。……結局、運輸関係の五種の〝関門〟を突破するのにまず成功しました。」「また、上級試験に合格した人たちの採用は各省庁の決定によるわけですが、運輸省と郵政省は開闢以来女性をひとりも採用していませんでした。けれども今年四月からは両省ともはじめて女性をむかえいれました。」ちなみに運輸、郵政両省は、企画推進本部の構成メンバーであった「婦人の問題と関係の深い一〇省庁」には含まれていなかった。

国際婦人年と差別撤廃条約

さて以上のように、国際婦人年で労働省の中の空気も一変した。それまでは婦人の地位向上はいいが、男女平等という言葉には省内で抵抗があった。建前として男女平等は実現しているのだから、これ以上平等というのはいかがなものかという意見が大勢を占めていたのである。

こうした意見を押し切って、婦人問題担当室は有識者会議の意見をまとめ、「国内行動計画」を策定した。まず、審議会の女性委員を一〇年で一〇%とするよう求めた「女性の政策決定を促進する特別活動」を作成し、各省に新規に女性を採るよう人事課長に依頼した。県レベルで先行した旧姓使用の承認も国レベルで実現した。

また、婦人白書（正式には「婦人の現状と施策　第一回国内行動計画報告書」）を刊行した。担当者の坂東は、言いたいことが言えなかったと、個人の名で『女性は挑戦する』（主婦の友社、一九七八年）を公刊した。[43] 前述のように、当時の課題は、国連から課された要請、すなわち均等法の制定、国籍法の改正、家庭科の男女共修などであった。

また、同年一一月、労働大臣の私的諮問機関である労働基準法研究会第二委員会は八年にわたる検討結果を「婦人労働法制の課題」と題した報告書にまとめて公表した。「男女平等を法制化することが望ましい」との内容である。これによって男女雇用平等の問題がマスコミで大きく取り上げられ、論議の火ぶたを切ることとなった。[44]

他方、一九七五年の国際婦人年に向けて、七四年一一月、市川房枝参議院議員が、当時消費者運動に専念していた主婦連合会などの女性団体ばかりでなく、組合の女性部、消費者団体などに呼びかけ(政党婦人部は除く)、民間の女性会議「国際婦人年日本大会」を組織することをめざし、「国際婦人年連絡会」を組織した。一年間の勉強会を経て、七五年一一月に国際婦人年日本大会を催すことにした。最終的に、それまでばらばらだった既存の女性団体、四一団体が連帯して統一行動をとることに成功した。[45] 日本の女性運動にとって画期的なことであった。ネットワーク型組織で、単一の指導組織、指導者をもたなかった。男性のハイアラーキカルな組織への批判としても正当化された。

今回の国際婦人年のテーマは、「平和、平等、開発・発展」であったが、平和をテーマにすると呼びかけに応じた共産党系とそれに抵抗する自民党系の間に分裂の危険があり、また開発もそうした問題を抱えていて結局、平等だけをテーマに選ぶことになった。[46] 消費者運動などに専念していた女性運動家は、男女平等の議論に啓発されたという。

この大会を機に、新しい女性リーダーが登場して世代交代が行われた。民間団体、のちにいうＮＧＯも、ナショナル・マシーナリーの強化に強い関心をもち、常に政府に要望しつづけた。やがて、その求心力となったのが「女子差別撤廃条約」の批准であった。また、新左翼系フェミニズム運動の流れをくむ、比較的若い世代の女性たちが「国際婦人年をきっかけとして行動を起こす女性たちの会」を結成したが、先の四一団体とメンバーが重なり合っていた[47]。

こうした流れの中で、一九七九年、国連が女性差別撤廃条約を採択した。そして、八〇年、第二回世界女性会議がコペンハーゲンで開かれた。これを受けて、一九八〇年日本政府は、デンマークで起草された本条約署名の動きを見せはじめた。ところが、法務省は国籍法の改正が絡むため消極的であった。条約署名に自民党内で反対論も高まるが、ぎりぎりに持ち回り閣議で署名を決定した。実は『朝日新聞』が六月七日のトップ記事で外務省の(女性記者による)「条約署名見送り」の観測記事を載せた。ここで、障害が主として外務省の反対によるものであると記した。反発を掻き立てる意図からである。思惑どおり、女性諸団体に危機感を生み、署名を求める運動を盛り上がらせて、署名を後押しした。政府は女性団体の動きを見ているとの内部情報もあった。「日本が署名にふみ切ったのも、この世界会議で恥をかきたくないという気持」があったからという。経営側は、条約署名の意味が分からず、反対運動を展開しなかった[48]。

ところで、もう一つの論点として、高校での男子の家庭科履修があったが、これは五年後に大きな争点になり、教育課程の見直しを通じて一九九三年度から中学校の家庭科の男女共修が実施された。そして、九四年度から高校の女子のみの家庭科必修が、男女とも必修に改正された。また、国籍法については、国際結婚の場合の子の国籍につき「父系優先主義から父母両系主義」へ改正された。

他方、均等法の制定は遅れ、批准はようやく八五年に実現した。中曽根内閣の時代であり、ネオリベラル改革と同時期ではあるが、実際には、アメリカからの圧力の方が大きかった。この点は後述する。

五　コペンハーゲン会議から男女雇用機会均等法へ

前述のように、一九八〇年コペンハーゲンで会議が開催された。ここでは南北対立が、メキシコシティ大会以上に激化した。加えて東西対立、アラブ・イスラエル対立でも相互批判が繰り広げられた。しかも、男性の各国代表がマイクを独占した。各国政府は、女性の地位の問題を外交の手段に使ったといわざるをえない。

しかし皮肉なことに、女性の問題は、パレスチナ問題や南北の経済的不平等と較べると「贅沢な（ラグジャリー）」問題とみなされたがゆえに、委員会レベルでは大した論争もなく、「行動計画に」合意が成立し、採択された。かつ、NGOの会議では、インフォーマルな接触、交流が成功を収めた。相互の経験を学びあうことを通じてである。

ただ、以上のような事態は、次回のナイロビ会議ではなくなり、女性の問題を中心に議論することができるようになった。政府の代表も（それまでの大使夫人などに代わって）フェミニストが参加した(49)。経験からの学習というべきであろう。

ともかくコペンハーゲン会議では、米国政府代表は、レーガンの娘、モーリン・レーガンがなった。そして、会議を失敗に終わらせたくないとの考えから南（および東）に妥協した。イスラエル批判を引っ込めさせたのは、ケニア代表・議長の功績であった。今大会は財団からの支援で、準備の会議が行われていた。フォード財団、ロックフェラー財団、カーネギー財団などである。予想以上の参加者を集めたためもあって、「ピース・テント」も設営された。イランとイラク、パレスチナとイスラエル、米国とソ連の女性が話し合える場を作ったのである。メディアの報道も好意的であった。レポーターに女性が加わったことの意味も大きい。

さて日本では一九八一年に第二次臨時行政調査会（第二臨調）が設立されたが、女性問題に無関心であった。それどころか、冷たい態度を示した。「女性の地位は十分に上がった。女性保護という局の役割はすでに終わったのではないか」との意見が多数であった。婦人少年局は労働省内で最も厳しい定員削減を受けた。(50) 実は、この局は行革の中で常に廃止が提案されてきた。労働運動の後退によって、婦人労働改善の推進力がなくなったことが大きい。しかし臨調の事務局長だけは女性問題の重要性を認識し、そのために総理府の婦人担当室を強化、それを婦人局に改組し、代わりに労働省の婦人少年局を廃止することを唱えた。しかし総理府の官房は面倒なものは欲しくないと消極的であった。しかも第二臨調は、全体として、労働に厳しかった。中曽根も、女性の地位向上に反対ではないが、慎重な姿勢であった。合意を得つつ、「ノロノロと」という態度であった。(51)

そんな中で一九八二年、婦人少年局に男女平等法法制化準備室が設置され、均等法制定への動きが本格化した。総評婦人局長の山野和子（全電通出身）が赤松と接触しつつ、イニシアチブをとったのである。(52) ここで均等法の思想とは、保護から平等へ、妊娠、出産以外では、男性との差、保護を認めないというもので、国際的な流れを受けたものである。意外なことに、労働（とくに総評）が反対した。とりわけ、一九七八年に労働基準法研究会が生理休暇の廃止を提言したことに大反対の姿勢をとった。

経営側が均等法に反対したことは当然である（もっとも当初反対していた日経連は世論の反対をおそれ

て反対声明を取りやめた）。さらに、「日本企業は女性を差別して競争力を高めている」との国際的批判もあった。経営効率の観点、経済成長の足かせという議論からである。また、地方の経営者団体は、「女子は補助労働を原則として日本の世界に冠たる終身雇用制が維持されている」、「女子労働者は勤労意欲が低く、労働保護法規に甘えている」といった批判を加えた。しかし当時の風潮からして、女性の平等に対して、強い反対はできなかった。国際的には、日本経済の世界での「一人勝ち」が八〇年代中期には明らかになる。この背景では、経営の効率化を損なう（と思われた）措置も、国際的基準からして受け入れざるを得なかったのである。

他方、経営だけでなく、伝統派・保守主義者の反対も登場した。「女性がみんな外で働くようになれば、家族が絶滅の危機に瀕する」という議論である。[53] 大野明労働大臣も「自分の廻りにいる女性はみんな結婚したら家にいたいと言っている」と発言した。[53]

中曽根内閣と均等法

ところが、労働大臣経験者の藤尾正行が政調会長に就任したことで、事態は進む。彼は保守派と見られていたが、（若干浪花節的な）「弱きを助ける」が信条で女性の地位向上に前向きであった。[54]

しかしながら、ラディカルなリブ・グループが反対を表明した。「赤松局長糾弾」、均等法粉砕のシュプレヒコールによってである。立法化のために妥協を重ねていることに反発したのである。

ところで、均等法の制定は、前述の条約の批准の前提条件であった。一九八五年のタイム・リミットを前に、国際的信用という観点が浸透していった。中曽根首相も、対外的イメージの改善に腐心していた。労働省は全体として、規制緩和に転換し、労働の柔軟性の拡大へ向かった。国鉄民営化を前にした運輸省、電電公社の民営化を前にした郵政省、臨教審路線を受け入れた文部省と同じロジックである。社会民主主義の一つの柱としての経済統制からのネオリベラル型転換の表現である。七〇年代のフェミニスト官僚についていえば、「機会の均等」派で、エリート女性の立場を表明し、恵まれない女性の味方というパターナリズムからの脱皮がなされていたと言えよう。しかし現実の政治対立においては、ネオリベラル・フェミニストは、ネオリベラル勢力からは支持を得られず、むしろ社民勢力、とくに社民的フェミニストの協力を得ざるをえなかった。

一九八三年春、第九八回国会の予算委員会等で男女雇用機会均等法の審議が始まった。首相は中曽根康弘であった。法案成立に歯止めをかけようとしたのは、労働大臣の大野明であった。彼は、労働行政に精通していたが、典型的な男女役割分担主義者であった。[55] 赤松らは、政界、財界、労組（とくに総評、同盟などの婦人部）、女性団体などにアプローチし、賛成を得るよう説得して回った。

しかし、なかなか説得は功を奏さず、一九八三年内成立を予定していた法案の先行きが危ぶまれた。八三年一二月の総選挙で自民党が追い込まれ、新自由クラブとの連立を余儀なくされた。この第二次中曽根内閣では、河本派の重鎮、坂本三十次が労働大臣に就任した。彼は就任早々の記者会見で、均等法の成立を最重要課題であると述べた。八四年に入ると、赤松らは中曽根首相に（異例の）面談をして、婦人少年問題審議会で何度議論しても労使が対立している実情を説明し、法案への彼の了承を得て、通常国会に向けて全力疾走した。

専門委員会では、労使の対立が厳しいため、公益委員のみで「たたき台」を作成して、八四年二月二〇日、これを試案として発表した。これを巡っても使用者側と労働側の間で厳しい対立が続いた。しかし、何とか妥協を成立させ、答申を得て、五月九日、自民党政務調査会の承認を得て、一一日閣議決定、一四日に国会に提出した。

この法案は、衆議院社会労働委員会に付託され、傍聴席は女性で一杯となった。激しく攻撃的な質問が多く、答弁は決して楽ではなかった(56)。委員会は七月二四日に審議を終え、賛成多数で可決され、衆議院本会議でも可決されて、参議院に送付された。八月七日に参議院社会労働委員会で議決され、八日に(会期終了のため)本会議で、継続審議となった。そして、一九八五年四月一一日から社会労働委員会で審議が再開され、五月一〇日参議院本会議で可決され、衆議院にもどされた。そして、五月一七日についに可決、成立した。これに基づいて、条約の批准の手続きに入り、これは比較的スムーズにいった。

次いで、厚生労働省は、「男女雇用機会均等法等政策研究会」において、均等法の見直しに関する検討を開始した。一九九〇年代にも改正が行われるが、さらにこの研究会は二〇〇五年一二月末、労働大臣に建議を行いそれを踏まえて、翌〇六年三月、改正案が国会に提出され、ついに六月に成立した。メキシコ大会から一〇年が過ぎていた。

六　橋本行革から小泉行革の中の行政フェミニズム
――男女共同参画社会基本法制定への道

一九九一年当時、総理府に対して、婦人問題妨害本部だといわれるほど、女性行政が進んでいないといういらだちが関係者に流布していた(57)。そんななかで、有識者会議意見に基づくかたちで、同年、ナショナル・マシーナリーに関する検討委員会が立ち上げられ、座長には赤松良子が就任した。そして、九月に初会合がもたれ、基本法制定の方向に向かった。ただし基本法は、刑罰、納税など国民の権利義務に直接はかかわらない、一種のプログラム規定とするとされた。そして、二年後の九三年五月に報告書が作成、公表された。しかし法的整備についてトーンダウンの観は否めなかった。

一方、一九九二年一二月の宮澤喜一改造内閣で（女性に人気のあるとされた）河野洋平内閣官房長官に「婦人問題を総合的に推進するために行政各部の所管する事務の調整を担当させる」旨の発令があり、初めて婦人問題担当大臣が置かれた。この決定は、実質的には石原官房副長官のアイディアであったといわれる。[58]続く細川内閣では、名称が女性問題担当大臣に変わり、武村官房長官が任命された。武村は女性問題に積極的で、審議会設置につき総理府にはっぱをかけた。官房長官は多忙なので女性問題に時間を割けない憾みはあるが、影響力が大きいというメリットがあった。[59]かくて、「男女共同参画審議会が設置され、［一九九五年開催予定の］北京会議に備えるという体制が作られたのは羽田孜内閣から村山富市内閣に代わる境目の頃」である[60]（男女共同参画という耳慣れない言葉が使われたのは、言うまでもなく、男女平等というと保守勢力の反発を招くことを回避するための妥協の産物である）。

他方、「ナショナル・マシーナリーに関する検討会」が北京会議対策の一環として一九九三年五月に報告書を提出した。九二年一二月には「国際婦人年連絡会」が申し入れをおこない、検討委員会は大きく力づけられた。

そして九四年、北京大会への「お土産」として、政令にもとづく審議会が設置され、かつ総理府に男女共同参画室が設置（初代室長に坂東）され、本部が各省次官級から閣僚級に格上げされた。審議会の座長には赤松良子が、また有馬真喜子、古橋源六郎がメンバーに加わった。

翌一九九四年八月には、村山首相は、新設の男女共同参画審議会に対して、総合的ビジョンについての諮問をおこなった。九六年七月、同審議会は「男女共同参画ビジョン」を答申、同年一二月、「男女共同参画二〇〇〇年プラン」を策定、閣議に報告した。北京会議が「できれば一九九六年中に自国の行動計画を策定する」という要請を行っていたことに応えたものである。

北京会議は、政府代表の一人としてこれに参加した坂東眞理子によると「印象的だったのはNGOフォーラムである。三万五千人の参加者を集めたNGOフォーラムには、女性たちのエネルギーが満ちあふれ、この迫力が政府間会議にも影響を与えた」という[61]。坂東は、これに刺激されて、埼玉県副知事に任命されたとき、「世界女性みらい会議」を開催した。「あの〔北京〕NGOフォーラムをこの大宮でも開催できないかと、県下の女性団体、グループから、ワークショップを公募した。……内容は原則として各団体にまかせ、県は干渉しないし責任も持たないということにした。はたしてどれだけの団体、グループが参加してくださるか、宗教団体、政党、政治団体が形を変えて参加することはないか、女性政策課も心配し、正直おそるおそるの企画だった。しかしふたを開けてみると、応募は七十三グループにもなり……その性格も硬軟様々……正に北京の熱気が大宮に再現できそうだった」。そして、参加団体は、その後もこのときに作られたネットワークを存続させ、自ら次のフォーラムを企画、実行していった[62]。

さて一九九六年一月に橋本龍太郎が首相に就任し、省庁再編、金融改革など六大改革を掲げた。そして、男女共同参画社会の実現が日本の構造改革の「大きな鍵」であると言明し、一〇月に選挙をおこなった。それにそなえて「橋本行革の基本方針について」と称するいわゆる「橋本行革ビジョン」を公表した。そして、第二次橋本内閣発足にあたって、「女性基本法制定」などについて「自社さ」（自民党・社会党・新党さきがけ）三党合意が作られた。社さは閣外協力にとどまったとはいえ、自社さ政権は、反小沢一郎であり、反ネオリベラル（反ネオコン）連合である。中曽根内閣時代に生まれた対立軸が、政党間対立として顕在化したものであるといってよい。* ただ興味深いのは、この対立軸は日本においては、フェミニズム＝反フェミニズムという対立軸とは、重なり合っていないことである。当時の日本においては、米国の場合と違って、ネオリベラル勢力も反ネオリベラル勢力も、リーダーのレベルでは、それぞれ独自の立場から女性政策の推進に積極的であった（あるいは少なくとも否定的ではなかった）。その一環として女性基本法の制定、均等法の改正・強化、総理府の男女共同参画室を内閣府の局に格上げすることが決まった。とくにさきがけの議員団座長、堂本暁子が熱心で、土井たか子社会党委員長も同様であった（この時の与党三党合意において、男女共同参画社会の推進体制の強化が確認事項として入れられた。堂本の強い要求によってである）(63)。

＊小沢グループに加わって新進党を形成した民社党、公明党についていえば、独自の立場からネオリベラル連合に加わった。民社の場合は、その支持母体の中核である民間大企業労組が公的セクター労働者を納税者の立場から国家への寄生的存在として批判する姿勢をもったことに由来する。こうした構造は、諸外国でもしばしば見られることである。また公明党の場合は、利権の散布が不要なまでに独自の集票組織をもち、政治による利権から遠い存在であったことから、自民党と社会党との既得権益の構造に強い反発をもっていたことが行革支持の背景になる。「弱者の味方」を自認しながらも、庶民の間にある「自助努力指向」を代表していることも、同じ効果をもった。民社、公明の行革支持がすでに中曽根時代に顕在化していたことも、彼らが第二臨調の有力な支持者となっていたことに明確に認められる。

また、行革会議の猪口邦子が、橋本の支持を得て、女性問題を橋本内閣の中心課題の一つにしていく。猪口は、会議で「まくしたてたり、バンバン原案を出し[64]」、橋本首相自身が行政のノウハウについて猪口にアドバイスしていた。猪口は「橋本総理が特別理解を示され」有権者の半分は女性だから他の政治家も理解を示したという[65]。行革会議の中で賛成者の少ない猪口を支えたのは橋本であると指摘される所以である[66]。また橋本による省庁再編の過程で、労働省が厚生省との合併で名前を残したいという主張を猪口が支持することで、自らの政策への両省の支持を得た。堂本曉子や田中眞紀子ら女性議員や民間の女性団体が外部から支援したことの意義も大きい。

大沢真理は、猪口に「女性省を置くと女性政策がゲットー化するから、主流化するためには、首相府に調整部局を置くオーストラリアのような形がいいんですと言っておりましたら」、猪口がその線で一貫して論陣を張ってくれたという[67]。

「九五年七月に総理府が行った世論調査で基本法が必要との世論の盛り上がりが見られ、翌九六年七月にビジョンが出たときに各新聞社が好意的に反応しました。政治家はこういう実態を見ているもので、同年一〇月の総選挙で自民党は基本法の制定を公約し、さらに自民・社会・さきがけの三党合意にも入って、基本法をつくることに追い風が吹いてきました。そうしたなかで基本法検討小委員会は一三回の検討をかさねました」という（古橋源六郎男女共同参画審議委員[68]）。

橋本行革の中で、画期的だったのは、女性政策に関してであり、内閣府の中に合議体が置かれ、官房長官や他の担当大臣が、「個人的には男女平等なんかまったく好きじゃない人が官房長官になろうが、一定のである。

のことが進んでいく」ことになった[69]。橋本行革で男女共同参画は内閣府に置かれ、いわば「主流化」した

一九九七年三月末、男女共同参画審議会が法律に基づき、設置され、六月一六日に初会合をもった。ここで橋本は改めて「共同参画」を「六大改革」の「大きな鍵、大きな柱」であると強調した。

男女平等から「共同参画」へ

さて、一九八〇年代後半、ナイロビ会議以降、すなわち「国連婦人の一〇年」以後、それに対する反省が登場した。八〇年代には南北格差が一層拡大し、途上国の婦人の地位は向上していかなかった。そのため、途上国の女性の立場からは、「平等」では自分たちの問題は解決しない。開発の女性への配慮が必要との声があがった。そして、ポスト一〇年の課題として、開発の過程に女性を参加させよとの要求が出された。ここにジェンダーの視点というタームが登場したのである。続く一九九五年の北京会議でジェンダーとエンパワーメントが女性問題のキーワードとされた[70]。日本では、九四年、総理府で、ジェンダー・イクォリティーの語が、男女共同参画と訳されることになった。総理府の「婦人問題企画推進本部」「婦人問題企画推進有識者会議」「婦人問題担当室」がそれぞれ、「男女共同参画推進本部」「男女共同参画審議会」「男女共同参画室」に改められた。

女性運動が求めた「男女平等」という言葉が、「保守派政治勢力から「平等は困る（男と女を何もかも同じにするように聞こえる）」という声」で退けられ、「男女共同参画」になったからである[71]。むろん、意思決定への参加という積極的意味もあった。

ところで、性別役割分担の解消とは一種の「ヒトの規制緩和」であり、性別グループ分けをやめ、個人が多様な個性をもつ、「自己決定能力」の意である。伊藤公雄によれば「一九九五年前後は、日本の女性

運動にとって、重要な転換点だった。九四年、男女共同参画審議会がつくられたことで耳なれない「男女共同参画」という言葉が登場し、九五年には、同審議会による「男女共同参画ビジョン」と「男女共同参画二〇〇〇年プラン」のなかで、「ジェンダー」という言葉が登場した。そして、「ジェンダー・フリー」という言葉も東京女性財団によって紹介された。……」「その一方で、この時期、「フェミニズムはおわった」「ポストフェミニズム」といったような記事もよく見かけた」。

九六年末には「行動を起こす女たちの会」が解散した。「メディアは会の解散を、「フェミニズムの断絶の世代」のシンボルとしてあつかった。同じ時期には、家庭科の男女共修をすすめる会や日本婦人問題懇話会なども解散寸前の状態にあり、両団体とも間もなく解散した。」

「草の根女性運動とくらべて、圧倒的に膨大な予算をもつ行政が、いままで女性団体が地道に作成し、売ることで活動資金の足しにしてきたパンフレットのたぐいを……無料配布してしまう。……バブル期に建設された立派な女性センターなどで、さまざまな講座が開かれる。また、大学では女性学の講座が、以前よりは確実に増えていた。この流れのなかで、主導権を握ったのが、学者がリーダーシップをとる行政プロジェクトならびに運動体となっていった。……男性学者たちも参入しやすくなっていった。こうした場で、「バリア・フリーから援用された」ジェンダー・フリーという言葉が盛んに用いられた。行政主導のプロジェクトで考案され、いわば上からおりてきた概念だった。」「この言葉が「カタカナでわかりづらい」からこそ、行政は「安全」だとして使った面もあるだろうし、行政や学者にとっては、この言葉を上から市民に教えるという啓蒙事業にもつなげることができ」た。「ジェンダー・フリー」は、その後、急速に全国に広がっていった。

「ジェンダー・フリー」という言葉は、一九九五年、東京女性財団のパンフレット『若い世代の教師のために――あなたのクラスはジェンダー・フリー？』が最初である。[72]

さて前述のように、橋本内閣は、一九九六年総選挙に向けて「橋本ビジョン」をうちだした。男女共同参画社会の実現が日本の構造改革の「大きな鍵」であると表明したのである。[73] 国民の負担率の抑制の背後に、財政危機の認識があり、その中で、少子化、超高齢社会の危機が迫っているという危機感に裏付けられたものである。厚生族としての橋本ならではの発想であった。社会保障制度を「男女平等の視点に立って」見直す必要である。さもないと、家族を形成し維持する女性の負担はいっそう大きくなり、女性が結婚せず子供をつくらない傾向を助長し、かくして一層の少子高齢化社会となるというのである。

さて、総選挙後の第二次橋本内閣では、連立していた社民党の党首は土井たか子、さきがけの議員団座長は堂本暁子で、自社さ連立のこのトリオで、一九九七年三月末、男女共同参画審議会設置法が成立した。

そして、橋本の「六大改革」の一環として

①新設される内閣府に男女共同参画に関する企画立案をになう機能が与えられ、男女共同参画会議が置かれることとなった

②経済構造改革の一環として、雇用労働分野の抜本的政策転換が目標とされ、労働の規制緩和、能力主義を促進することとした

③介護保険制度の創設

が決まった。

以上のうち制度強化の実現は、行革会議における猪口邦子のイニシアティヴと橋本首相のリーダーシッ

プによるところが大きい[74]。しかし、「国民負担率五〇％以下」という目安は、財政構造改革法によって社会保障に課された制約であった。

一九九六年、男女共同参画審議会（総理府）が「男女共同参画ビジョン――二一世紀の新たな価値の創造」を橋本首相に提出した。優秀な人間は男女の別なく使い、そうでない者は男女の別なくリストラするというネオリベラル的な主張とも読めるものである。

一九九七年三月、男女共同参画審議会設置法が成立し、それまでの政令上の審議会から法律上の審議会へ格上げされた。審議会の事務局として男女共同参画室の存在が法的に認知されたのである。これに伴い、「女性白書」は「男女共同参画白書」に変更になり、七月に第一号が発行された。

共同参画基本法の成立

一九九九年六月一五日には、男女共同参画社会基本法が、参議院で可決された。両院とも全会一致であった。選択的夫婦別姓に反対していた議員も賛成したわけである。「男女共同参画」は安全なことと思われていた証拠であろう、「共同参画」という目新しく、無内容に響く言葉のためではなかったかとも思われる（男女共同参画を政府はジェンダー・イクォリティーと訳し、国際的には「平等」というポーズを取った）。そして、同法は六月二三日、施行された。しかし、のちに「ジェンダー・フリー」と同意語だとされ、バッシングにさらされることになったことは、後述する。

かくして政府は、一九八五年に批准した女性差別撤廃条約上の義務を、ようやくにして果たしたのである。ここにいう「積極的改善措置」とは、アファーマティブ・アクションの日本版であった。

一九九九年の男女共同参画社会基本法成立を受けて、東京都や埼玉県を皮切りに、各地で男女共同参画条例づくり運動が広がりだした。行政出身の学者や行政職員、そして行政と近い関係を持って仕事をする学者たちによってである。そして、基本法制定以降、教科書が大きく変わった。これまであまり注目されてこなかったジェンダーという視点が、家庭科、倫理社会、そして一部の高校国語教科書において、各社の教科書に登場した。[75]「男女間の格差が国際的にみても大きい国といわれる日本社会で、「学校は」例外的に「平等」と見られている領域なのだ」というのが伊藤公雄の認識である。ただし、教師も無意識な「隠れたカリキュラム」を実行していた。男女別出席簿、運動会で走るとき男子が先などの慣行においてである。しかし、女性差別撤廃条約違反との批判を受けて、一九九三年には中学校で、一九九四年には高等学校で家庭科の共修が開始された。

ところで、男女共同参画ビジョンの中に「基本的な法律について速やかに検討する」という一文が入ったということは、「総理府が法案を提出する気になり、首相官邸サイドもその線で説得されていた」「各省庁にも一定の根回しができていた」と推測される。そのイニシアティブをとったのが（橋本の意向を受けた）上述の検討会であった。[76]

二〇〇一年一月、橋本行革による、総理府の内閣府への改組が実現し、その下で男女共同参画室から男女共同参画局への格上げがなされた。橋本行革の中央省庁再編にあたって、局を減らす方針にもかかわらず、唯一昇格した局なのである。しかし、予算も人員も権限も乏しかった。「二一世紀の行政は目標を掲げ、情報を提供し、NGOや他省庁と協力することで成果をあげる」と坂東局長は抱負を述べた。この参画局は、女性がトップで、「局長が発案し、部下が実行可能性をチェックすることが多く、普通の役所とは反対だった」[77]。こうして内閣府の四大会議の一つとして男女共同参画会議に再編された（他は、経済財政諮問会議、総合科学技術会議、中央防災会議である）。他の会議に較べて最も閣僚議員が多いのが特徴である。議長に官房長官をあて、一二人の国務大臣（関係省庁の大臣）と一二人の有識者議員が加わった。この男女共同参画局は、定員三八名、初代局長に坂東が就任した。一一の省庁からの出向と民間からの出向及び任期付職員からなり、未経験者を多数含んでいた。首相の指導力強化というより、（首相の意思に関わりなく）この会議そのものが主導性を発揮できる態勢になったのである。

ただし、後の安倍内閣における（参院選を前にした）経済財政諮問会議の「力不足」をみると[78]、自民党が女性政策については、財政と違って、強い関心をもたなかったことが、この会議の主導力の一つの条件であったことが分かる。その意味で、男女共同参画という名前は、潜在的反対派を刺激しない巧妙なネーミングであった。もともとは、国連のナイロビ将来戦略で使われた「フル・パーティシペーション full participation」の訳語として「共同参画」の語が、一九九一年四月一〇日の婦人問題企画推進有識者会議の提言で初めて使われた。またこのとき以来、「婦人」に代えて、よりモダンな印象を与える「女性」という表現が使われることになった。

それまでの女性平等という言葉が、結果の平等、男女の同一化（男と女を全く同じにする）という受け取られ方をしてきた。そうした「誤解」を避けるため「参画」の語が使われたのである。共同参画は、対等に参加するという意味合いがあり、必ずしも男女が同じでなくてもよい、という含意がある。従来、労働省が女性局女性政策課をもっていたのに、総理府が対抗して、総合調整を担当して女性行政の主導権を奪う意味合いもあった。

そもそも女性政策は自民党内に族議員が存在せず、そのため政策実現が困難であったが、逆にみれば、自民党の（拒否的）介入を受けない政策領域であったことを示している。審議会の委員や世話役の担当部局も女性を中心とした独自の政策領域をもち、金融政策と同様の自律性をもつ。ネーミングがこの傾向を維持することに役立った。誰も（少なくとも表向きには）反対できない家庭内暴力やセクシャル・ハラスメントは例外として、依然男女平等には反発が強かったのである。

一九九五年から翌九六年にかけて男女共同参画ビジョン策定の審議会が開かれたが、大沢真理はこの時期を回顧して「事務局が引き回したくても、その素養がないんです。大学で女性学を学んでいませんし、役所に入ってからも女性政策というのは本当に周辺の「ウメチル」（ウィメンとチルドレン）ですから、ジェンダーという発想はまったくないわけで、結局委員が発言し、自分の発言したことを起草して、文章をつくっていくという、稀に見る審議会だったんです」という。「審議会では、……反論するにはやはりそれなりの論理を準備しなければならない。それだけの論理のある人は……いなかったということですね」ということなのであった[79]。

さて、専門調査会の構成であるが、①影響力専門調査会（Gender Impact Assessment）、②苦情処理・監視専門委員会（オンブズマン）、③暴力専門調査会など、すべて外国のモデルをそのまま採用した。一九九七年には、男女共同参画審議会が設置法にもとづき発足し、橋本首相が六月一六日の第一回の審議会で挨拶した。また、橋本首相は、一九九八年二月一六日の施政方針演説で、男女共同参画の理念を述べ、基本法の制定を約束した。この明言で、基本法の国会提出は「予想以上の速さで具体的なプログラムに上がってきた[80]」。審議会の議論はスピードアップした。

さて、アジア金融危機を受けて参院選で自民党が惨敗し、橋本は首相の座を降りた。これを継いだ小渕恵三内閣は、一九九九年六月、男女共同参画基本法を制定させた。税制社会保障、男女別姓の容認、企業の家族手当の廃止などを念頭においたものである。実は、小渕内閣の下で、野中広務が官房長官として男女共同参画担当相を兼ねることとなった。そもそも野中は被差別部落出身で、同和をはじめあらゆる差別に強い関心をもち、女性差別解消にも積極的で、基本法の国会での成立や参画室の局への昇格に向けて、その政治力を発揮してくれた。[81]

その小渕は脳梗塞に倒れ、そのあとを継いだ森喜朗首相が男女共同参画局に対し、次の参院選を前に、働く女性の子育てを支援する方策を六月までに検討するようにと指示した。森は文教族のボス的存在で、それまで長年幼稚園・保育所に関する問題にかかわってきていた。参画局は、それまで女性に対する暴力について検討する態勢を整えはじめていたが、同局には、保育行政についての専門知識の蓄積も、経験者もいなかった。しかし、新局を一つの挑戦と受け止めた。[82]

一月二三日の男女共同参画会議の第一回会合で、「仕事と子育ての両立支援専門調査会」の設置を決定し、樋口恵子に会長、島田晴雄（規制緩和論者）に会長代理を依頼した。幼稚園、保育所の関係者（すなわち保育業界代表、つまりは利害関係者）を委員に加えなかったことは画期的である。同会議は、保育所の定員を増やし膨大な待機児童を解消し、かつ自治体の負担を軽減するため、民間の企業、NPOの参入を歓迎する（保育業界が反対する）政策を掲げた。坂東局長も民間の参入に好意的であった。かつての電電公社の民営化における郵政省と同じ立場に立ったわけである。それまで、公立保育所は高コスト体質で、補助金も高額であった。幼稚園からみると格段の優遇であった。森にとっても、幼稚園と保育所の一元化は長年の課題であった。参画局としては、十分、業界の事情を知らないままに改革の方向に向かったというのが坂東の述懐である。[83] 参画局は、収入のためやむをえず働くのでなく、女性が働くのは当たり前という発想でこの問題に取り組んだ。この方針に対して、幼児を保育所に預けるべきではない、母親は職をもつべきでない、という反対論が、保育機関関係者に、また（やがて）自民党議員に広がった。

審議会は九八年一一月四日に基本法制定を答申した。社民、公明、民主各党は、これについてそれぞれ提言を行った。一九九九年一月九日の施政方針演説で小渕首相は、基本法案を今国会に提出すると言明した。そして二月二六日に閣議決定の上、参院先議で国会に上程した。民主党も対案を出すが、自民党との間に合意が成立した。こうして、一九九九年六月一五日、男女共同参画社会基本法が成立をみた。実務家（フェモクラット）の感想では、基本法の成立には、実はＮＧＯの要請運動が大きな役割を演じていたという。(84)

七　男女共同参画社会基本法の一層の進展

フェミニズム的教育に対する「バッシング」の動き（後述）に対抗して、一九九九年の統一地方選挙では、「女性を政治へ」がキャンペーンとなり、女性候補者、当選者が激増した。実は、ナイロビの国際会議で目指すことになった三〇％という数字を達成することが目標で、草の根グループの活躍が目立った。とくに東京都の「生活者ネットワーク」が三二の市区で四四人の候補者を擁立し、全員が当選した。(85)次の二〇〇三年でもさらに増加し、女性首長も次々誕生した。労働者が政治に進出するのに、五〇年遅れてというわけである。

専門家委員会に当時首相であった森喜朗も出席し、家庭と仕事の両立の必要を熱意をもって述べた。総理の熱心な取り組みを受けて、委員ばかりでなく、各省もこの問題を重視することになった。そして中間発表に、「待機児童ゼロ作戦」とネーミングした。中間発表後、森首相が辞任し、小泉純一郎の登場と政局は急展開した。その中で、以上の動きは、森のペット・プロジェクトとして失速の危機に陥った。しかし、就任早々の事務説明で坂東が「待機児童ゼロ作戦」など男女共同参画の推進は、構造改革と車の両輪で進めるべきだとの進言に小泉は「大きくうなずき」、初の所信表明で、待機児童ゼロ作戦の推進、男女共同参画の推進について、言明した。[86] 小泉はのちに、郵政解散と呼ばれる衆院選で多数の新人女性候補を、郵政民営化に反対した自民党議員たちに「刺客」として擁立し、ドラマ性を演出した。

そして閣議決定のために自民党厚生労働部会で説明を行った。ここでは「子どもの福祉を二の次にして大人の都合ばかり優先するもの」「企業が参入してカネ儲けをしたらどうするのか」など、異論が続出した。しかし、官房長官の調整で、自民党の了承を得ることに漕ぎ着けた。

その直後の参院選では、小泉は応援演説でしばしば「待機児童ゼロ作戦」を引用し、公約として認知されたことになって、保育所定員は増加された。従来なら厚生労働省の管轄であることに内閣府が口をだすことはできなかったが、子育て支援は、気の毒な人を支援するという議論ではなく、女性の能力を活用するという発想で進められた。この理屈で厚生労働省の介入を回避したのである。

また、日本的経営が「同質経営」に陥り、弱点となっているという日本の企業文化への批判を展開し、[87] 男と同じになるのではなく、多様な視点をビジネスの世界に導入すべきだと論陣を張った。日本的経営では、女性ばかりでなく、特殊な、優れた能力をもつ男性、外国経験をもつ男性も評価されないとも批判しつつである。インプリケーションとして、女性を障害のある人と同一視するなという観点が貫かれている。

もっとも坂東は、障害者の雇用に積極的であったが。坂東は、経済企画庁への出向経験から『米国きゃりあうーまん事情』（東洋経済新報社、一九八一年）を執筆、公刊しており、ここでは個人の努力に任せるべきだという主張が多いのが目につく。彼女に対しては、エリート女性の支援ではないかという批判も根強かった。

さて、二〇〇二年一月一八日の男女共同参画会議で、小泉首相が「女性たちが元気になれば、男性も元気になる」と、女性のチャレンジ支援について検討するよう指示した。実は、坂東局長が、官房長官、内閣府の了解を得て、小泉にこうした発言をしてくれるよう要請し、小泉がこれに応えたものであった。「幸い小泉総理は……率直に女性の活躍を喜ぶ男性」であった[88]。さらに、通常国会冒頭の施政方針演説でも取り上げてもらった。

小泉内閣でも内閣府の副大臣、亀井郁夫（男女共同参画担当ではない）と米田健三（男女共同参画担当）が、男女共同参画の行き過ぎを憂慮する立場で、米田と（決済を求めた）坂東とはしばしば大議論になった。他方、合計特殊出生率の低下がとまらないことに厚生労働省が危機感をもち、二〇〇三年七月には次世代育成支援法が制定された。

また、介護保険法の審議では、亀井政調会長が「子が親を介護するという美風を損なう」（一九九九年秋）と発言した。その主張にもとづいて同年一一月五日、政府の見直し策「円滑実施特別対策」が作られた。さらに亀井は、同居家族がいる高齢者には家事援助サービスの提供を制限すべきとの注文をつけた。厚生省は、二〇〇〇年六月に訪問介護での家事援助サービスを抑制する方針を打ち出していたが、これを批判するものであった[89]。

なお、小泉内閣の経済財政諮問会議は「骨太の方針」を打ち出し、小さい政府、福祉の削減を主張した。前提として日本は、高福祉であるとの判断があった。小渕内閣の経済戦略会議「最終答申」（一九九九年一二月）には「過度の結果の平等」「手厚い社会保障システム」といった表現が散見する。格差集団の存在を無視したもので、とくに女性差別の観点が見られる。

戦略会議の提言とそれを基礎とした経済財政諮問会議による福祉改革のプランは、「男性稼ぎ主」モデルに依拠し、低所得の女性高齢者にとくに厳しい措置となっており、ジェンダー・バイアスが隠されている。しかし、中曽根改革と違って、男女平等が少なくとも建前の上で、重要課題として位置づけられている。

その一つの理由として、日本の、そして小泉自身のポピュリズムがある。支持なし層や柔らかい自民党支持、とくに女性の支持が、ポピュリストにとって大きな比重を占める。ポピュリスト的性格をもつ三木武夫、海部俊樹、橋本龍太郎、そして本格的ポピュリストとしての小泉純一郎にはその傾向が見られる。ちなみに、県などのレベルでは、女性担当部局は知事直属の行政の中心に置かれることが多い。女性有権者と知事とを直結させることが、政治的に重要だからである。

八　女性学の興隆と均等法時代の女性たち

フェミニストの活躍を尻目に、一九八〇年代の女性たち、とくに若い女性たちは、男女の平等を含む社会問題への関心を失い、豊かさと自由を享受しつつ、フェミニズムに関心を喪失していった。フェミニストたちが彼らの自由と豊かさをもたらしたにもかかわらずである。[90] この状況は、社会主義運動が労働者に貧困からの脱出と豊かさをもたらしたが、そのことがかえって社会主義への関心を失わせた一九五〇年代末から六〇年代初めと、基本的に同じ構図をみせている。豊かさが無関心を生むという点においてである。そしてフェミニストが「怖い存在」と見なされ、孤立し、自分たちとは異質の存在として一般の女性からみられるようになった。彼女らは生活をエンジョイする女性たちで、そのために晩婚化、少子化が進んだ。

ところで、荷宮和子は、フェミニズムのエリート性をやや揶揄して、つぎのように書いている。「フェミニズム＝出世指向＝ある程度の学歴の女だけがもつ欲望」、「単に「仕事がしたい！」だけでなく」「役職につきたい！ポストがほしい！　男と同様に出世がしたい」と考える思想だった。それに対し八〇年代の女性の大部分は、「仕事したい、お金を稼ぎたい、恋愛・セックスしたい、洋服欲しい、旅行（つまり外泊したい）etc.」、一言で言って「キモチイーことがしたい！」だったのであり、この態度を荷宮は「フェミニズムのようなもの」と名付けている。ちなみに、この「フェミニズムのようなもの」の第一の代弁者が林真理子であった。そして、この両者の乖離がフェミニズムの「没落」をまねいたのだと記す。[91] 荷宮自身、上野千鶴子を主たる標的として、後者の立場から厳しく批判している。* ところがバブル崩壊後、とくに二〇〇〇年代に入ると、この二つの潮流はいずれも姿を消してしまった。「フェミニズムのようなもの」についていえば、その余裕が失われたし、それ以上に「したいこと」がなくなってしまったからである。

＊林真理子は一九八八年いわゆる「アグネス論争」の火付け役の一人を演じた。歌手のアグネス・チャンが大学で

の講演に幼児を連れてきたこと（「子連れ出勤」）に対し、「大人の世界に子どもをいれるな」「周囲の迷惑を考えていない」「プロとして甘えている」と批判の声を挙げたのである。このときアグネス弁護に立ち上がったのが上野千鶴子であった。アグネス自身は、この事件が広く議論されたことで、国会でも取り上げられ「育児休業法」（一九九一年）に繋がったと自負している[92]。林は、上野千鶴子によって「アンチ・フェミニストの代表」の一人とされ、また右翼グループ「新しい教科書をつくる会の賛同人」でもあった[93]。このとき、「国会、公共機関、NHK、フェミニスト等々、圧倒的多数の人々がアグネス擁護にまわり……子連れ出勤を擁護した」という[94]。

以上にいう若い女性とは、「均等法（一九八五年）以後」の女性たちである。そして、一九八〇年代後半というのは、日本経済にとって空前のバブルの時期である。「フェミニズムのようなもの」とは、バブルに咲いたあだ花だったのだろうか。一九九一年にバブルが崩壊し、氷河期に入った中で、彼女たちはどうしたのだろうか。そしてフェミニズムはどうなったのだろうか。

ここで一つの参考になるのは、男女共同参画についての認知度である。二〇〇一年に北九州市が行った調査である。同基本法の施行を知っていると答えた女性は、八・四％、そもそも法律を知っていると答えた女性は六〇・二％にすぎない。男性よりも認知度は低い。若者もやや高いが同様の結果である[95]。

第二波フェミニズムの成果として、女性学は、アカデミズムに一定の基盤を築いて、着々と成果を上げている。しかし、「一般の女性」からは、フェミニスト学者は、「勉強しなくては」とせまられるようで、「こわい」存在である事態は変わらない。女性政治家、企業の女性管理職・役員、専門職、芸術家の女性も着実に増えている。あるいはスポーツでの女性の活躍もめざましい。他方で、近年のフェミニズム運動は「衰退」しているが、左翼ラディカリズムの衰退と軌を一にし、ネオリベラル、グローバリズムの全盛の中で、これに対抗すべき勢力全体の衰退の一環となってしまっている。さらに言えば、第一波フェミニズムが最後の社会民主主義革命であったとすると、第二波フェミニズムは最初の（マイノリティによる）ポストモダン運動であった。両者を総体してみると、女性解放運動、女性の権利運動は、最後の社会民主主義革命とポストモダン運動とを総体として含むものであった。それがネオリベラリズムの潮流に押し流されてしまった感がある。

かくして「私［上野千鶴子］たちの世代には、すくなくとも女はまとめて差別されているという被差別者としての集団的なアイデンティティをつくれるだけの社会経済的な根拠がありました。だが、いまはそれが勝ち組と負け組に分解してしまいました。……若い女たちはネオリベ的なエートスが内面化され」てしまったのである。[96]かくて、「フェミニズムはもう古い」「フェミニズムは終わった」という事態となった。女性の保守化が進行し、抑圧や支配の「痛み」をもう感じない女性が増えた。[97]

そして、先にもふれたとおり一九九〇年代以降、「働かずに早く結婚して専業主婦になりたい」女性が増え（若い男性の間にも、専業主婦を望むものが増えたという[98]）、その背景には、労働条件の悪化と就職も困難になったことがあるのだが男性の給与も職の安定もなくなったので、一生を託せる夫が見つけられず、非婚が増える結果となった。これが少子化につながり、急速な出生率の低下を生んでいるのである。

これに対処するために、第二次安倍内閣で、アベノミクスの「三本の矢」を掲げたとき、第三の矢として「成長戦略」を挙げ、その中に「女性の輝く社会」を書き込んだ。

フェモクラットは、二つの法律という大きな成果を挙げ、与党は女性の活用・活躍政策を次々と打ち出している。そして、女性の社会的進出も進んでいる。この中でのフェミニズム運動の衰退は、むしろ喜ばしいことなのだろうか。後は、女性の活力に期待して事態の改善を待つのみということなのであろうか。

（1）江原（二〇〇〇）一七頁
（2）江原（一九九一）八七頁
（3）中西（二〇〇六）一二三頁
（4）江原（一九八五）一〇一頁
（5）同右、四三頁
（6）江原（一九九一）四三頁
（7）上野（一九八六）一五五頁
（8）同右
（9）江原（二〇〇〇）二四〜二六頁
（10）山下（一九九六）はじめに
（11）荷宮（二〇〇四）
（12）横山（二〇〇二）二二六〜二二七頁
（13）瀬地山（二〇〇一）
（14）山下（一九九六）一八、四四、四五頁
（15）上野編（二〇〇一）四一四頁
（16）江原（二〇〇〇）二七頁
（17）渡辺（一九九七）
（18）日本の女性のための本屋の草分けは、京都のウィメンズ・ブックストアであった。中西（二〇〇六）第一部
（19）大嶽（二〇〇七）
（20）赤松（一九九〇）
（21）同右、一四九頁
（22）同右、一一二頁に引用、赤松（二〇〇三）七八頁
（23）同右、一二六頁
（24）堀江（二〇〇五）二三〇頁
（25）赤松（二〇〇三）三頁
（26）堀江（二〇〇五）二三三頁
（27）井上（二〇一一）一一頁
（28）一九六〇年代前期の雇用平等政策の展開については、Zelman (1982) に詳しい。
（29）大嶽（二〇一一）八三〜八五頁
（30）Gelb (2003) p. 48
（31）以上は、主としてRayan (1992) pp. 42–44; Gelb (2003) chap. 2、進藤（一九八七）第二部に依拠。
（32）Joachim (2007) pp. 75–76
（33）井上（二〇一一）二四四頁
（34）クリントン（二〇〇三）四一〇〜四一三頁
（35）ウー、ハリーほか（一九九六）『労改（ラオカイ）』山田耕介訳、阪急コミュニケーションズ

(36) 大沢編（二〇〇二）四〇〜四一頁
(37) 同右、四八〜四九頁
(38) 井上（二〇一一）八五〜八六頁
(39) 縫田編（二〇〇二）二〇頁
(40) 縫田編（二〇〇二）二五頁
(41) 川崎（一九九八）一一六頁
(42) 赤松（一九九〇）一九三〜一九五頁に収録。
(43) 坂東（二〇〇四）五頁
(44) 篠田（一九八六）八七頁
(45) 縫田編（二〇〇二）五八頁
(46) 進藤（一九九七）二二〇頁、縫田編（二〇〇二）四五頁
(47) 進藤（一九九七）二二二、二二七頁
(48) 堀江（二〇〇五）二四一頁
(49) Joachim (2007) pp. 86, 92–93
(50) 堀江（二〇〇五）二三四頁
(51) 赤松（一九九〇）九九頁
(52) 赤松（一九九〇）七七頁、堀江（二〇〇五）二六一頁
(53) 赤松（一九九〇）五一頁
(54) 同右、五九〜六〇頁
(55) 同右、五〇頁
(56) 赤松（二〇〇三）一四二頁
(57) 縫田編（二〇〇二）九一頁
(58) 同右、九八〜九九頁
(59) 坂東（二〇〇四）一一六頁
(60) 上野編（二〇〇一）一四頁
(61) 坂東（二〇〇二）二七頁
(62) 同右、二七〜三一頁
(63) 進藤（二〇〇四）二五三頁
(64) 縫田編（二〇〇二）一二七頁
(65) 同右、一二五頁
(66) 上野編（二〇〇一）一五頁
(67) 上野編（二〇〇一）五三頁
(68) 縫田編（二〇〇二）一四四頁
(69) 上野編（二〇〇一）五〇頁
(70) 以上の国際的背景は、川崎（一九九八）
(71) 伊藤（二〇〇三）八三頁
(72) 伊藤（二〇〇三）一二八〜一二九頁
(73) 大沢（二〇〇二）第四章。
(74) 大沢（二〇〇二）一四六頁
(75) 伊藤（二〇〇三）一五八、一六四頁
(76) 上野編（二〇〇一）一一〜一二頁
(77) 板東（二〇〇四）三三頁
(78) 『読売新聞』、二〇〇七年六月二〇日、『朝日新聞』、同日
(79) 上野編（二〇〇一）二八、二七頁
(80) 坂東（二〇〇四）一二一頁
(81) 縫田編（二〇〇二）一七七頁
(82) 坂東（二〇〇四）一一頁

(83)坂東(二〇〇四)一三頁
(84)縫田編(二〇〇二)一六二頁
(85)進藤(二〇〇四)三〇〇〜三二九頁
(86)坂東(二〇〇四)二〇〜二二頁
(87)坂東(二〇〇四)四四頁
(88)同右、四〇頁
(89)『日本経済新聞』二〇〇〇年六月二〇日
(90)江原(二〇〇〇)
(91)荷宮(二〇〇四)二九、一九七、二七頁

(92)チャン(二〇一四)一八〜二〇頁
(93)上野『ナショナリズムとジェンダー』一四七頁
(94)山下(一九九一)六二頁
(95)鹿嶋(二〇〇三)三〜四頁
(96)上野・大沢(二〇〇一)四一四頁
(97)江原「フェミニズムを卒業した女たち」(一九八八)『フェミニズムと権力作用』所収
(98)小池編(二〇一三)二〇三頁

第7章　家庭内暴力の争点化からDV法制定・改正、そして児童虐待防止法へ

――アメリカと日本の経験

一　家庭内暴力の争点化

家庭内暴力（DV）というイシューは、第二波フェミニズムの中から、しかもラディカル・フェミニストによって登場した。この点は日米共通である。日本で社会問題化したのはメディアの力が大きく、一九九〇年代半ばからである。アメリカでは、ドウォーキン、マッキノンらフェミニスト学者が、レイプ、ポルノを争点にして論陣を張っていた（NOWやそのリーダーたるフリーダンにとって、主たる関心は、経済的に豊かな女性たちの生の空しさ、生活の空虚さであった。もっとも、フリーダンも子どもの虐待には関心をもっていた）。DVを告発したフェミニストたちは、自らの権利主張を核とするエリート型フェミニズムではなく、被抑圧者への共感から出発した新左翼の系譜を引くものたちで、「虐げられた人々に救いの手を」、「ベトナムの人々に救いの手を」をスローガンとしており、そこには一種の贖罪意識も感じさせる。ただ単に保護の手をさしのべるというより、虐げられた人々（DVの場合で言えば、被害を受けた

女性たち）の自立支援が目的であった。

そもそも家庭の中に権力・支配関係をみる視点は、第二波フェミニズムに独特のものである。そして調査によれば、愛情の場とされていた家庭こそが女性にとって最も危険な場所であることが判明した。親密な人こそ暴力を振るう相手であったのである。もっとも、日本は世界の中で最も非暴力的家庭であるとされ、エチオピアが最悪であるという(1)。

ところで、DVの登場には別の流れも存在した。冷戦後の民族紛争において、集団的レイプや虐殺が急増したことである。ルワンダ、旧ユーゴ、東チモールなど枚挙に暇がない。こうした状況をみて、男性の暴力性が新たに争点となり、それが家庭内暴力の認識に繋がった。

ドウォーキンは、自伝の中で次のように記している。「ニューヨーク・ラディカル・フェミニストのグループは独創性を発揮し、まだだれもこうした話に耳を傾けようとしなかった一九七〇年代初めに、レイプについて公の場で語り合う集いを企画した。彼女たちが道を切り開いたのだ。そして、スーザン・ブラウンミラーが画期的な著作『レイプ――踏みにじられた意思』によって、レイプに歴史的な意味づけを与えた(2)*。」「中産階級の女性は夫に暴力を振るわれてもひた隠しにするし、労働者階級の家庭では暴力は非難すべきだという認識がそれほど根づいていない(3)。」それどころか、男性は、暴力や支配を自らのアイデンティティの基礎にしている有様であった。

*ちなみにドウォーキンは、レイプやその他の男の暴力について頻繁に聞かされることから、「平和主義」を捨て死刑をも支持するようになったと書いている。当時の左翼がまだ大半は平和主義者だった頃のことである(4)。非暴

力を標榜していた黒人運動がブラック・パンサーのような暴力的抵抗に向かったのと軌を一にしている。女性が常に平和を愛するというわけではないことの一例である。こうした主張の上に、米国では虐待者を殺しても正当防衛だと認められることとなった。

ただ注目すべきは、この問題については、ラディカル・フェミニズムが、議会制民主主義を承認していることで、DV法の法制化や司法的解決に向かったことである。そもそも、八〇年代までには、新左翼・ポストモダン運動は総じて議会制民主主義を承認していた。街頭運動も意味づけが変化し、革命の予備運動ではなく政策変更を求めてするものとなった。すなわち、社会主義革命、暴力革命を否定したが、それはグローバルな社会主義運動、共産主義運動の衰退と歩調を合わせていた。

さて、まずアメリカでの動きをみよう。一九九四年「女性に対する暴力」(DV、レイプ)に対処するDV法が成立するが[5]、七〇年代半ばから、被害を受けた女性や子供を匿う「シェルター運動」がはじまった。そして、世紀末までに、全国に一二〇〇のシェルターが作られた。また、各地で警察の改革も行われた。この運動は地方(とくに州)が先行し、国家レベルは後からついて行く状況であった。一九七六年、NOWが、「DVについてのタスク・フォース」を設立し、翌七七年、ホワイトハウスで会合をもった。その結果、「DVに対する全国同盟(National Coalition against Domestic Violence, NCADV)」が設立された[6]。一九七九年、米国のフェミニスト団体がカーター政権時代に、DVに関する最初の連邦機関を作らせたのである。

タスクフォースとNCADVは、法制化に向けて動き出し、それが、「女性に対する暴力[防止]一九九四年法（Violence against Women Act of 1994）」に結実した。それにあたっては女性職員たちの活躍が目立った。女性連邦議員が増え、関係委員会の委員長にも就任して、である。この動きについては、メディアも好意的であった。

ただ、レーガンの登場によって一時後退する。パーソナルな、プライベートな家庭という場に国家が介入することに反対したからである。フェミニストたちは、これに対抗して、女性の権利、平等という枠組みにDVを位置づけた。DVは、女性が第二級市民であることの現れであるとして、である。こうして一九八四年には、「児童虐待法（Child Abuse Act）」に妻への暴力が追加されて立法化された。それにはグラスルーツ・フェミニストたちの懸命のロビー活動があった。公民権運動家、労働組合、宗教団体も参加し、議員たちとの連携によって先の成果を得たのである。

一九九二年選挙で、女性は民主党支持が多いというジェンダー・ギャップが明らかになり、党派的理由からも、共和党議員もDV法賛成に回った。一九九四年にはO・J・シンプソン事件が起こり、DV認識を広めた。その勢いでさきの一九九四年DV法が成立した。第二波フェミニズムの三〇年来の成果であった。一九九六年にはストーカー規制が加えられた。

他方で、ラディカル・フェミニズムの代表とも言うべきマッキノンとドウォーキンによってポルノグラフィーに対する闘いが展開された。それは被害者自身による自力救済を助けるものであり、具体的にはポルノ業界への損害賠償を請求する戦術であった。行政権力による保護、規制を求めているわけではないところに特徴がある。*

＊マッキノンのように国家を男性の支配組織である立場からいえば、司法という国家権力の一部に救済を求めるのは、矛盾している。ドイツ民主党がラッサールの時代に国家を敵視することをやめ、国会に代表を送ることを決めたこととパラレルな関係にある。

ところで、DVは国連によるアジェンダ設定が大きい。一九七六年ブリュッセルで、「女性に対する犯罪に関する国際法廷（International Tribunal on Crimes against Women）」が開かれた[7]。彼女たちは、前年の国連のメキシコ大会に不信をもち、メキシコ大会と違ってブリュッセルでは、一部を除いて参加者は普通の女性であった。それは「ウィ・フィーリング（連帯の感情）」を求めるものであった。この会議では、男性による暴力の被害者の声を聞くべきだとの主張が強く、その結果ショッキングな告発が続いた。同時に個人的な罪ではなく構造的原因があると指摘された。ラディカル・グループの集会らしく混乱の中で行われたが成果も大きかった。そして、米国、ドイツ、アイルランドなどでも、同様の集会がもたれた。ヨーロッパ各地ではシェルターに加えてレイプ・センターが作られた。アジアやラテンアメリカでも、レイプが女性に対する暴力として争点になった。これらの集会では、国家不信が表明され、国家とは独立の組織をつくる必要が説かれた[8]。

女性への暴力は国によって形は違っても、普遍的な現象であるとの認識が共有され、「女性に対する犯罪」は、ポルノも、中絶禁止もすべて含むものとされた。

一九八四年、国連の「女性の地位委員会」で女性に対する暴力の実態調査を求める決定がなされた[9]。これはカナダのイニシアチブによるもので、カナダはこの問題では先進国であった。その前提に認識の転換があり、それには、フェミニズム、NGOの貢献が大きい。家庭は愛情の場であり介入すべきでないという「神話」が、それまで流布していた。ところが実態は、家庭は最も危険な場所であるというのである。また常識では、家庭での暴力は異常な、例外的事態で病気であるという認識も一般的であった。実態はむしろ家庭内暴力は常態であって、個人的問題ではなく社会構造、文化に基礎をもつものであり、「男性優位の文化（セクシズム）」に基礎を置くものだというのである。かつラディカル・フェミニストと違って、専門家は国家不信ではなく、むしろ国家の司法組織（警察、裁判所）が介入すべき問題としてこれを捉えた。それまでは病院での相談の対象で、精神的問題であって、夫婦間の不適合が問題とされた。解決法としては、家族の絆を復活すべきというのである。警察が介入すると、伝統的社会では妻が親戚から孤立する危険があるとされた。

フェミニストは、他の犯罪と同様に扱えと主張し、ここでは国家は男性組織ではなく、中立であると考えた。

どうして認識の転換が起こったかといえば、（とくに発展途上国では）DVが非常に広範にわたっているという事実が明らかになったことが挙げられる。またDVは、精神的に非常に深い傷を残すという事実も明らかになった。直接の被害者である妻だけでなく、子どもにも深い傷を負わせるのである。ブリュッセルの場合と違って、家庭内暴力に限定され、戦争や内戦の問題ははずされた。

一九八六年一二月、国連で「家庭内暴力、とりわけ女性について（Violence in the Family with Special Emphasis on Women）」をテーマとする会議が開かれた。そして専門家会議が開かれた。前述のブリュッセルでは専門家不信が強かったが、この会議では、NGOがオブザーバーとなって、ボスニアなどでの紛争における女性に対する暴力に国際的関心が高まった。関心が再転換したのである。一九九三年六月には、国連の人権大会がウィーンで開かれたが、女性に対する暴力を人権侵害と位置づけることでこの問題に関心を集め動員を図ることになった。そしてDVは社会の権力関係から生まれたとの認識を広めるよう努力する、また国や文化、宗教を超えた普遍的な問題であるとの認識を広めようということになった。それは、世界のあらゆるところで女性は虐げられているというメッセージを発することであった。

そして、次回大会に向けて、三年間のキャンペーンを展開することになった。人権大会の開催計画が発表されると米国ニュージャージー州に本拠をもつ「女性のグローバル・リーダーシップ・センター（Center for Women's Global Leadership）」がイニシアティヴを取った。全世界の様々な女性団体を糾合し女性に対する暴力を人権のテーマに入れるよう要求した。それに呼応して、各地で集会やデモが行われた。暴力の被害にあって亡くなった女性たちを悼んで全世界で署名活動が実施され、一二四の国から五〇万の署名を集めた。それをもとに各国政府に働きかけた。他方、ヒューマン・ライト・ウォッチの権威ある人権団体アムネスティ・インターナショナルが、ジェンダー暴力について関心を示し独自調査を行った。とくに女性刑務所での（看守による）レイプなどの実情を明らかにした。

加えて「女性のための国連開発基金（UN Devolopment Fund for Women）」から支援を受けた。もともと女性に対する暴力には関心がなかった組織で、開発・発展とそれは無関係だとしていたが、女性が抑圧されている限り、人口の半分を占める彼女らの能力を開発・発展に活用することはできないというように認識が変化した。そして貧困国の女性が大会やその準備の会合に参加出来るよう、財政支援を行うこととした。

大会では、NGOフォーラムを毎朝開いて会の進行をチェックし、各国政府に働きかけを続けた。さらにNGOフォーラムは大会と並行して、一八時間にわたって「法廷（トリビューナル）」を開催した。それには政府関係者も出席し、家族内暴力から戦争まであらゆる問題について議論した。また女性の証言も得た。国際的に著名な男女五人を判事に選び、国連のこれまでの取り組みでは不十分だとの判定を下した。メディア対策にも力を用い、好意的扱いを得た。

また大会では、女性に対する暴力の問題については、米国がイニシアティブをとった。とくに、クリストファー国務長官のスピーチが目を引いた。その背後には米国国内の女性団体の働きかけが、大会中は絶え間ない国際NGOの働きかけがあった。当時のクリントン政権は、女性の地位向上に積極的で、冷戦後、国家の安全保障より個人の権利を尊重する風潮になっていたことも見逃せない。また民族紛争で女性に対する暴力も急増、あるいは可視化されるようになっていた。DVもこれによって表にでた。それまでは、逆にDVがメインテーマで、それを私的な（あるいは文化的な）問題ではないと反論することが主な課題であった。しかし南北対立は残っていた。中国、インドネシア、シリア、キューバなどは、アメリカのイニシアティヴを「文化的帝国主義（カルチュラル・インペリアリズム）」だと、人権擁護一般に対して否定的であった。

かくて国連は、一九九三年に「あらゆる形態の女性に対する暴力の撤廃に関する宣言」を出した。とりわけ一九九五年の北京会議では、DVが大きな争点になった。ついで、そのフォローアップとして「女性二〇〇〇年会議」がニューヨークの国連本部で開かれ、DV法の制定が国際的合意となったのである。日本ではこれを契機にDVに対する関心が高まった。

二　日本におけるDV法制定と改正

日本ではDV法が以下に述べるように予想より短期間に、たいした反対もなく成立した。しかし運動家からみると議員たちは知識がなく熱心でもなくて、法案化を参議院法制局に任せ、そのため欠陥の多い法になってしまったという不満が残った。[10]

一九九八年、「自社さ」（自民・社会・新党さきがけ）政権のもとでNPO法が成立した。これが議員立法にとって大きな契機となった。* その八月、参議院選挙後、女性議員たちの要望で参議院に「共生社会に関する調査会」が設置された。[11] 女性に対する暴力についての議論が国際会議でなされるのを見聞して、である。同会のメンバー二五人のうち一二人が女性で、男性議員は、ジェンダー暴力に関心をもたなかった（少子化対策などを別とすれば、である）。

＊議員立法は、役所にとって面子を潰されたと、反感を持たれるようである。

この調査会では、元弁護士と元ジャーナリストの二人組、福島瑞穂（社民党）と堂本暁子（元新党さきがけ）の強い要求で、DV法制定に向けた議論を第一とすることが決まった。そして、まず専門家を呼んでヒアリングを行い、韓国、アメリカの取り組みを紹介した。法律家の戒能民江らからは衝撃的な報告を受けた。これは戒能東邦学園短期大学教授が一九九二年「夫（恋人）からの暴力調査研究会」を設立し、初の全国調査を実施したことを背景としている。[12] 各省庁は消極的で、縦割りの谷間に落ちている感があった。男女共同参画会議暴力部会も動きにくい状況であった。調査会内部でも、男性議員はDVは特殊な家庭のことだと、立法に消極的であった。

しかし、一九九九年六月三〇日に中間報告に漕ぎ着けた。一人保守派の男性が反対して全会一致には至らなかったのであるが。アメリカのような家庭はプライバシーの場だからという反論はなかった。反論は日本の男性は暴力的でない、という主張に終始した。

二〇〇〇年二月の総理府の調査で五％の妻がDVを受けているとの結果が出た。この結果に衝撃を受け超党派で立法をとの気運が高まった。NGO自由人権協会でもDV防止法をドラフトし、その他のNGOも同様の動きを見せた。[13] この時期以降、DVに関する警察の対応は変化して積極的になった。四月二六日（一九九八年発足の）「（参議院共生社会に関する）調査会」に「女性に対する暴力に関するプロジェクト・チーム」が設置された。座長には自民党の南野知恵子が就任した。

こうした動きを受けて男女共同参画会議は暴力専門部会を設置した。民間委員の島野穹子つくば国際大学教授が会長に就任し、二〇〇〇年四月、この部会が中間報告を出した。しかし新規立法の必要なしとの消極的なものであった。とくに法務省は、男性だけを対象とした刑法をつくることなどに反対した。「我が国の現行法制度になじまない」「欧米法と我が国の法体系は違う」といった法技術的議論に終始したのである。「法務省は必死になって、議員立法で保護命令の制度をつくらせまい、としているかのようですらあった。」堂本らが失望したことは、いうまでもない。

そこで、プロジェクト・チームで立法化に向かうことを決意し、堂本は勉強会を立ち上げた。そこでは諸外国の例に学ぶとして、とくに保護命令制度をどう構築するかが話題となった。スウェーデンの例に感銘を受けたという。そんななか、「DV防止法研究所イン神戸」（弁護士中心）が「DV防止法提言」を行った。二〇〇〇年のことである。シェルターは満杯で財政的にも苦しい現状が明らかになった。そこで、「堂本私案」の骨子が発表になった。他方二〇〇〇年五月一八日、超党派の議員立法でストーカー規制法が成立、公布された。

二〇〇〇年七月、審議会の「女性に対する暴力部会」が、答申をだした。他方、地方自治体でも条例制定の動きが生まれた。東京都、埼玉県などで、男女参画条例に女性や妻に対する暴力を禁止する規定が盛り込まれたのである[14]。

さて二〇〇〇年六月、ニューヨークの国連本部で国連女性特別総会「女性二〇〇〇年会議」が開催された。コソボでのレイプ事件もあり、女性に対する暴力が大きな話題になった。女性に対する暴力を防止する法制度の整備を要請する文書が採択され、出席していた超党派の五人の女性議員たちは「飛び上がって喜んだ」。ニューヨークの国連総会を受けて、立法がないのは「諸外国に対して見劣りがするという感触を政府関係者がもった」。

八月、参議院調査室が議員の求めに応じて論点整理を行った。これをもとにプロジェクトチームは、一二月までに、法案の内容を固めていった。参議院法制局は様々な論点で抵抗した。法律的には難しいというのである。

一〇月三〇日、女性有識者による堂本研究会で欧米の実情を調査し[15]、その成果をもとに堂本私案を作成して、法務省、裁判所との協議に入った。法務省の役人が答弁しようとするが、女性議員たちの怒りに近い声にかき消されてしまった。そして一二月一二日、記者会見でDV防止法の原案を発表した。二〇〇一年通常国会に提出するための指示を法制局に回した。一二月一八日、法制局による骨子案が作られた。ところが、プロジェクトチームの主張が盛り込まれておらず不満が高まった。例えば、元夫による暴力は「DVではなく、一般の暴力と変わりない」等々である（元夫からの暴力をDVと認定することは、二〇〇四年の改正で実現をみた）。最後まで、法務省、最高裁と激しく対立し、そして妥協に持ち込んだ。三年後の見直しを組み込んでである（堂本は千葉県知事に立候補、当選し、戦列を離れた）。そして二〇〇一年四月、ついに配偶者（法務省に妥協して「妻」ではなく「夫」に対する暴力も含む）暴力防止法が議員立法として成立した。衆議院、参議院ともに全会一致であった。森首相が辞意表明した日である。

北京会議以降、在野でDVへの関心が高まった。韓国や台湾もDV法を制定していた。審議会の最終段階で、「新たな法制度のあり方や法的整備を含めて検討するという文言が入る」（原ひろ子委員らの粘りの成果である）[16]。社会全体の合意が比較的簡単に得られたことも大きい。こうしてDV対策は、内閣府の仕事として定着した。そして、日本の優秀な警察力に助けられて大きな効果を挙げた。家庭内暴力対応に関して「警察では採用時、昇任時の研修をはじめ組織的に行われており、それが警察の対応を予想されたより迅速にしている」[17]。私的領域に警察が介入することに警戒が少ない日本では、フェミニストが警察のより強い介入を要請しても反発は少なかった。

小泉政権時代にはNGOの活躍で、DV法が議員立法として二〇〇三年に改正された。この改正は、「市民立法」、立法への市民・当事者（被害者）参加事例として画期的なことであったが次節で詳しく述べる。

補足ながら、最後にアフガニスタンの女性支援について、一言触れておこう。二〇〇二年一月二一、二二日、東京でアフガニスタン復興国際会議が開催された。小泉首相は、オープニング・スピーチで、五年間に五億ドルの援助を約束するとともに、「女性の地位向上」を重点的に貢献すべき四分野の一つとして挙げた。これを受けて、いち早く男女共同参画会議は、「アフガニスタンの女性支援に関する懇談会」を官房長官の私的諮問機関として立ち上げた。原ひろ子（男女共同参画会議の議員）を会長にしたが、男性は唯一人であった。今後の国際的女性支援のモデルにしようという意気込みで提言をまとめたのである。

三　二〇〇三年DV法改正

DV法は二〇〇一年に制定されたが二〇〇三年に改正された。これはDV法が附則に法律施行後三年を目途とする検討規定を設けていたからである。したがって、「共生社会に関する調査理事会」の下に法律見直しのためのプロジェクトチームが新たに設置され、検討が進められて、改正法案が調査会提出法案として国会に提出され、成立に至った。小泉内閣（官房長官は女性問題に理解のある福田康夫）の時代である。DV法の改正で特徴的なのは、市民立法ともいうべき立法への市民・当事者（被害者）参加によって成立していることで画期的である。[18] 司法への市民・当事者（被害者）参加をもこの法律は実現している。

具体的には、「DV法を改正しよう全国ネットワーク」がインターネットを活用しつつ改正を働きかけた。その活動資金は、「全国女性シェルターネット」など既存のNGOや労働組合から拠出されたものである。[19]

これを受けて、参議院の共生社会調査会DVプロジェクトチームが発足した。座長は、自民党の南野智恵子議員が務めることとなり、小宮山洋子（民主党・前プロジェクトチーム副座長）、福島瑞穂、林紀子、山本かなえ（公明党）、吉川春子（共産党）ら、かって活躍した女性議員が加わった。この委員会は参議院の任期が六年という長期にわたることを生かして、長い目で取り組みをおこなうことができた[20]。そして国会質問や議員、省庁との国会での「意見交換会」を行い、法案作りに邁進した。また超党派の女性議員たち、特にプロジェクトチーム副会長の民主党議員、神本美恵子参議院議員の事務所が、再度ロジスティクスを担った。そして二〇〇三年には改正が実現をみた。神本は日教組出身で、DVにはあまり詳しくなく、ネットワークの活動家から話を聞くことから始めた。マスコミ対策としては女性記者に頼った。

主要な改正点は、（夫からの暴力だけでなく）元夫からの暴力を含めること、被害者の子供への接近命令を発することができるようにすること、再度の申し立ての手続きを簡略化すること、物理的暴力だけでなく精神的暴力を含めること、都道府県が基本計画を策定することを義務化すること、などである[21]。

四　児童虐待防止法とその改正

なお、関連する法律として、児童虐待防止法（以下、防止法）の制定と改正について、触れておこう。DVの場合と同様、児童虐待やネグレクトが争点化したのは、一九九〇年代である[22]。二〇一四年度では、児童虐待の数は、八万九〇〇〇人近くにのぼっている[23]。ネグレクトは一五四件である（米英では虐待よりネグレクトの方が多い[24]）。

さて、一九九〇年代初頭に「弁護士や小児科医、研究者、児童相談所職員など医療、福祉司法の専門家による勉強会やネットワークを基礎として、大阪や東京で『子どもの虐待ホットライン』などの電話相談が開設された。」他の地域でも同様の動きが見られた。これを受けて衆議院に「青少年に関する特別委員会」が設置された。一九九九年三月のことで、連立する自民党に対し独自色を出そうとした公明党（伊藤渉衆議院議員を中心に）がイニシアチブをとった。改革クラブ（元新党さきがけ）の石田勝之議員が、公明党と改革クラブと同一会派を作って、である。*もっとも、防止法の制定にあたっては、参議院が主導した。加えて、「チャイルド・ライン議員連盟」を舞台に、社民党の保坂展人衆議院議員が、リーダーシップをとって法案作成にあたった。親権の停止をめぐる法務省の消極的姿勢を乗り切って、である。厚生省も強く反対していた。しかしながら議員立法として児童虐待防止法案が提出され、集中的な審議を経て二〇〇〇年五月に防止法が成立した。立法過程では関係者の間に大まかな合意が存在し、細目についてはともかく、対立が生ずることはなかった。

*同法とその改正とは、左記の記述とは矛盾するようだが、実は衆議院議員の石田勝之が全面的にイニシアティブをとって、超党派で「与党児童虐待問題検討委員会」と衆議院「青少年問題特別委員会」（石田が初代委員長）を主たる舞台として成立させたと、石田自身は記している。その立法過程を綴った彼の著書には、その主張を裏付ける説得力がある。(25)（後述する）馳浩にしろ石田にしろ、政治家は自分の貢献を強調したがるのは当然だが、このケースでは、石田に軍配が上がるように思われる。もっとも、こうした法律の作成は票には結びつかない。事実、石田は法案成立直後の総選挙で落選している。

児童虐待防止法にも、三年後に見直すとの附則が付けられていた。そのうえこの法律ができたにもかかわらず、児童虐待は減るどころか増加の一途をたどっていた。改正が急がれたゆえんである。マスメディアも、数々の虐待の事例を派手に報道し、改正、強化を強く要望した。他方、民主党内には警察に対する不信が強く、そのため警察の介入に反対する感情があり、これを押し切って警察官の強制立ち入りを法文に挿入することはできなかった。確かにプライバシーに立ち入るのは困難なことであった。見直しの中心点は、①実効性のある立ち入り調査、②親権の制限であった。そもそもこの法律は、超党派議員立法で、その中心は、衆議院青少年特別委員会の委員長であった小宮山洋子と馳浩であった[26]。そして、見直し勉強会の座長には、馳が就任した。しかし、改正された法律も依然多くの不備があることが現場から指摘されている。

家庭内暴力は古くて新しい問題である。古いというのは人間の男女が一緒に住み子どもを産み育てることになってから、妻に対するＤＶと児童虐待は事実として存在してきた。新しいというのは、第二波フェミニズムが登場して初めて、この問題が「発見」されたという意味である。この問題（とくに子供の虐待）は一旦浮上すると表だった反対は難しく、国会などでも全会一致で通るところに特徴がある。かくて、短期間での立法、改正が実現したのである。

（1） Joachim（2007）p. 104

（2） ブラウンミラー（二〇〇〇）一三五〜一三六頁

(3) ドゥォーキン（二〇〇三）一七〇頁
(4) 同右、一四三〜一四五頁
(5) 以下 Gelb（2003）chap. 3
(6) Joachim（2007）p. 128
(7) ibid., pp. 105–116
(8) ibid., p. 122
(9) 以下 ibid., chap. 4
(10) Gelb（2003）p. 78
(11) 以下主として、堂本（二〇〇三）に依拠する。
(12) 戒能（二〇〇二）
(13) 堂本（二〇〇三）一二〇〜一二一頁
(14) 辻（二〇一二）一七三頁
(15) 堂本（二〇〇三）一三二頁
(16) 上野・大沢（二〇〇一）八一〜八二頁
(17) 坂東（二〇〇四）三二頁
(18) 辻（二〇一二）一八六〜七頁
(19) 遠藤智子、DV法を改正しよう全国ネットワーク（二〇〇六）一二頁
(20) 辻（二〇一二）一七二頁
(21) 南野智恵子、四三〜六八頁（所収のDV法を改正しよう全国ネットワーク（二〇〇六）は、立法当事者たる女性議員たちによる改正DV法についての、立法過程についての記述を含む詳細な解説書である）。
(22) 以下は、とくに断りがなければ、辻（二〇一二）第五章による。
(23)『読売新聞』二〇一五年一〇月一〇日
(24) 井上（二〇一一）六九頁
(25) 石田（二〇〇五）
(26) 主として、馳浩による。

IV
フェミニズムに対するバックラッシュ

第8章　アメリカにおけるバックラッシュ

一　バックラッシュの登場

フェミニスト・バッシング、いわゆるバックラッシュの背後には、男性の怒り、ルサンチマンがある。フェミニスト（あるいは現代アメリカ女性一般）がダブル・スタンダードをもつというのである。すなわち、女性に平等を要求するが、男性には依然として一家の稼ぎ手の責任、女性を（暴力から）保護する責任（徴兵も含めて）を期待している、と。また、親権を巡っても「女の方が男より親に適するという社会の思い込み」を裁判所は抱いている、と。また、性的に働きかけるのは男性のイニシアティヴで、拒否されるリスクを負う等々。

バックラッシュは、フェミニスト、あるいはニューレフト一般に対する反撃であったばかりでなく、皮肉にもこの両者が攻撃の対象としてきた「六〇年代リベラル」（アメリカ版社会民主主義）への反撃でもあった。大文字の「リベラル」は、ニューレフトと保守派との挟み撃ちにあって窮地に追い込まれたのにである。かくてフェミニストは、新たに登場した強力な敵に対して、それまでのリベラル批判を再考せざるを得ない状況に置かれた。

その一つは、フェミニストの様々な要求、例えばDV防止、ポルノ規制などが、国家の介入を要するものであり、リベラルの主張してきた「大きい政府」を求めるものであることの認識である。ここではバックラッシュ側もまた、（福祉を含む）経済的領域では小さい政府を要求しつつ、モラルの領域では政府の介入を要請しているため、問題はさらに混迷することになった。（フェミニストが攻撃してきた）ニューレフトやリベラルの後退の中で、フェミニストは保守、ネオリベラルに対する批判の最前線、あるいは最後の砦になった。

さて一九七〇年代半ばまでに、フェミニズムに対する反動、とりわけ、妊娠中絶とERA（男女平等憲法修正条項）に対してバックラッシュが始まった。ERAの重要性は、推進派にも阻止派にも過大に評価されていた。推進派はERAが通れば男女平等が実現すると考え、阻止派は女性が徴兵され、トイレが共有になり、中絶に公的助成が出て、同性愛結婚が合法化されると主張した。男女の役割が伝統的家族とは変わってしまうと懸念したのである。事実、当時は離婚が増加し、非有責離婚が認められるようになった。しかも、最高裁は、公民権や中絶についてリベラルな判決を続けている。バックラッシュ派にとっては、フェミニストは共産主義者であり、家族を破壊しようとしていると考えた。ちょうど、ソ連のアフガニスタン侵攻と同時期であったことがこの懸念を確信に変えた[1]。

前述のようにERAと並んで、もう一つの一九七〇年代以降の争点として、妊娠中絶があった。一九七三年一月の最高裁による中絶合法化の判決によって反対運動は大衆運動になり、一九八〇年代までに暴力化した。中絶容認に反対する運動の支持層は、カトリックで、(中絶賛成派より、またERA反対派より)比較的貧しい階層であった。中絶は、男性を憎み家族を憎み子どもを憎む女性が求めるものというのである。中絶は「母親役割(マザーフッド)」を貶めるものであり、男性を女性の保護、支持の責任から逃れさせるものであるという。皮肉なことに、これらの反対運動は、普通の女性を家庭から政治の場へ連れ出す結果となった。これが、以前からの主張である州の権利、大きな連邦政府への反対(黒人貧困層への援助への反対)、国際共産主義や国内のラディカリズムへの反対と結びついた。

カーター政権は、選挙に当たってはフェミニストの支持を得たが、フェミニストにとくに好意的な政策をとらず失望を買った。ERAにも消極的であったし、中絶に個人的に反対を表明したのみであった。他方で、インフレ抑制のために財政緊縮(一九七九年度)した上、軍事費を増やす政策をとった。財政緊縮は女性にとくに厳しく響いた。

レーガン期には、フェミニスト団体は経済的不況の中で「平等賃金」を強調した。「貧困の女性化(feminization of poverty)」と呼ばれる現象が起きたためである。最高裁は、雇用均等やセクハラでフェミニストの主張を支持し、議会より最高裁がフェミニストの味方になった。州ではDV法が成立するところが増えた。

二　バックラッシュの背景

実はアメリカは、一九七〇年代半ば以降、情報通信革命を原動力として、ネオリベラリズム的方向に、他国に先駆けてそれまでの大量生産システム・「規模の経済」・「大組織の時代」からの大きな転換を遂げた。また政治についてもニューディール・リベラリズムから、レーガニズム・「市場原理主義」への転換が見られる。それによって第二のアメリカ・モデルと第二のアメリカナイゼーション（今回はグローバリゼーションとも呼ばれる）を作り出す。もっともこの震源地は、民営化や規制緩和などで先頭を走ったイギリスであり、「柔軟な専門化」の先頭を切ったのはイタリアである。しかし、それが全面的に開花したのはやはりアメリカであり、全世界に広がるのはアメリカを経由してである。その意味で、ここではアメリカナイゼーションの第二の波と位置づけよう。ただ注目すべきは、第二のアメリカ・モデルは生産様式（労使関係を含む）と国家の機能については大きな方向転換ではあっても、消費のパターンや社会生活の様式（例えば世俗化、私事化）については、それまでの傾向をさらに加速するものであったことである。そのため、キリスト教原理主義などの反動が同時発生した。また全世界的にはそれまでとは較べものにならないほどの反アメリカナイゼーション、反グローバリズムを誕生させた。

アメリカナイゼーションを（より広い現象である）グローバリゼーションの一局面と概念化することも可能であるが、言葉、概念としては、後者の方が新しく流布するようになったもので、新たな現象を多く含むものである。

このアメリカナイゼーションを、アメリカの覇権と同じレベルで考えてはならない。アメリカナイゼーションとは、各国の「内なるアメリカ」が、アメリカからの外的な刺激を受けて、開花していくプロセスである。ニューレフトやフェミニズム、あるいはネオリベラリズムのほとんど世界同時多発的な登場はその一環である。

アメリカナイゼーションには（アメリカも含めて）それぞれの国で、アメリカ文明のヘゲモニーに対抗して、伝統を守るべく、あるいは（普遍的）人間性を守るべく、反アメリカナイゼーション、反アメリカニズムの動きが生まれた。アメリカにおいても、キリスト教原理主義など、アメリカの伝統を守ろうとする反アメリカニズムが存在したことは、アメリカニズムが決してアメリカの特殊な伝統の産物ではなかったことを逆説的に表現している。

しかし、ショー・ウィンドウ効果だけでも、享楽的消費文明に抵抗することは極めて難しかった。それぞれの国に多かれ少なかれ「アメリカ的なもの」が萌芽的に存在していたことの証でもあった。情報通信技術の発達は、抵抗を益々難しくしている。

しかし、対抗システム、あるいは対抗構想がなかったわけではない。その第一はソ連である。ソ連という対抗システムは、とくに第三世界において、とりわけ為政者に対して、十分な魅力を発揮した。第二次世界大戦後は国内的にはともかく、対外的にはソ連の方が攻勢で、西側はむしろ防戦に努めていたといえるほどである。すくなくとも、一九七〇年代半ばに至るまではである。

第二に自国の伝統を守ろうとしたフランス（フランス政府・ゴーリスト、ルペン、ボヴェ）を挙げておこう。日本はどこまで自覚的であったかはともかく、フランス同様、伝統の保持をはかった。

第三は、米ソ（あるいはテクノクラート国家としてのドゴール体制）いずれをも批判しつつ登場したニューレフト・新左翼である。第二波フェミニズムはその延長上にあることは既に述べた。

第四には、フォーディズムを乗り越えるものとしてのネオリベラリズムである。ニューレフト、フェミニズム、ネオリベラルはいずれも、アメリカを発信源とし、第二波のアメリカナイゼーションの一翼として、世界に波及していく。

第五に、イスラム教とキリスト教の二つの原理主義の台頭を挙げることができる。両者ともに、反消費文化、反アメリカナイゼーション、反グローバリゼーション、反ソ、反ネオリベラル、反フェミニズムすべての要素を兼ね備えている。アメリカナイゼーションが、政治、経済、文化・思想のそれぞれの次元をもつことに対応して、アンチ・アメリカニズムも、同様の次元をもつ。

ところで、二〇世紀は大量生産による豊かさの世紀であったと同時に、第三世界の恐るべき貧困と独裁・抑圧、熱狂・狂信、そして戦争と内乱による大量破壊・大量殺戮の世紀でもあった。

さて、一九七五年以降のフェミニズムの展開を見ると、妊娠中絶がフェミニストにとって最大の争点になったことが分かる。かつての参政権と同様であった。そして、一九八〇年代末にバックラッシュ現象がフェミニストの間で認識されるようになった。それに貢献したのは、ファルーディであった。[2] ジャーナリストで、一九八〇年代後半に数人のスタッフを使って、マスメディア（新聞、テレビ）、映画、著作などの反フェミニスト言説を広く収集し、さらにこれらの著者、編集者たちにインタビューを行った。この著書は、一躍ベストセラーになった。

実は、バックラッシュは、すでに一九七〇年代半ばに始まり、八〇年代には本格化していた。レーガンの時代と軌を一にし、ネオリベラル改革（プラス、ナショナリズムの再興、「栄光あるアメリカ」）と並行していたのである。「六〇〜七〇年代リベラル」批判の一環としてである。

雇用における性差別や家事における夫との平等はいまだ実現していない、DVもセクハラも性犯罪も増えているのにというのがファルーディの指摘である。[3] それまで、ユダヤ人、共産主義、黒人を主たるターゲットにしていた右翼団体が、フェミニストをターゲットにして、世論の支持を求めた。第二次世界大戦で反ユダヤ主義が、そして一九七五年以降のソ連の解体の始まりで反共主義が時代遅れのものになったため、右翼のターゲットが移行した。

しかし、「女」が相手では、共産主義という巨大な「悪」に較べて「屈辱的」である。そこで今や、テロリスト、イラク・イラン・北朝鮮という悪の枢軸が主要敵となった。

後述するように、日本では、（共産主義の砦といわれる）日教組をターゲットにし、教科書問題をテーマに「新しい教科書を作る会」（一九九七年）が生まれ、反共、反知識人、反（主流派）マスメディアの姿勢をとった。この運動の挫折から、ジェンダー・フリー教育に矛先を変えたのである。もっとも、ここでも、女が相手では意気があがらない、女子どもの問題と考えおくれをとったと悔しがり、その背後に共産主義がいると主張することによって脅威感を煽った。

三　ニューライト運動

アメリカでは、地方のファンダメンタリスト聖職者とテレビ伝道師がリーダーとなって、女性信者に訴えた。カーター政権に反対して、一九八〇年のレーガンの当選に貢献した。この運動は、七〇年代末から八〇年代にかけてが全盛期であった。これに呼応するように、反フェミニストの女性団体が活躍した。その代表的な組織が「アメリカを憂慮する女性たち（ＣＷＡ）」と「独立女性フォーラム（ＩＷＦ）」で、キリスト教右派と連携をとって活動した。(4)

一九七九年、カーター大統領が「家族に関するホワイトハウス会議」を開催したとき、そのフェミニスト路線に反対して、退席したグループが別の組織を作ったことがニューライトの女性たちの活動の出発点となる。ほとんどの政治学者は、ニューライトによるフェミニスト攻撃は、規制緩和、財政カット、防衛などの争点に較べて副次的、二次的と見なした。「女子どもの話」という認識が右翼にも左翼にも（男たちに）共有されていたからである。

他方、とくにアカデミズムにおいて、権威ある学者による反フェミニズム言説が見られるようになった。とくにクォータ制や、「政治的に適切な言葉（ポリティカル・コレクトネス）」（一九九〇年代初めに論争）に対してである。アラン・ブルーム『アメリカン・マインドの終焉』、クリストファー・ライシュ『真にして唯一の天国』などがその代表例である。彼らはアカデミズムの政治化を批判した。

レーガン選挙時には「モラル・マジョリティ」という、福音派の動員がなされた。八九年、これを恒常的な運動にしようと、ラルフ・リードらが組織化を始めた。「クリスチャン・コアリション」という名で、である。パット・ロバートソンもこれに加わり、先頭に立った（やがて自身が大統領になることは諦めた）。二〇〇四年に大きな力を発揮し、イラクの刑務所問題で大統領支持率が五〇％以下に急落し、落選する可能性が高かったときレーガンの再選を救ったのである。また、ローヴが福音派ファンダメンタリストを動員するため教会のネットワークを作った。

中心的争点は、妊娠中絶、公共教育での祈禱であり、この「道徳的退廃（モラル・デイケイ）」の問題は、彼らにとっては、イラク戦争より切実であった。やがて、ブッシュ・ジュニアは、最高裁に保守派を任命して、クリスチャン・コアリションの要求に応えた。

ところで、それまでの社会の（労働者階級および知識人）周辺で生まれていた大衆娯楽、セックスの時代といった大衆消費文化、快楽主義的文化が中流階級（とくに若者）に広がった。そこでは、女性のセクシュアリティが強調され、女性間の絆が希薄化した。女性らしさとは商業化され、かつ若さを売ることであると解釈された。

一九八〇年代半ば、アカデミズムでフェミニズムの危機がいわれるようになった。政治運動としてのフェミニズムが衰退・消滅し、アカデミズムの中だけに残るという状態になった、というのである。これは一九六〇年代〜七〇年代前期の熱気を経験していない層が登場したことを意味する。出版にもアンソロジーや回想録が増え、フェミニズムは何だったのかと過去形で語られるようになった。アカデミズムでは業界用語が定着したが、他方で諸潮流の分裂、対立が生まれた。学界での地位の確立（とくに英文学とカルチュラル・スタディーズにおいて）によって、アカデミアと運動とが分離したことを意味する。アカデミアでは、エリート的ブルジョア的価値、競争原理、職業化が進み、秘書、職員、掃除人、料理人などの女性は、フェミニスト学者から支援は得られなかった。女性学でもスターが登場し、メディアでマーケット・ヴァリューをもつようになった。かつて、ラディカル・フェミニストは、政治の主流たる議会や政党、マスメディアからは距離をとっていたのであるが。

一九九〇年代には世代間ギャップが生まれ、新しい世代は年上の世代を批判した。初期のフェミニストは、レイプやセクハラに関心を示してきた。女性が弱者で、被害者だと描いてきたのである。しかし新世代のフェミニストは、女性の「普通の（ノーマル）」欲望を厳しく批判した[5]。男、ファッション、遊びについてである。

ところでこうした風潮を背景に、フェミニストのスターであったフリーダンは、『セカンド・ステージ』

（一九八一年）において、女性運動が行き詰まりを見せている中で、「第一期」のラディカル・フェミニズムを乗り越える必要を説いた。フェミニズムで女性は幸せになったのかと問い、「第二期」の課題として改めて「家族の見直し」、子育てのための「家族の重要性」、家事を平等に分担する「夫婦の絆」の重要性を説いた。「家庭は人間らしさや個性、すなわち人間としての存在の栄養物」だからであると。(6) レーガン政権下のフェミニストに対するバックラッシュに協調するかの如くである。そして、一九八二年の六月、ERAの成立によって各種女性団体を結びつけていた目標が失われた。それ以後は、共和党右派によるバックラッシュの中で、女性運動は主として中絶の問題に集中した。

フリーダン自身は、ジャーナリストとして組合にかかわった経歴もあり、一九九〇年代以降、ダウンサイジングやワーク・シェアリング、さらには福祉、とりわけ児童やシングル・マザーの問題へ強い関心を示していくことになる。むろん女性労働者を含めて問題提起していくのである。(7) 事実、一九七五年からは、オイルショックで不況が始まり、フェミニストの要求する女性差別撤廃は遅々としてしか進まなかった。さらに、一九八〇年代からは、冷凍食品が広まり、家事に使う時間は初めて低下し始めた。

さらに、フリーダンは『ビヨンド・ジェンダー』（一九九七年）の中で、一九九〇年代の白人男性中間管理職を含むリストラに直面して、ワークシェアリング、フレックスタイムを提唱するとともに、シングル・マザーを直撃する「福祉改革」への反対にフェミニストが関心を持たないことを批判した。共和党の進出にも懸念を表明した。フリーダンは、中絶、女性に対する暴力、レイプ、セクシャル・ハラスメント、ポルノなど以上に、雇用への関心、単なるフェミニズムではなく、男性とともにダウンサイジングに対抗して働く権利を獲得すべきだとの主張を展開した。一言でいえば、マイノリティの問題以上に中産階級

（および中産階級化していた基幹労働者）の解体に危機感をもち、賃金下落、雇用の不安定、長時間労働、社会保障の劣悪化を問題とした。言い換えると、フェミニストが中絶問題を第一の問題にしていることに憤慨したのである。あるいは、女性差別の撤廃を最優先して、（女性以外の人々を含む）全国民の雇用や福祉が悪化していることに無関心なことを批判したといってよい。黒人女性にとっては、専業主婦は羨むべき地位であり、彼女たちの職業は、主婦以上に疎外的であるというのである。このフリーダンの議論は、フェミニストの間で、激しい反発を受け、「変節」と批判されたのも当然である。

この消費文明の示す享楽主義は、世俗化を前提としている。すなわち、宗教の否定を意味する。アメリカに対する反発が多かれ少なかれ宗教的色彩を帯びるのは、そのためである。イスラム原理主義はその極であるが、皮肉なことに（イスラム原理主義に対する「聖戦」の最前線に立つネオコンを支える）キリスト教原理主義も実はそれと軌を一にする。

さらにいえば、宗教は何よりも性関係の規制として社会的な機能を果たしており、家族秩序、伝統的ジェンダー秩序の擁護者である。消費文明は、この家族秩序、ジェンダー秩序、宗教を脅かすのである。「性の問題」が、宗教と消費社会の接点において、最大の争点となったゆえんである。

先進国におけるジェンダー秩序の観点からいえば、（若者文化の変容と並んで）耐久消費材が与えた家事労働へのインパクトと、それによって引き起こされた家族の意味変化が、何よりも重要である。

ところで、近代前期の家族モデルが、相互の義務を中核にもった緊密なものであっても親密なものであったとは言い難いことは、前述したとおりである。それは権威主義的、あるいは明示的に非対称的権力構造からなるものであった。

フェミニストのプロテスタント的倫理への挑戦という意味でその最もラディカルな態度は、結婚という制度そのものを否定する、女性における性の解放、「自由恋愛(フリー・ラブ)」(後の言葉でいう「女性の身体・性に対する自己コントロール」)であった。そこからまた、性の生殖からの解放、つまり避妊や妊娠中絶の肯定も導かれる。こうした思想は、前期近代(ブルジョア的)家族、ブルジョア的価値・道徳の否定の極である。「共産主義」や「無政府主義」はしばしば反対派から、性の放縦を意味するものとして非難、嫌悪されたし、フェミニストも同様の非難を受けた。その側面での両者の混同には根拠がなかったわけではない。

以上をまとめると、バックラッシュには三つの流れがあったといえる。レーガンからブッシュ・ジュニアへの時代の話である。

①「文化戦争」における伝統主義(ネオ・トラディショナリズム)の復権

アメリカの伝統は近代的なもので、愛情で結ばれた核家族という「近代家族」のイメージで語られる(落合恵美子)。男性支配が愛情というヴェールで隠されているのである。稼ぎ手としての男、企業における男支配(女の上役の脅威)、マッチョな男とフェミニンな女、暴力と優しさ、性的役割分担というタームで語られる。

そして、男らしさは女の従属によって確認される。男らしさのアイデンティティは、女を喜ばせる性能力、女を負かす暴力支配であり、究極の支配としてのレイプという形をとる。

キリスト教ファンダメンタリズムは、近代主義と(さらに古風な)復古主義の結合で、醇風美俗を擁護する。ユートピアとしては、「保守的」一九五〇年代がイメージされる。

この伝統主義の懸念をよそに、七〇年代には、リブ以降の女性の社会進出が、バックラッシュにもかかわらず続いた。女性の高等教育化と職場進出は、緩慢ではあるが着実なエリートへの浸透を促し、男女平等の理念（現実はともかく）は常識化した。

②享楽主義・物質主義批判、とくに「性の革命」、ホモセクシャル（多様な性）批判

その背景に（とくに若い世代での）享楽主義、物質主義、脱宗教化・世俗化、脱（伝統的）道徳化の深化があった。思想、運動のレベルではなく、生活のレベルの「革命」としてである。

そして性、結婚についての意識が大きく変化した（同棲の急増）。これに対し、伝統派は、マイノリティであり、歴史に逆行しているという危機意識をもった。

文化的保守派は（軽薄な）消費指向をフェミニストの影響と厳しく批判した。しかし皮肉なことに、（伝統的保守派の同盟者たる）ネオリベラル的風潮は、この享楽主義を助長していた。ネオリベラル改革が生み出す、経済の活性化はそれを加速し、しかも、この消費がなければ（ネオリベラルが目標とする）経済の活性化も成功しないというジレンマに直面していた。

ただ、皮肉なことにフェミニストも伝統派と同様、この消費文化に警戒的、批判的であった。政治的関心の欠如として現れるからである。

③ネオリベラル改革――福祉の削減が女性世帯主（未婚の母）家庭を直撃

ネオリベラル改革は、貧困女性を直撃した。エリート女性は、ネオリベラルの掲げる能力主義、機会の均等を積極的に受け入れたのであるが。また、貧困国（「第三世界」）の女性たちをも追い込んだ。

ネオリベラルは女性の活用を投資と捉えた。女性の能力開発は、一般の教育投資と同様、経済の成

長に貢献するのであって、コストに見合う投資であると主張した。

以上三つの流れは、相互に共鳴しつつ、今や（新旧レフトという）同盟者を失ったフェミニズムの前に立ちはだかったのである。

（1）ＥＲＡ（男女平等条項を憲法に書き込もうとする運動）には、次の文献がある。Janet K. Boles, *The Politics of the Equal Rights Amendment: Conflict and the Decision Process*, Longman, 1979; Jane J. Mansbridge, *Why We Lost the ERA*, University of Illinois Press, 1986; Joan Hoff Wilson, ed., *Rights of Passage: The Past and Future of the ERA*, Indiana University Press, 1986; Mary Frances Berry, *Why ERA Failed*, 1986

（2）ファルーディ（一九九四）

（3）同右、一三一〜五一頁

（4）Schreiber (2008)

（5）Wolf (1993)

（6）フリーダン（一九八四）二六四頁

（7）フリーダン（二〇〇三）

第9章　日本におけるフェミニズム・バックラッシュの登場と展開

日本で「復古的右翼」が登場するのは、一九八〇年代に教科書問題を争点としてである。社会科教科書が左翼思想に偏向しているとして批判した。具体的には、自民党の右派勢力は、公民という科目の中学教科書が著しく左傾したものであると批判のキャンペーンを行った。他方、右翼知識人が『新編日本史』を編纂、公刊した[1]（しかし右翼知識人の「新しい歴史教科書をつくる会」の編纂した歴史教科書の採択率はさんたんたるもので、みじめな失敗に終わった）。筆者が知るかぎり、この時期には、フェミニストが標的になったことはないし、彼女たちが反対運動をおこなった形跡はない。自分たちがターゲットになるまで、右傾化の動きには鈍感だった。

日本のジェンダー・バックラッシュの標的となった「ジェンダー・フリー」の語は、一九九五年に東京女性財団が、「若い世代の教師のために／あなたのクラスはジェンダー・フリー？」というパンフレットを作成したことに始まる。この用語が教育現場でジェンダー・バイアスを是正する方策として用いられ始めた。日教組なども「運動」のスローガンとした。

そもそも、「ジェンダー・フリー教育」が提唱され始めたのは、「北京会議以降、ジェンダーを法制度に

も生かそうとの気運は政府の中でも高まり」、これが推進されたことによる。(2)

フェミニズムに対するバックラッシュ（反動）が頂点を迎えるのは、二〇〇三〜〇六年の時期であるが、バックラッシュが最初に登場したのは地方議会であり、すでに一九九七年東京都議会で女性議員が、都の女性政策を批判したのが嚆矢である。次いで東京都文教委員会で委員のひとりが、ジェンダー・フリーや男女混合名簿を批判する質疑をおこなった。やがて、石原慎太郎が都知事に就任することで、この動きは勢いを得、全国各地に広がっていった。(3) 他方メディアでは、月刊誌『明日への選択』が早くも一九九八年一一月号に、「男女参画法は家族解体法だ」と題する記事を掲載した。また日本会議は、政府の共同参画基本法案に対する要望を一九九九年三月一八日に公表した。* 「問題点とされたのは、「家族の崩壊」や専業主婦・育児の軽視などを助長すること、「男女の特質を嫌悪し、その消滅をもくろむ勢力の運動に利用される危険がある」ことなどであり、上記の記事を箇条書きしたものとみなせる。(4)」

＊日本会議は、中小企業主が多く参加している組織で、自民党の有力な支持基盤である。

次いで、二〇〇〇年秋、三重県の男女共同参画条例制定をめぐってバックラッシュが起こった。実は、改革派の北川知事のもとで日本女性会議二〇〇〇年が開催されたが、これに自民党県議団が反発し、八木秀次高崎経済大学助教授を招いて「勉強会」を開いた。(5) この動きが全国に広がる。右派マスメディアもこれに呼応した。『諸君!』『正論』『産経新聞』『世界日報』などである。論者としては、八木秀次の他、林道義東京女子大学教授、高橋史朗明星大学教授らが登場した。教科書問題で活躍した面々である。中でも八木秀次編『教科書黒書』（PHP研究所、二〇〇二年）が、ゆとりの教育、人権教育とならんでジェンダー教育を批判し、家庭科教科書批判を展開した。「性差の否定」「家族の多様化」「性の自己決定」「親と子どもの関係」などが批判の対象とされた。具体的には①近代家族は抑圧的なものであるという「マルクス主義フェミニズムによる」家族解体論、②家庭科はフリーセックスに子どもたちを導く、などの主張が見られる。さらに高橋史朗は「ファロスを矯めて国立たず」[6]を執筆し、二〇〇三年から使われる予定の教科書を批判した。「専業主婦」を否定する記述、個人の自立を強調して「脱家族」をめざす、「男らしさ」「女らしさ」の否定、夫婦別姓の一方的支持、「性的自己決定権」の肯定、親による躾の否定、「ジェンダー・フリーは家族の絆を崩壊させる」、男女混合騎馬戦、男女混合名簿批判等々である。また「男女同室着替え」「修学旅行時の男女同室宿泊」も、その実態が明らかにされることなく批判の対象となった。さらに「戦地に赴く男だけが発散し得たフェロモンの喪失」という議論も登場した。[7]

おそらく、バックラッシュの代表的著作としては、西尾幹二・八木秀次『新・国民の油断』（PHP研究所、二〇〇五年）が挙げられよう。八木は「新しい歴史教科書をつくる会」の元会長であり、「生理的宿命」「自然な女性性」の肯定、[8]女帝容認論批判を展開した。また、林道義は『父性の復権』（中公新書、一九九七年）を公刊して教育における権威の必要性を説き、公共精神の衰退、勇気の必要を強調した。こうした議論は、自民党、民主党右派（民社系）議員の支持を得た。

上野らは、「［かつての］リブ叩きには、自分たちが多数派であることを疑わずにすんだ男たちの余裕がみられます。一方、『ジェンダーフリー』叩きの場合は、もとは多数派だった自分たちが、今や少数派になりつつあるという危機感が濃厚にあらわれています。家族の価値や性的な道徳を守るといった価値は、いわば失われた価値であり、失われた価値を復興する自分たちは道徳的には少数派だ、と反動派は思っています」[9]と論評した。

二〇〇〇年春には、「ジェンダーフリー」とともに性教育が問題になった。厚生労働省の外郭団体、母子衛生研究会が『思春期のためのラブ&ボディＢｏｏｋ』（二〇〇二年）を出版し、さらに文部科学省の委託編集の子育て支援パンフレットとして『未来を育てる基本のき』（二〇〇二年）が出版されたが、これはフリー・セックスの奨励ではないかというのである。

二〇〇三年一月、統一教会の政治、国際勝共連合の運動方針「二〇〇三年内外情勢の展望」に「過激な性教育と男女共同参画をおき、共産主義者は……堕落を誘うべく過激な性教育論を学校にもちこんでいる」との主張を展開した。[10]これが日本解体の革命だというのである。

他方、国家主義的右翼も再登場した。フェミニストは国家の敵というのである。伊藤哲夫、遠藤浩一、志方俊之、中西輝政、西尾幹二、八木秀次による「国家解体阻止宣言」『Ｖｏｉｃｅ』（二〇〇四年三月）がその一例である。インターネット上での主張の展開もあった。また自民党内に「過激な性教育・ジェンダーフリー性教育に関する実態調査プロジェクト・チーム」が結成され（二〇〇〇年三月）、座長は安倍晋三、事務局長に山谷えり子参議院議員（実質的中心人物で当時民主党のち保守党所属）が就任した。そして二〇〇六年二月に報告書を出した。一二月に迫っていた男女共同参画基本計画の更新をターゲットに、基本計画の問題点や女子差別撤廃条約の問題点について検討したものである。五月二六日には、八木秀次をゲストに「過激な性教育・ジェンダーフリー教育を考えるシンポジウム」を開催した。所属自民党議員には、西尾・八木の『新・国民の油断』を配布した。このシンポジウムで安倍は、「社会・文化の破壊」

「カンボジアで大量虐殺をしたポルポト政権を思い出す」とそれこそ過激な発言をおこなった。そして共同参画の美名の下に隠れたマルクス主義を指摘した[11]。上野がマルクス主義フェミニズムを名乗っていたためであり、フェミニズムが新左翼の中から登場してきたという歴史もあったからでもある。そのため「ジェンダー・フリーに関する政策は国家転覆を企むサヨクの陰謀だ」という議論まで登場した。

ところでジェンダー・バッシングの一勢力に、統一教会などと並んで神道政治連盟がある。この集団には森派の政治家が多数所属しているといわれ、森喜朗首相の「日本は神の国」発言に繋がった。そして、ジェンダー・フリーに対して鋭い攻撃を加えた[12]。

こうした「ジェンダー・フリー」へのバッシングを斉藤環は「バックラッシュの精神分析[13]」で、その背景を次のように指摘する。「九七年、保守系知識人や旧軍関係者などによる改憲を目的とした『日本を守る国民会議』と、保守派系宗教勢力の集合体で、巨大な動員力を誇る『日本を守る会』が統合し、『日本会議』が設立された。二〇〇一年には、同会議の女性部門である『日本女性の会』も設立された。……これが、いまのバックラッシュと呼ばれる一連の動きの中心的組織となっている。」中小企業主による「倫理修養団体」も同様の性格をもつ。これらの組織――とくに宗教団体――を各地域の末端で支えているのは、多くの場合、女性であった。「日本会議国会議員懇談会」「教育再生地方議員百人と市民の会」などの組織である。「今回のバックラッシュの動きがとりわけ顕在化してくるのが、二〇〇〇年の末頃である。すなわち、男女共同参画社会基本法成立後、同法が地方に基本計画などのかたちで降りはじめた頃である。

こうして「「ジェンダー・フリー」という言葉が、男女共同参画／フェミニズム批判の中心として使われるようになっていった。夫婦別姓もまたやり玉に挙がった。「見習うべき「世界の趨勢」としては、ブッシュ以後のアメリカやサッチャー下のイギリスなどをあげる。*」

*フェミニスト・バッシングというと、このように右翼知識人や権力を連想するのが普通であるが、インターネット掲示板への書き込みに典型的に示されているように、中年男女によるものもあることを忘れてはならない(14)(ネットの利用は若者に限られない)。二〇〇二年頃登場し二〇〇七年に最高潮となった(その後衰退)この「ネット右翼」の担い手は、上層中産階層が主である(総勢一五〇万人程と推定されている(15))。

石原慎太郎が東京都知事に当選し、二〇〇二年「ジェンダーフリー」を考案した東京女性財団は解散し、東京都は手のひらをかえしたように「ジェンダーフリーを使うな」と言い出した。こうした中で、「国分寺市事件」(二〇〇五年八月)が起こった(この事件については、上野自身による説明がある(16))。講師に呼んだ上野千鶴子を東京都が拒否したため、研究者らが抗議文を提出したのである。上野によれば、バッシングにやられっぱなしだったフェミニストは、この事件で反撃の切っ掛けを摑んだという。

二〇〇五年一二月九日、自民党のプロジェクト・チームが「男女共同参画基本計画(第二次)に向けた男女共同参画基本計画改定に当たっての要望書」を提出した。一二月に閣議決定されたものである。「『ジェンダーフリー』という用語を使用して、性差を否定したり、男らしさ、女らしさや男女の区別をなくして人間の中性化を目指すこと、また家庭やひな祭り等の伝統文化を否定することは、国民が求める男女共同参画社会とは異なる。たとえば、児童生徒の発達段階を踏まえない行き過ぎた性教育、男女同室着替え、男女同室宿泊、男女混合騎馬戦等の事例は極めて非常識である(17)」という。

男女共同参画に対しては、「フェミニストが入り込み……革命を起こして、家庭を崩壊させ、日本の伝統も破壊している。フェミニストは教壇主義だ」（小谷真理）[18]という言説が絶えない。

宮台真司は「バックラッシュとは何か」[19]の中で、次のように述べる。フェミニストを含むリベラル勢力は、叩く側からは「恵まれた連中」に見えているし、かつ実際に階層的には恵まれた社会・経済的地位にある。「新自由主義的なセルフ・ヘルプ思想は、家族共同体や性別役割分業の護持を同時に主張し、むしろ行政の介入が、家族や地域の自立的相互扶助メカニズムを空洞化させるのを恐れる。このことを政府介入への反対の根拠に」するのである。多様性の追求に対して、異質なものを拒む「不安のポピュリズム」が台頭している。[20]

他方、女帝容認論も登場した。男女共同参画社会基本法には、「あらゆる分野における男女の共同参画が謳われており、その精神からしても、女性が天皇になれないのはおかしい」という議論である。これは小泉首相自らによって提起された。「二〇〇五年初頭には「皇室典範に関する有識者会議」（座長は吉川弘之元東大総長）が小泉首相の私的諮問機関として発足し、一一月には最終報告として安定的な皇位継承のため女性・女系天皇を容認する方向を打ち出した。そして首相の主導により、この報告に基づく皇室典範改正案が、二〇〇六年早々の通常国会に上程され可決される見通しであった。[21]」「マイホーム天皇制」に続く「男女共同参画天皇制」の構築であった。ところが、二〇〇六年二月上旬に秋篠宮妃の第三子懐妊が報道され、「女性・女系天皇を認める法改正に反対していた勢力が勢いづいたばかりか、小泉首相をはじめ法改正を推進していた政治家でさえ、「法改正は慎重を期すべし」と態度を一変させた。そこに「男児誕生」の期待、男系至上主義、そして家の跡継ぎたる男児を産むことが女の責務といわんばかりの姿勢」があからさまになった[22]。

なお、性教育をめぐっては、前述のように、二〇〇二年春、厚生労働省の外郭団体、母子衛生研究会が、『思春期のためのラブ&ボディＢｏｏｋ』というパンフレットを発刊した。右翼団体は、これにもとづく性教育がフリー・セックスを奨励するものだと厳しく批判した。

ところで、バックラッシュの支持層は、ネットに関わる層に加えて、「あらゆる世論調査が……高年齢層、特に主として六〇歳代以上の男性であるという結果を導いている」（鈴木謙介[23]）。自民党の支持動員に役立っているのである。

しかしながら、日本のバックラッシュは、政治的には大した成果を挙げることなく、自然消滅していった。

アメリカのバックラッシュが妊娠中絶を最大の争点としていたのに対し、日本のそれはジェンダー・フリーを最大の争点とした。両国におけるフェミニストのアジェンダの優先順位に対応している。ただアメリカの場合と比べると、日本のフェミニスト・バッシングは大衆運動としての性格は弱く、政治的にはマージナルな存在であった。

（1）大嶽（一九九六）第二章第三節
（2）木村（一九九九）
（3）辻（二〇一二）七七頁
（4）上野ほか（二〇〇六）八三頁
（5）『諸君！』二〇〇〇年一〇月号、また七月号も参照
（6）『諸君！』二〇〇二年六月号
（7）上野ほか（二〇〇六）一四〇頁

(8) 斉藤環「バックラッシュの精神分析」上野ほか（二〇〇六）一一三～一一四頁
(9) 上野ほか（二〇〇六）三八五頁
(10) 浅井ほか（二〇〇三）八頁
(11) 上野ほか（二〇〇六）三五七～三五八頁
(12) 若桑他（二〇〇六）一〇三頁
(13) 同右、一一三～一一四頁
(14) 木村編（二〇〇五）
(15) 古谷（二〇一五）
(16) 若桑ほか（二〇〇六）一九～三四頁
(17) 上野ほか（二〇〇六）三六一～三六二頁
(18) 同右、一〇八頁
(19) 同右、第一章
(20) 同右、四二～四三頁
(21) 牟田（二〇〇六）一九六頁
(22) 同右、一九六～一九七頁
(23) 上野ほか（二〇〇六）一二五頁

結びにかえて

以下、「はじめに」で述べた疑問・パラドックスを考察してみたい。

まず、なぜ日本において保守政権がフェミニズムを代表するような政策を採用し続けているか、という問いである。これについては、女性票欲しさの人気取りであり、野党との票の奪い合い、つまり「政党間競争」であるとの説がある。(1)しかし、この議論は、積極的女性政策には、アンチ・フェミニストの票を失うというリスクがあることを見逃している。むしろ、反対があっても女性の活躍を不可欠としている日本経済の実情があることを強調すべきではなかろうか。言い換えると、一種の時代潮流の反映とみるべきではないか。保守党であろうと、革新政党であろうと、現在においてはフェミニストの要求を容れざるを得ないというのが、筆者の判断である。

次に「フェミニズムが衰退しているのに、彼女らの要求がなぜ実現していっているのか」という疑問については、左記の疑問と重複しているが、フェミニズムの衰退は、まさにその主張が世間に広く受け入れられたからであろう。したがって、常識化したその要求は、政策として実現を見たといえるのではないか。

最後に「バックラッシュ」であるが、これはフェミニズムの浸透に脅威を感じた少数の知識人、一部宗教団体が最後の抵抗にでたものと解することができる。マスコミや論壇で派手に取り上げられはしたが、政権にアクセスすることも、世論を喚起することもできなかった。最後のあがきであるというのが、筆者の判断である。

以上のように、フェミニズムの思想、主張は、不可逆的な流れとして、日本政治の中に組み込まれた（ビルト・インされた）、と筆者は考える。

（1）辻（二〇一五）

あとがき

日本の政策過程や自民党、社会党、圧力団体などの研究をしてきた私が、ジェンダーとかフェミニズムといった分野に踏み込んで研究をし、書物を刊行するようになったのには、いくつかの理由がある。

第一に、私は博士論文を執筆する頃から、権力の問題に関心をもった。しかも通常政治学者が関心をもつ政治権力・国家権力ではなく、私的権力としての経済権力、具体的には大企業をめぐる権力、例えば政府に対する企業の影響力、労使関係における権力関係、消費者に対する企業の権力行使などなどである(加えて、教室において教師が生徒に対してもつ権力にも関心をもった。いわゆるストリート・レベル・ビュロクラシーの問題である)。その関心から、『現代日本の政治権力・経済権力』(三一書房、一九七九年)、「戦後財界のイデオロギー的原型」(戦後初期の日経連の研究)、「大企業に埋め込まれたイデオロギー対立の構造」(日産争議の研究)(共に『戦後日本のイデオロギー対立』三一書房、一九九六年所収)などを公刊した(その他、教育問題についても、二、三の論文を書いた)。この経済・社会活動における権力関係の分析からさらに進んで一層私的な、今でいう「親密圏」における権力関係が、私を男女関係における権力行使の研究に向かわせた。権力関係としてのジェンダーについての私の認識は、『レヴァイアサン』一二号の「フェミニズム特集」における江原由美子さんとの対談で萌芽的なかたちで発表した。ちなみに、日本の男性政治学者としてジェンダーに関心を示したのは私が最初ではないかと自負している。

第二に、私は周辺的にではあるが、新左翼運動に係わった。一九六二年に京都大学に入学した私が、まだ六〇年安保闘争の余熱が残っていた京都の学生運動に触れたのが切っかけである。よど号ハイジャック事件を企画した塩見孝也と研究会を組織したことがあった（東京では安保闘争が終わると急速にその熱気が冷めたようであるが）。その後、東京大学大学院法学政治学研究科に在籍中には、一九六九年安田攻防戦に向かう東大紛争に係わらざるを得なかった。奇妙な偶然から、私は法学政治学研究科大学院の自治会の委員長に選出された。（共産党の青年組織）「民青」に対してそれほどの反発もなく、全共闘に対して一定の共感をもちつつも大学から革命を始めるなどという発想は噴飯ものだという認識をもっていた。しかも仮に国家の場で「革命」が起ころうと、医学部の体質が変わることなどありえないという認識もあった。加えて政治学研究者としてのリアリズムもあった。東大紛争の切っかけとなった医学部の権威主義的体質（まさに私的権力の露骨な行使であった）に憤慨していたし、法学研究科の教授たちに見られた、当人たちに意識されざる「リベラル権威主義」に反発していたので、全共闘に心情的には共感した。民青と全共闘双方に距離をとっていたので、両者の間に立ちうる存在として、双方からの妥協の産物として私が委員長に選ばれたのであろう。この新左翼との触れ合いや、当時のベトナム戦争への反対の気持ちが、のちに『新左翼の遺産』（東京大学出版会、二〇〇七年）と、ベトナム戦争を扱った『ニクソンとキッシンジャー』（中公新書、二〇一三年）の執筆に繋がった。そしてのちに、この新左翼運動・ニューレフトの中から生まれた「リブ」への関心がうまれたのである。ちなみにニクソン・キッシンジャー外交の研究を通じて、ベトナム戦争をめぐる中ソの確執や、ベトナムと中国との隠された対立、北ベトナム内部の権力闘争、毛沢東の妄執と権力欲など、驚くべき事実を知って、京極純一教授の「物事には必ず裏、裏の裏がある」

という口癖を思い出していた。

第三に、京大を定年退官後、同志社女子大学に再就職した。ここでゼミをもつことになり、女子大に来たのだからと、第一年目のゼミでジェンダーをテーマとした。ここで、ゼミ生たちから、女性として、母親、父親、あるいは兄弟姉妹との関係、さらにはボーイフレンドとの関係などについて、率直な意見を聞けた。彼女たちにとって性行為の意味がどんなものであるかなどという赤裸々な発言も聞いた。勝手ながらついでに、この場を借りて、赤坂恵里華さん、加治屋咲季さん、加藤奈津子さん、川端愛美さんの四人のゼミ生、それにゼミにいつもコーヒーを用意してくれた（ゼミをしていた私の研究室のすぐ前の）社会システム学科秘書室の竹浪恵子さんに感謝の気持ちを伝えたい。ともかく、それを最初のステップとして、『二一世紀アメリカン・システムとジェンダー秩序』（岩波書店、二〇一一年）を執筆した。

以上の関心から本書が誕生した。最近は女性政治学者によるジェンダー研究が数多く登場してきたが、男性の日本政治研究家によるジェンダー研究はほとんど見ない（社会学では事情が異なるし、女性の政治学者のジェンダー研究も盛んである）。もっとも、雑誌論文のかたちですでにいくつか男性政治学者の業績が公刊されている可能性もあるので、間違っていたらご容赦願いたい。いずれにせよ、本書が日本政治学におけるジェンダー研究の進展に寄与することができ、他の男性研究者が後に続いてくれれば、幸いである。

私のジェンダー研究には、ジェンダー研究の第一人者の一人、落合恵美子京都大学文学部社会学教授が主催する（私はこの研究会の発起人の一人であるが）二ヵ月に一度の「ジェンダー研究会」が大いに寄与してくれている。この研究会で、ジェンダー研究の多様さに驚かされてきた。もっとも、「ちょっとこれは」というような研究もなかったわけではないが。この場を借りて「ジェンダー研究会」の参加者と、それをサポートしてくれているサントリー文化財団に感謝したい。

最後に、妻洋子への言葉で、このはなはだ私的なあとがきを締めくくらせて頂きたい。われわれは昨年(二〇一五年)、金婚を迎えた。式を挙げたわけではないが、この五〇年間妻には随分わがままを押しつけてきたし、それに耐え、なんとか子育てをし結婚生活を続けてきてくれたことに、謝罪と感謝の意を表したい。私のために彼女の執筆活動がしばしば中断してしまったことも謝りたい。彼女の次の著書が一刻も早く世に出ることを祈りつつ、このあとがきを終える。

大嶽秀夫

参考文献

赤松良子（二〇〇一）『赤松良子――志は高く』日本図書センター

赤松良子（二〇〇三）『均等法をつくる』勁草書房

秋山洋子（一九九三）『リブ私史ノート――女たちの時代から』インパクト出版会

浅井春男ほか編（二〇〇三）『ジェンダー・フリー・性教育バッシング――ここが知りたい五〇のQ&A』大月書店

安達みち代（二〇〇二）『近代フェミニズムの誕生――メアリ・ウルストンクラフト』世界思想社

アドレール、ロール（一九八一）『黎明期のフェミニスム――フランスの女性ジャーナリスト』加藤節子・杉村和子訳、人文書院（Laure Adler, *A l'aube du féminisme: Les premières journalistes, 1830–1850*, 1979）

飯島愛子（二〇〇六）『〈侵略＝差別〉の彼方へ――あるフェミニストの半生』インパクト出版会

石田雄（一九五四／一九九二）『明治政治思想史研究』未來社

石月静恵（一九九六／新装版、二〇〇一）『戦間期の女性運動』東方出版

石月静恵（二〇〇七）『近代日本女性史講義』世界思想社

伊田久美子（一九九七）「ラディカル・フェミニズム」江原由美子・金井淑子編『ワードマップ・フェミニズム』新曜社

市川房枝（一九七四）『市川房枝自伝・戦前編』新宿書房

伊藤克之（二〇〇五）『子どもたちの悲鳴が聞こえる――児童虐待防止法ができるまで』中央公論社事業出版

伊藤公雄（二〇〇三／増補新版、二〇〇九）『「男女共同参画」が問いかけるもの』インパクト出版会

井上輝子（二〇一一）『新・女性学への招待』有斐閣

今村仁司（二〇〇七）「フランスの社会主義」伊藤邦武編『社会の哲学（哲学の歴史⑧）』中央公論新社

入江春行（二〇〇三）『与謝野晶子とその時代』新日本出版社

上野千鶴子（一九九〇）『家父長制と資本制――マルクス主義フェミニズムの地平』岩波書店

上野千鶴子（一九八六／二〇〇六）『女という快楽』勁草書房

上野千鶴子ほか（二〇〇六）『バックラッシュ！――なぜジェンダー・フリーは叩かれたのか？』双風社
上野千鶴子・大沢真理（二〇〇一）「対談・男女共同参画社会基本法のめざすもの」上野千鶴子ほか『ラディカルに語れば……――上野千鶴子対談集』平凡社
ウルストンクラーフト、メアリ（一九八〇）『女性の権利の擁護』白井堯子訳、未來社（Mary Wilsstonecraft, *A Vindication of the Right of Women*, 1792）
ウルフ、ナオミ（一九九四）『美の陰謀――女たちの見えない敵』曽田和子訳、TBSブリタニカ（Naomi Wolf, *The Beauty Myth*, 1991）
江原由美子（一九八五／新装版、二〇〇〇）『生活世界の社会学』勁草書房
江原由美子ほか（一九八九）『ジェンダーの社会学』新曜社
江原由美子（一九九一）『ラディカル・フェミニズム再興』勁草書房
江原由美子編（一九九二）『フェミニズムの主張』勁草書房
江原由美子（一九九五）『装置としての性支配』勁草書房
江原由美子（二〇〇〇）『フェミニズムのパラドックス――定着による拡散』勁草書房
エルシュテイン、ジーン・ベスキー（一九九四）『女性と戦争』小林史子訳、法政大学出版局
大沢真理（二〇〇二）『男女共同参画社会をつくる』NHKブックス
大沢真理編（二〇〇二）『二一世紀の女性政策と男女共同参画社会基本法・改訂版』ぎょうせい
大嶽秀夫（一九九四）『自由主義的改革の時代』中央公論社
大嶽秀夫（一九九六）『戦後日本のイデオロギー対立』三一書房
大嶽秀夫（二〇〇七a）「近現代史の中のジェンダー秩序（上）」『アステイオン』六七号
大嶽秀夫（二〇〇七b）『新左翼の遺産――ニューレフトからポストモダンへ』東京大学出版会
大嶽秀夫（二〇一一）『二〇世紀アメリカン・システムとジェンダー秩序』岩波書店
女性労働協会［太田芳枝］（二〇〇〇）『未来を拓く――労働省女性行政半世紀のあゆみ』女性労働協会女性と仕事の未来館
大森かほる（一九九七）『平塚らいてうの光と蔭』第一書林
奥むめお（一九九七）『奥むめお――野火あかあかと』日本図書センター
落合恵美子（一九八九）『近代家族とフェミニズム』勁草書房
「夫／恋人からの暴力」調査研究会［戒能民恵ほか］（二

〇〇二）『ドメスティック・バイオレンス』有斐閣
影山裕子（二〇〇一）『わが道を行く』学陽書房
鹿嶋　敬（一九八九）『男と女　変わる力学』岩波新書
鹿嶋　敬（二〇〇三）『男女共同参画の時代』岩波新書
川崎幸子（一九九八）『男女共同参画政策と女性のエンパワーメント』労働教育センター
河村貞枝（二〇〇一）『イギリス近代フェミニズム運動の歴史像』明石書店
河村貞枝（二〇〇八）「『マンズ・シェア』――イギリス女性参政権運動への男性のかかわり」姫岡とし子他『ジェンダー（近代ヨーロッパの探求）』ミネルヴァ書房
河村貞枝・今井けい編（二〇〇六）『イギリス近現代女性史入門』青木書店
ギトリン、トッド（一九九三）『六〇年代アメリカ――希望と怒りの日々』疋田三良・向井俊二訳、彩流社（Todd Gitlin, *The Sixties: Years of Hope, Days of Rage*, 1992）
木村涼子（一九九九）『学校文化とジェンダー』勁草書房
木村涼子編（二〇〇五）『ジェンダー・フリー・トラブル』白澤社
キューネ、トーマス（一九九八）『男の歴史――市民社会と〈男らしさ〉の神話』柏書房（Thomas Kühne, Mannergeselschatchte-Geseksc haftergeche-tichichte, Mannlichtkeit im Wandel der Moderne, 1996）
ギリス、ジョン・R（二〇〇六）『結婚観の歴史人類学――近代イギリス・一六〇〇年〜現代』北本正章訳、勁草書房（John R. Gillis, *For Better, For Worse: British Marriage; 1600 to the Present*, 1985）
クリック、バーナード（二〇〇四）『デモクラシー』添谷貴志・金田耕一訳、岩波書店
クリントン、ヒラリー・ロダム（二〇〇三）『リビング・ヒストリー』早川書房（Hillary Rodham Clinton, *Living History*, 2003）
グルー、ブノワット（二〇〇〇）『フェミニズムの歴史』（新装復刊）、山口昌子訳、白水社（Groult, Benoîte, *Le féminisme au Masculin*, 1977）
小池百合子編（二〇一三）『女性が生きる成長戦略のヒントVOL・1――20／30プロジェクト』プレジデント社
コーズ、エリス（一九九八）『マンズ・ワールド』近藤和子訳、日本経済評論社
児玉勝子（一九八五）『覚書　戦後の市川房枝』新宿書房
佐藤　満（二〇一四）『厚生労働省の政策過程分析』慈学社
篠田　徹（一九八六）「審議会――男女雇用機会均等法をめぐる意思決定」、中野実『日本型政策決定の変

容』東洋経済新報社
ジョル、ジェームズ（一九七五）『ヨーロッパ一〇〇年史Ⅰ』池田清訳、みすず書房（James B. Joll, *Europe since 1870: An International History*, 1973）
進藤久美子（一九九七）『ジェンダー・ポリティックス——変革期アメリカの政治と女性』新評論
進藤久美子（二〇〇四）『ジェンダーで読む日本政治——歴史と政策』有斐閣選書
新フェミニズム批評の会（一九九八）『『青踏』を読む』學藝書林
菅原和子（二〇〇二）『市川房枝と婦人参政権獲得運動——模索と葛藤の政治史』世織書房
菅原真理子（一九八二）『米国きゃりあうーまん事情』東洋経済新報社
スタインホフ、パトリシア（二〇〇三）『死へのイデオロギー——日本赤軍派』木村由美子訳、岩波現代文庫（初版は『日本赤軍派——その社会学的物語』河出書房新社、英語版は出版されず。）
スメルサー、N・J（一九七四／新装版、二〇一五）『変動の社会学』橋本真訳、ミネルヴァ書房（Smelser, Neil J., *Essays in Sociological Explanation*, Prentice-Hall, 1968）
関　嘉彦（和田修一補筆）（二〇〇七）『民主社会主義への二〇〇年』一藝社
瀬地山　角（一九九〇）「主婦の誕生と変遷」『相関社会学』一号
瀬地山　角（二〇〇一）『お笑いジェンダー論』勁草書房
田中美津（一九七二／新装版、二〇一〇）『いのちの女たちへ』パンドラ
田中美津（二〇〇九）「インタビュー・田中美津・未来を摑んだ女たち」岩崎稔ほか編『戦後日本スタディーズ②』紀伊國屋書店
チャン、アグネス（二〇一四）『女性にやさしい日本になれたのか』潮出版社
辻村みよ子（二〇〇八）『ジェンダーと人権——歴史と理論から学ぶ』日本評論社
辻　由希（二〇一二）『家族主義福祉レジームの再編とジェンダー政治』ミネルヴァ書房
辻　由希（二〇一五）「安倍政権と女性政策」『法学論叢』一七六巻第五・六号、京都大学法学会
DV法を改正しよう全国ネットワーク（二〇〇六）『女性たちが変えたDV法』新水社
ドウォーキン、アンドレア（二〇〇三）『ドウォーキン自伝』柴田裕之訳、青弓社（Andrea Dworkin, *Heart Break*, 2002）
堂本暁子（二〇〇三）『堂本暁子のDV施策最前線』新水社
ドノヴァン、ジョゼフィン（一九八七）『フェミニストの理論』小池和子訳（Josephine Donovan, *Femi-*

niest Theory: Intellectual Tradition of American Feminism, 1985）
中谷　猛（一九八一）『フランス市民社会の政治思想』法律文化社
中西豊子（二〇〇六）『女の本屋（ウィメンズブックストア）の物語』ウィメンズブックストア・ゆう、ドメス出版
名古忠行（二〇〇五）『ウェッブ夫妻の生涯と思想』法律文化社
西村光子（二〇〇六）『女（リブ）たちの共同体（コレクティブ）——七〇年代ウーマンリブを再検討する』社会評論社
荷宮和子（二〇〇四）『なぜフェミニズムは没落したのか』中公新書ラクレ
日本国際連合学会編（二〇一五）『ジェンダーと国連』国際書院
縫田曄子編（二〇〇二）『あのとき、この人　女性行政推進機構の軌跡』ドメス出版（『女性展望』への連載・連続インタビュー）
ハーゲマン、カーレン（一九九七）「愛国的な戦う男らしさ」キューネ『男の歴史』所収
朴裕河（二〇〇八）「『歴史認識』とは、枠組みの内と外にいる別の他者の声にも耳を澄ますこと」『論座』三月号
坂東眞理子（一九七八）『女性は挑戦する』主婦の友社
坂東眞理子（一九九八）『副知事日記——私の地方行政論』大蔵省印刷局
坂東眞理子（二〇〇四）『男女共同参画社会へ』勁草書房
ファルーディ、スーザン（一九九四）『バックラッシュ——逆襲される女たち』伊藤由紀子・加藤真樹子訳、新潮社（Suzan Faludi, *Backlash: Undeclared War against American Women*, 1991）
ブラウンミラー、スーザン（二〇〇〇）『レイプ——踏みにじられた意思』幾島幸子訳、勁草書房（Suzan Brownmillar, *Rape: Against our Will,: Men, Women and Rape*, 1993）
ブラン、オリヴィエ（一九九五）『女の人権宣言——フランス革命とオランプ・ドゥ・グージュの生涯』辻村みよ子訳、岩波書店（Olivier Blanc, *Une Femme de libertés*, 1989）
フリーダン、ベティ（一九八四）『セカンド・ステージ——新しい家族の創造』下村満子訳、集英社（Betty Friedan, *The Second Stage*, 1981）
フリーダン、ベティ（二〇〇三）（ブリッジット・オファレル編）『ビヨンド・ジェンダー』女性労働問題研究会労働と福祉部会訳、青木書店（Betty Friedan, *Beyond Gender: New Politics of Worked Family*, 1997）
フリーマン、ジョー（一九七八）『女性解放の政治学』

奥田暁子・鈴木みどり訳、未來社

古谷経衡（二〇一五）『ネット右翼の終わり――ヘイトスピーチはなぜ無くならないのか』晶文社

ペロー、ミシェル（一九八九）『フランス現代史のなかの女たち』福井憲彦・金子晴美訳、日本エディタースクール出版部（Michel Perot, Les Femmes dans l'histoire de la France contempraine）＊本書は訳者が翻訳のために集めた論文集、フランスでは単行本として出版されていない。

ペロー、ミッシェル（二〇〇〇）『フランス現代史の女たち』福井憲彦・金子春美訳、アクト選書・日本エディタースクール出版部（Perrot, Michele, *Les femme des l'histoire de la France contemporale*, 1989）

ボーヴォワール、シモーヌ・ド（二〇〇一）『〔決定版〕第二の性』「第二の性」を原文で読む会訳、新潮文庫（Simone de Beauvoir, *Le deuxieme sexe*, 1947）

堀江孝司（二〇〇五）『現代政治と女性政策』勁草書房

マックウィリアム、ローハン（二〇〇四）『一九世紀イギリスの民衆と政治文化』松塚俊三訳、昭和堂（Rohan McWilliam, *Popular Politics in Nineteenth-Century England*, 1998）

水田珠枝（一九八四）『ミル「女性の解放」を読む』岩波セミナーブックス

宮地光子（一九九六）『平等への女たちの挑戦――均等法時代と女性の働く権利』明石書房

牟田和恵（一九九六）『戦略としての家族――近代日本の国民国家形成と女性』新曜社

牟田和恵（二〇〇六）『ジェンダー家族を超えて――近現代の生／性の政治とフェミニズム』新曜社

村岡健次・木畑洋一編（一九九一）『イギリス史3（世界歴史大系）』山川出版社

モーガン、ロビン（一九九二）『悪魔を愛するもの――テロリズムとセクシュアリティ』片岡しのぶ訳、河出書房新社（Robin Morgan, *The Demon Lover: On the Sexuality of Feminism*, 1989）

モラン、E・ブノワ、N・パイヤール、B（一九七七）『大いなる女性――フランスの婦人解放運動』吉田幸男訳、法政大学出版局（Nicole Benolt, Edgar Morrin, Bernard Pailard (1987) *La femme majeuie: nouvelle féminité, nouveau féminisme*）

森山正博「誘惑的フェミニズムの誕生――上野千鶴子論」『創文』一九八九・一一月号

山下泰子（一九九六）『女性差別撤廃条約の研究』尚学社

山下泰子（二〇〇六）『女性差別撤廃条約の展開』勁草書房

山田昌弘（一九九四）『近代家族のゆくえ――家族と愛情のパラドックス』新曜社

山根純佳（二〇〇四）『産む産まないは女の権利か――

フェミニズムとリベラリズム』勁草書房
横山文野（二〇〇二）『戦後日本の女性政策』勁草書房
吉川勇一（二〇〇八）『民衆を信ぜず、民衆を信じる――「ベ平連」から「市民の意見三〇」へ』第三書館
吉武輝子（二〇〇六）『おんなたちの運動史――わたくしの生きた戦後』ミネルヴァ書房
米田佐代子（二〇〇二）『平塚らいてう――近代日本のデモクラシーとジェンダー』吉川弘文館
米津知子（二〇〇四）「優生思想と女性運動」増田弘対談集『否定されるいのちからの問い』現代書館
ラボー、ジャン（一九九七）『フェミニズムの歴史』加藤康子訳、新評論（Jean Rabaut, *Histoire des féminismes français*, Stock, 1978）
レッシング、ドリス（二〇〇一）『ドリス・レッシングの珠玉短編集――男と女の世界』羽多野正美訳、英宝社（Doris Lessing, *To Room Nineteen*, 1978）
若桑みどり他（二〇〇六）『「ジェンダー」の危機を超える！――徹底討論！　バックラッシュ』青弓社
渡辺和子（一九九七）『アメリカ研究とジェンダー』世界思想社

Anderson, Terry (1996) *The Movement and the Sixties*, 2nd ed., Oxford University Press
Aronowiz, Stanley et al. (1984) *The 60s Without Apology*, Routledge
Caine, Barbara (1997) *English Feminism, 1780–1980*, Oxford University Press
Cohen, Robert (2002) "Many Meanings of the FSM," Robert Cohen & Regniad E. Zelnik (eds.), *The Free Speech Movement: Reflections on Berkley in the 1960s*, University of California Press
Echols, Alice (1989) *Daring to be Bad: Radical Feminism in America, 1967–1975*, University of Minnesota Press
Evans, Sara M. (1979) *Personal Politics: The Roots of Women's Liberation in the Civil Rights Movement and the New Left*, Alfred A. Knopf
Foley, Suzan K. (2004) *Women in France since 1989: The Meanings of Difference*, Palgrave MacMillan
Gelb, Nancy F. (2003) *Gender Politics in Japan and the United States: Comparing Women's Movements, Rights and Politics*, Palgrave MacMillan
Giddens, Anthony (1973) *The Class Structure of the Advanced Societies*, Harper
Graves, Pamela M. (1994) *Labour Women: Women in British Working Class Politics, 1918–1939*, Cambridge University Press
Hartmann, Susan (1989) *From Margin to Mainstream*, Alfred A. Knopf.

Hazaresigh, Sudhir (1994) *Political Tradition in Modern France*, Oxford University Press.

Joachim, Jutta (2007) *Agenda Setting, the UN, and NGOs: Gender Violence and Reproductive Rights*, Georgetown University Press

Klejman, Laurence & Florenncee Rochefort (1989) *L'égalité en marche: Le féminisme sous la Troisième République*, Presses de la fondation nationale des sciences politiques.

MacKinnon, Catharine (1978) *Feminism Unmodified*, Harvard University Press

McMillan, James F. (2000) *France and Women 1789–1914: Gender, Society and Politics*, Routledge

Miller, James (1987) *Democracy is in the Street: From Port Huron to the Siege of Chicago*, Simon & Schuster.

Newfield, Jack (1966) *Prophetic Minority*, New American Library

Ochiai, Emiko & Ken'ichi Joshita (2014) "Prime Minister's Discourse in Japan's Reforms since the 1980," in Srin Sung & Gillian Pascal (eds.), *Gender and Welfare States in East Asia: Confucianism or Gender Equality*, Palgrave

Pugh, Martin (2000a) *The March of the Women: A Revisionist Analysis of the Campaign for Women's Suffrage, 1866–1914*, Oxford University Press

Pugh, Martin (2000b) *Women and the Women's Movement in Britain, 1914–1999*, 2nd ed., MacMillan

Riot-Sarcey, Michèle (2002) *Histoire du féminisme*, La Découverte

Rosen, Ruth (1992) *The World Split Open*, Penguin Books.

Ryan, Barbara (1992) *Feminism and the Women Movement: Dynamics of Change in Social Movement, Ideology and Activism*, Routledge

Sabine, George H. (1961) *A History of Political Theory*, 3rd ed., Holt, Rinehart & Winston

Shcreiber, Ronne (2008) *Righting Reminism: Conservative Women & American Politics*, Oxford University Press

Whittier, Nancy (1995) *Feminist Generations*, Temple University Press

Wolf, Naomi (1993) *Fire with Fire*, Random House

Wood, Gordon S. (1993) *The Radicalism of the American Revolution*, Alfred A. Knopf

Zelman, Patricia (1982) *Women, Work, and National Policy: The Kennedy-Johnson Years*, UMI Research Press

http://tanakamitsu.blog.fc2.com/
140 頁　吉武輝子，OMSA048382，読売新聞社／アフロ
143 頁　土井たか子，OMSA428572，読売新聞社／アフロ
149 頁　青木やよひ，「一般財団法人知と文明のフォーラム」ウェブサイトから
http://chitobunmei.com/aokiyayoi/index.html
152 頁　上野千鶴子，PEVA272682，毎日新聞社／アフロ
175 頁　赤松良子，PEVA092346，毎日新聞社／アフロ
187 頁　久保田真苗，OMSA522768，読売新聞社／アフロ

図版出典一覧

2頁　Mary Wollstonecraft, 010_ARP07100_390003849, AFP / Photo12 / Ann Ronan Picture Library
8頁　Olympe de Gouges, 054_bra01999, AFP / Leemage / Photo Josse
15頁　Harriet Taylor Mill, National Portrait Gallery / Wikipedia
19頁　Beatrice and Sidney Webb, LSE Library / Flickr, Beatrice & Sidney Webb, c1895
36頁　Theroigne de Mericourt, 054_stf2011, AFP / Leemage / Bianchetti Stefano
44頁　George Sand, 054_zep1584, AFP / Leemage / Archives-Zephyr
49頁右　Léon Richer, Jean Baptiste Piquée / Wikipedia
49頁左　Maria Deraismes, 002_1948-11, AFP / Roger-Viollet / Collection Roger-Viollet
54頁　Hubertine Auclert, Bibliothèque nationale de France / Wikipedia
66頁右　伊藤野枝，Wikipedia
66頁左　富山市民俗民芸村ウェブサイトから「富本憲吉・一枝・家族，1916年頃，富本家提供」，http://www.city.toyama.toyama.jp/etc/minzokumingei/event(tougei).html
67頁右　与謝野晶子，Wikipedia
67頁左　羽仁もと子記念館ウェブサイトから　http://www.r20.7-dj.com/~hanimoto/
69頁　奥むめお，JMQA006313，近現代PL／アフロ
71頁　市川房枝，JMQA006219，近現代PL／アフロ
75頁　平塚らいてう『わたくしの歩いた道』新評論社，1955年／国立国会図書館ウェブサイトから　http://www.ndl.go.jp/portrait/e/datas/380.html
86頁右　Casey Hayden (aka Sandra Cason), 1965, from Elaine DeLott Baker Papers, Schlesinger Library, Radcliffe Institute, Harvard University
86頁左　Mary King, Wikipedia
92頁　Stokely Carmichael, 000_SAPA981116990670, AFP / AFP FILES / STR
98頁　Robin Morgan, 2016, EZMA090417, Evan Agostini / Invision / AP / アフロ
104頁　Marilyn Webb, 映画「She's beautiful when she's angry」のウェブサイトから　http://www.shesbeautifulwhenshesangry.com/marilyn-webb/
131頁　榎美佐子，PEVA104079，毎日新聞社／アフロ
132頁　「鍼灸師　田中美津の治療院　れらはるせ」ウェブサイトから

わ　行

ま 行

や 行

ら 行

な　行

は　行

索　引

（主要人名・組織名）

あ 行

か 行

著者略歴
1943年　岐阜県に生れる．
1966年　京都大学法学部卒業
専修大学助教授，東北大学教授，京都大学教授，
同志社女子大学教授などを歴任
現　在　京都大学名誉教授，東北大学名誉教授

主要著書
『政策過程』（東京大学出版会，1990年）
『戦後政治と政治学』（東京大学出版会，1994年）
『高度成長期の政治学』（東京大学出版会，1999年）
『小泉純一郎　ポピュリストの研究』（東洋経済新報社，2006年）
『新左翼の遺産』（東京大学出版会，2007年）
『20世紀アメリカン・システムとジェンダー秩序』（岩波書店，2011年）

フェミニストたちの政治史
参政権，リブ，平等法

2017年2月28日　初　版

［検印廃止］

著　者　大嶽秀夫（おおたけひでお）

発行所　一般財団法人　東京大学出版会
代表者　吉見俊哉
153-0041 東京都目黒区駒場4-5-29
http://www.utp.or.jp/
電話　03-6407-1069　Fax 03-6407-1991
振替　00160-6-59964

印刷所　株式会社理想社
製本所　牧製本印刷株式会社

ISBN 978-4-13-033106-7　Printed in Japan